WESTEND

Simone Schmollack

»UND ER WIRD ES WIEDER TUN«

Gewalt in der Partnerschaft

WESTEND

Mehr über unsere Autoren und Bücher:
www.westendverlag.de

Die Deutsche Nationalbibliothek verzeichnet diese Publikation in
der Deutschen Nationalbibliografie; detaillierte bibliografische Daten
sind im Internet über http://dnb.d-nb.de abrufbar.

ISBN 978-3-86489-163-2
© Westend Verlag GmbH, Frankfurt/Main 2017
Umschlaggestaltung: Buchgut Berlin
Satz: Publikations Atelier, Dreieich
Druck und Bindung: CPI – Clausen & Bosse, Leck
Printed in Germany

Inhalt

Vorwort
So etwas kommt in den besten Familien vor 7

Einleitung
Das passiert doch nur im Suff
oder
Warum häusliche Gewalt ein gesellschaftliches und kein
privates Problem ist 11

1 Die Luft brennt manchmal in Sekunden
oder
Warum die Polizei mit Blaulicht losfährt, wenn es heißt,
da prügelt sich ein Paar 23

2 Ohne Spermaspuren keine Anklage
oder
Warum es im Strafrecht bei sexueller Gewalt heißen muss
»Nein heißt Nein« 39

3 Belagert, belauert, belästigt
oder
Warum Stalking kein Kavaliersdelikt ist 53

4 Worte, die wie Fäuste sind
oder
Warum Psychoterror so vernichtend sein kann
wie Schläge und Tritte 63

5 Vernetzt und verletzt
oder
Wie das Internet zur digitalen Gewalt werden kann 85

6 Mama, ich will nicht heiraten
oder
Von traditionellen Familienstrukturen, Zwangsehen und wie
das Aufenthaltsrecht Gewalt gegen Heiratsmigrantinnen fördert 97

7 Ein bisschen Frieden
oder
Warum geflüchtete Frauen separate Zimmer
in Notunterkünften brauchen 125

8 Auch wenn der mich mit seiner Krücke verdrischt, kann ich
nicht einfach gehen
oder
Warum Partnerschaftsgewalt auch ältere Menschen trifft 133

9 Alles tut weh
oder
Was Gewalt mit dem Körper und der Seele der Opfer macht 143

10 »Hört endlich auf«
oder
Warum Kinder mitleiden, wenn Erwachsene gewalttätig sind 159

11 Mehr als ein Dach über dem Kopf
oder
Warum Frauenhäuser nötig und fast immer überfüllt sind 169

12 Sie beißt ihm ins Ohr
oder
Männer sind öfter Opfer von häuslicher Gewalt, als gemeinhin
bekannt ist 179

13 Im Zweifel für den Angeklagten
oder
Wie schwer es sein kann zu beweisen, ob zwei Menschen freiwillig
miteinander Sex hatten 193

14 Es gibt ein Leben danach
oder
Wie Opfer den Weg aus der Gewalt finden 207

Hilfreiche Adressen und Telefonnummern 217

Wichtige Gesetze 221

Dank 225

Anmerkungen 227

Literatur 235

So etwas kommt in den besten Familien vor

Mir passiert *so etwas* nicht. Mein Mann ist friedlich und einfühlsam, ein Feingeist. Niemals würde er die Hand gegen mich erheben. So oder ähnlich antworten viele Frauen, wenn man sie fragt, ob sie Partnerschaftsgewalt kennen.

Viele andere Frauen erleben zu Hause das Gegenteil: Sie werden von ihrem Mann angebrüllt, wenn die Kartoffeln nicht weich genug gekocht sind. Sie stecken Ohrfeigen ein, Tritte in den Bauch und Schläge auf die Oberarme, wenn er wütend von der Arbeit kommt und sich »abreagieren« muss. Sie werden von ihren Männern vergewaltigt, weil diese glauben, sie hätten jederzeit das »Recht« auf Sex mit der Gattin.

So etwas nennt man häusliche Gewalt oder Partnerschaftsgewalt. *So etwas* kommt öfter vor, als manche und mancher glaubt. Jede vierte Frau in Deutschland erlebt Gewalt, die Zahl der Übergriffe durch aktuelle oder frühere Partner ist hoch. Es ist auch möglich, dass jemand selbst nicht betroffen ist, vielleicht aber jemand, den man kennt, eine Freundin, eine Bekannte, eine Kollegin – ohne dass man davon weiß. Weil die Betroffenen darüber nicht reden.

Denn *so etwas* kommt eben nicht vorrangig in »asozialen« Familien vor, bei Trinkern, bildungsfernen Schichten und dem sozialen Prekariat, wie nicht wenige irrtümlicherweise glauben, sondern in allen gesellschaftlichen Gruppen: bei Köchinnen ebenso wie bei Uni-Professorinnen, bei Büroangestellten wie bei Künstlerinnen. Bei Arbeitslosen und Leuten mit Job, bei Kinderlosen und Eltern, bei Eheleuten und unverheirateten Paaren. Bei jungen Paaren und ebenso in langjährigen Beziehungen. Vielfach löst eine Heirat Partnerschaftsgewalt aus. Früher hatte die Frauenbewegung dafür einen Slogan: Trauschein ist Hauschein. Noch vor wenigen Jahrzehnten galt häusliche Gewalt als Privatangelegenheit, heute wird sie – ausgelöst durch verschiedene Gesetze – als Menschenrechtsverletzung angesehen.

Partnerschaftsgewalt trifft in erster Linie Frauen, aber auch Männer. Sie ist vielfältig: Sie kann verbal und körperlich sein. Eines jedoch haben fast alle Taten gemeinsam: Sie finden in der Regel unter Ausschluss der Öffentlichkeit statt, es gibt selten Zeugen. Private Orte, gewöhnlich Stätten des Rückzugs und der Geborgenheit, können zu einem Eldorado der Angst, Unsicherheit und Machtlosigkeit werden. In den wenigsten Fällen können Opfer im Vorfeld die Gewalt erkennen. Meist entwickelt sie sich schleichend: aus Liebe und Zärtlichkeit werden Machtdemonstrationen, später Brutalität. Aus dem einst liebevollen Partner wird jemand, vor dem man sich fürchtet.

Trotzdem ist es für nicht wenige Opfer ein Tabu, ihre Erlebnisse öffentlich zu machen. Sie schämen sich für die Übergriffe zu Hause, sie streiten Schläge und verbale Verletzungen gegen sich hartnäckig ab. Bekannte Ausreden für sichtbare Zeichen der Gewalt sind Sätze wie »Ich bin die Treppe runtergefallen«, »Ich bin gegen die Tür gerannt«. Das Redetabu tragen häufig auch Nachbarn, Bekannte und Verwandte in sich: Das geht uns nichts an. Damit wollen wir nichts zu tun haben.

Für Opfer ist das eine unerträgliche Situation – und eine Katastrophe. Sie können mit niemandem über die Vorfälle reden, sie fühlen sich alleingelassen, vereinsamen und verharren in der Situation. Für Täter ist das ein Signal, dass sie ungestört weitermachen können.

Doch es gibt einen Ausweg: Reden, die Gewalt öffentlich machen, den Täter anzeigen, Verbündete und Hilfe suchen, möglicherweise in ein Frauenhaus ziehen. Darum geht es in diesem Buch. Es beleuchtet Ursachen, Strukturen, Verlauf, Ausmaß und Folgen von Gewalt. Expertinnen und Experten erklären, informieren, raten. Und: Betroffene Frauen (und zwei Männer) erzählen ihre Geschichten. Was ist ihnen widerfahren? Wie haben sie die Gewalt ihrer Partnerinnen und Partner erlebt? Was konnten sie ihr entgegensetzen? Wie den Gewaltkreislauf durchbrechen? Wer hat ihnen dabei geholfen?

Die Namen und die Altersangaben der Betroffenen wurden verändert, ihre Wohnorte bleiben ungenannt – zum Schutz der Opfer und auf ihren ausdrücklichen Wunsch. Es war nicht leicht, Frauen zu finden, die über ihr Leben mit Gewalt sprechen. Ich habe sie in Frauenhäusern getroffen, über Beratungsstellen gefunden, sie wurden mir von anderen Menschen und Betroffenen »vermittelt«. Manche Frauen waren scheu und unsicher, ob *so etwas* überhaupt jemanden interessiert. »Wer will das schon wissen?« war ein Satz, den ich häufig gehört habe während der Recherchen. Nicht wenige Frauen sagten Interviewtermine zu, dann wieder ab, manche erschienen nicht zur Verabredung. Andere Betroffene waren euphorisch, als sie vom Buch hörten, sie drängten darauf, sich mitzuteilen. Denn *so etwas,* sagten sie, müsse bekannt gemacht werden.

Im Buch geht es ausschließlich um Gewalt zwischen Paaren und Expaaren. Dafür verwende ich den Begriff *Partnerschaftsgewalt.* Aber ebenso die Formulierung *häusliche Gewalt* – mit dem Wissen, dass zur häuslichen Gewalt im weiteren Sinne ebenso Gewalt gegen Kinder, Eltern und andere Personen im Haushalt zählt. Allerdings ist der Begriff *häusliche Gewalt* mittlerweile so etwas wie eine eingeführte Definition, eine Art »Logo« für Angriffe gegen die Partnerin oder den Partner. Die meisten Menschen wissen sofort, worum es geht, wenn der Begriff fällt.

Für das Buch habe ich – neben den Expertinnen und Experten – ausschließlich mit Opfern gesprochen. Das ist eine bewusste Entscheidung. Denn das Buch richtet sich in erster Linie an Opfer, es soll ihnen eine Stimme verleihen. Sie sollen die Möglichkeit bekommen, ihr Schicksal darzulegen, ihr Schweigen zu brechen und dadurch anderen Betroffenen zu zeigen: Es kann ein Leben jenseits von Gewalt geben.

Das Buch richtet sich auch an Menschen im nahen Umfeld Betroffener: an Freunde, Verwandte, Bekannte, Nachbarn, Kolleginnen und Kollegen. Auch sie können etwas gegen die Gewalt »nebenan« tun: indem sie mit dem Opfer solidarisch sind und Hilfe anbieten (und holen, indem sie die Polizei rufen). Indem sie dem Täter signalisieren: »Ich weiß Bescheid.« Hergestellte Öffentlichkeit kann Teil von Prävention und Schutz sein.

Eine Frau in einem Frauenhaus sagte am Schluss unseres Gesprächs: »Als ich hierher ins Frauenhaus kam, dachte ich, ich bin allein mit meiner Geschichte, mit der Gewalt. Hier habe ich gesehen, dass es vielen anderen Frauen auch so geht wie mir. Das erleichtert mich.« Mittlerweile hat sie die Scheidung eingereicht.

Simone Schmollack, Januar 2017

Einleitung
Das passiert doch nur im Suff
oder
Warum häusliche Gewalt ein gesellschaftliches und kein privates Problem ist

Die Frau steht unter der Dusche, als ihr Mann ins Bad kommt. Er hält einen Topf mit heißem Öl in den Händen und kippt ihn plötzlich über seiner Frau aus. Kurz vorher wollte er noch Sex mit ihr haben. Aber das hat nicht geklappt, der Mann hat eine Erektionsstörung. Im April 2016, ein Jahr nach der Tat, steht der Mann wegen gefährlicher Körperverletzung in Hamburg vor Gericht.[1]

In Verden liegt eine Frau wochenlang mit einer gebrochenen Hüfte auf dem Sofa in ihrem Wohnzimmer. Es ist Frühjahr 2015, der Wind fegt um die Häuserecken, die Sonne ist schwach. Die Frau kann sich nicht rühren, jede Bewegung schmerzt, sie braucht für alles Hilfe. Die bekommt sie aber nicht. Ihr Mann kümmert sich nicht um sie, er lässt sie auf der Couch liegen und allmählich verhungern und verdursten.[2]

Inge ist zwanzig, als sie von ihrem Exfreund Leroy im Frühjahr 2013 erstochen wird. Das Paar hat eine On-off-Beziehung, aber irgendwann will Inge nicht mehr. Sie führt ein eigenständiges Leben mit einem erfüllenden Job und vielen Freunden. Ihr engster Vertrauter ist ihr Zwillingsbruder. Leroy beneidet Inge um ihren Erfolg. An einem gewöhnlichen Vormittag in einer gewöhnlichen Woche steht Leroy vor der Wohnungstür seiner Exfreundin, er will ihr nahe sein, mit ihr reden, etwas mit ihr erleben. Die beiden fahren in einen Wald und schlafen miteinander. Dann greift Leroy zu einem Messer und sticht zu, mitten in die Lunge der jungen Frau. Inge erstickt qualvoll innerhalb weniger Minuten.[3]

In einer Aprilnacht 2016 wirft in Ludwigshafen der betrunkene und mit Drogen vollgepumpte Ehemann einer 26-Jährigen während eines Streits mit seiner Frau Möbel und Geschirr vom Balkon. Technobeats wummern schon stundenlang durch die Wohnung des Paares, Nachbarn rufen die Polizei. Als die Beamten kommen, beschießt der Mann sie mit einer Signalpistole. Ein paar Polizisten seilen sich über das Dach auf den Balkon des Paares ab, andere brechen die Wohnungstür auf. Die Polizei schätzt den Schaden auf 25 000 Euro.[4]

Als »Fall Rebecca« geht der Mord an einer 24-Jährigen in Aschaffenburg in die Polizeigeschichte ein. Rebecca ist schwanger und will gegen den Willen ihres Geliebten das Kind bekommen. Im Mai 2015 wird sie mit Kabelbinder erdrosselt. Ihr Mörder ist der Vater ihres Kindes, mit dem sie seit einiger Zeit ein Verhältnis hat. Der 32-Jährige ist verheiratet und hat gar nicht die Absicht, sich von seiner Ehefrau zu trennen. Also muss die Geliebte »weggeschafft« werden.[5]

Eine 91-jährige ehemalige Amerika-Korrespondentin des deutschen Wirtschaftsmagazins *Handelsblatt* wird 2011 im Badezimmer ihres Hauses in Georgetown, einem noblen Stadtviertel in Washington, tot aufgefunden. An ihrem Hals finden sich rote Striemen, die Frau ist erwürgt worden – von ihrem Ehemann. Der 45 Jahre jüngere Kölner streitet das ab. Er sagt, seine Frau sei im Bad hingefallen. Die Obduktion wird später feststellen, dass der gesamte Körper der Frau übersät ist mit Blutergüssen, Prellungen, Druckstellen – frischen wie älteren Verletzungen. Der Mann hatte seine Frau jahrelang schwer misshandelt.[6]

Im November 2016 schleift ein Mann seine Frau an seinem Auto hinter sich her. Die Frau hängt mit einem Strick um den Hals an der Anhängerkupplung, der Mann fährt mit 80 Kilometern pro Stunde durch die Straßen von Hameln in Niedersachsen. Vorher hat er mehrfach mit einem Messer auf sie eingestochen. Im Auto sitzt der zweijährige Sohn der beiden und hört die Schreie seiner Mutter.[7]

Das sind zufällig ausgewählte – zugegeben äußerst extreme – Fälle häuslicher Gewalt, die in jüngerer Vergangenheit in Deutschland öffentliche Aufmerksamkeit erregten. Unter anderem, weil sie besonders brutal und heftig sind, weil sie vielfach mit einem Mord endeten. Die meisten Opfer von Partnerschaftsgewalt sind weiblich, viele Übergriffe bleiben unbekannt. Dabei können sie nebenan in der Nachbarwohnung passieren, bei Gartenfreunden, im Kollegenkreis, beim Sportkumpel. Jeden Tag werden weltweit Millionen von Frauen geschlagen, gekniffen, geboxt, angebrüllt, eingesperrt, psychisch unter Druck gesetzt, bedroht, verfolgt, umgebracht. Meist von ihren Ehemännern, Lebensgefährten, Geliebten, Exmännern und Expartnern.

127 457 Menschen, die 2015 in Deutschland Opfer von Mord, Totschlag, Körperverletzung, Vergewaltigung, Stalking und Bedrohung geworden sind, wurden von ihren aktuellen oder früheren Partnerinnen und Partnern angegriffen, hat das Bundeskriminalamt (BKA) herausgefunden. 82 Prozent der Opfer waren Frauen. Die Dunkelziffer schätzt BKA-Präsident Holger Münch um ein Vielfaches höher. Er sagt: »Die Zahlen spiegeln das Hellfeld wider, also die Taten, die angezeigt worden sind. Es gibt aber viele Opfer, die sich nicht bei der Polizei melden.«

Jede vierte Frau in Deutschland im Alter zwischen sechzehn und 85 Jahren erfährt auf verschiedene Weise Gewalt durch aktuelle oder durch frühere Beziehungspartnerinnen und -partner.[8] Das hat eine aufwändige Prävalenzstudie[9] im Auftrag des Bundesfamilienministeriums ergeben, für die 2003 über 10 000 Frauen in Deutschland umfassend zu ihren Gewalterfahrungen befragt worden sind. Die repräsentativen Ergebnisse wurden ein Jahr später veröffentlicht und dienen bis heute – neben den Zahlen der Kriminalstatistik – als wichtiger Beleg für Gewalt gegen Frauen und Männer in der Bundesrepublik.

Danach haben 37 Prozent der Befragten mindestens einmal seit ihrem sechzehnten Lebensjahr körperliche Gewalt erfahren. Das reicht von Wegschubsen, Ohrfeigen und dem Androhen von Gewalt über Schläge mit den Fäusten oder der flachen Hand bis hin zur Bedrohung mit einem Messer oder einer Pistole. Nahezu jede siebte Frau in der Befragung gab an, sexuelle Gewalt erlebt zu haben, von Petting bis hin zu einer Vergewaltigung. Sexuell belästigt wurden 58 Prozent der Frauen, sie wurden an intimen Körperstellen berührt oder zum Schauen von Pornos gezwungen.

40 Prozent der Opfer haben körperliche oder sexuelle Übergriffe oder sogar beides erfahren. Von verschiedenen Formen erlebter psychischer Gewalt – aggressivem Anschreien, Verleumden, Demütigungen, Drohungen, Psychoterror – sprechen 42 Prozent der Frauen. In 99 Prozent aller Fälle waren Männer die Täter.[10]

Von Prellungen bis hin zu offenen Wunden

Die Gewaltübergriffe haben Folgen: Prellungen, blaue Flecken, Knochenbrüche, Verstauchungen, Kopf- und Gesichtsverletzungen, offene Wunden, Scheidenverletzungen, langjährige Traumatisierungen. Wobei die psychischen Folgebeschwerden in der Regel weniger sichtbar sind, häufig aber umso gravierender. »Die Befunde zeigen, dass alle erfassten Formen von Gewalt und Belästigung in hohem Maße zu psychischen Folgebeschwerden führen können, die von Schlafstörungen, erhöhten Ängsten und vermindertem Selbstwertgefühl über Niedergeschlagenheit und Depressionen bis hin zu Selbstmordgedanken, Selbstverletzung und Essstörungen reichen«, heißt es dazu in der Studie.[11] Je nach Art der Gewalt leiden 56 bis 80 Prozent der Opfer an starken psychischen Beeinträchtigungen.

Der internationale Vergleich zeigt, dass die deutschen Werte im mittleren bis oberen Bereich liegen. Obwohl die Studien unterschiedlich gestaltet und zu verschiedenen Zeiten durchgeführt wurden und somit nicht direkt miteinander vergleichbar sind, lässt sich dennoch eine Ahnung davon bekommen, wie es in Europa aussieht. Während in Deutschland jede vierte Frau von Partnerschaftsgewalt betroffen ist, ist es Finnland und in Schweden jede dritte.[12] Untersuchungen in Island und Irland Mitte der 1990er Jahre haben ergeben, dass dort jede siebte und zehnte Frau körperliche und/oder sexuelle Gewalt durch den Partner oder Expartner erfahren hat.[13] In der Schweiz hat jede fünfte Frau mindestens einmal in ihrem Leben Partnerschaftsgewalt erlebt.[14] Eine Dunkelfeldstudie in Österreich geht davon aus, dass dort jede fünfte bis zehnte Frau betroffen ist.[15]

Jeder Fall ist anders und doch ähnlich

Jeder Fall von häuslicher Gewalt ist individuell. Aber es gibt Muster, die sich wiederholen. Zunächst ist die Nähe zwischen den beiden Liebenden groß, kaum jemand kann sich vorstellen, dass das jemals anders sein könnte. Irgendwann aber verändert sich etwas, er wird lauter in der Stimme, wenn das Paar miteinander redet, er will Recht haben und Recht behalten. Sie gibt nach, weil sie nicht will, dass Streits eskalieren, manchmal sagt sie gar nichts mehr. Sie tut alles dafür, damit er nicht aufbraust, nicht ausrastet.

Aber das nutzt nichts, er findet immer einen Grund, sie anzubrüllen, sie zu demütigen, sie unter Druck zu setzen. Und irgendwann gibt er ihr eine Ohrfeige – aus Versehen, wie er später versichern wird: Das sei im Affekt passiert, das sei sonst nicht seine Art. Er sagt auch, dass er das nicht wollte, dass es ihm leid tue. Er bittet sie um Verzeihung.

Sie ist verstört, aber sie liebt ihn, noch immer und trotz allem. Also gibt sie nach, verzeiht ihm. Sie erinnert sich an die schönen Stunden zu Beginn ihrer Beziehung – und sucht die Schuld für seine Aggressionen bei sich selbst. Manchmal bin ich eine blöde Kuh, sagt ihre innere Stimme: Warum muss ich immer genau das machen, was er überhaupt nicht mag. Ich weiß das doch. Das nächste Mal denke ich dran.

Beim nächsten Mal denkt sie dran – aber er flippt trotzdem aus. Seine Schläge werden heftiger, die Drohungen furchterregender, der Psychoterror stärker. Sie leidet, wird krank und schiebt das auf den Stress im Alltag: Kinder, Job, kranke Eltern. Er wird schon wieder zur Vernunft kommen, beruhigt sie sich.

Aber er macht weiter. Sie wird kränker und schwächer, das fordert ihn erst recht heraus. Sie will das alles nicht mehr, sie will, dass es aufhört. Aber es hört nicht auf, das versteht sie irgendwann. Sie denkt über Trennung nach, doch sie traut sich diesen Schritt nicht zu. Wie soll sie leben? Wovon die Miete bezahlen? Und da sind ja auch noch die Kinder. Sie sollen keine Trennungskinder sein. Also bleibt sie, leidet und begibt sich in die innere Emigration. Bis es irgendwann wirklich nicht mehr geht und sie ankündigt, ihn zu verlassen. Das reizt ihn noch mehr, er droht: Du bleibst bei mir, oder es passiert was Schlimmes.

Als er kurze Zeit später erneut zuschlägt, diesmal so heftig, dass sie enorme Schmerzen hat und einen Arzt braucht, verlässt sie ihn. Aber bald bereut sie diesen Schritt und kehrt zu ihm zurück. Sie gehört doch zu ihm, erklärt sie ihren Freundinnen.

So geht das immer weiter. Manche Frauen kommen nie aus der Gewaltbeziehung heraus, andere erst nach Jahren. Diejenigen, die es schaffen, sich zu trennen, beginnen ein neues Leben.

Nicht wenige Gewaltopfer suchen Schutz in einem Frauenhaus. 2014 lebten 7 331 und 7 194 Kinder in bundesweit 186 Frauenhäusern und Zufluchtswohnungen,[16] wie eine Auswertung des Vereins Frauenhauskoordinierung in Berlin ergab. »Auch 2014 setzen sich wesentliche Trends der Vorjahre fort«, heißt es auf dessen Website. Oder anders ausgedrückt: Die häusliche Gewalt ist so groß wie in den Vorjahren.

Gewaltmythen halten sich hartnäckig

Seit 2002 gilt das Gewaltschutzgesetz. Seitdem ist Partnerschaftsgewalt kein Kavaliersdelikt mehr, kein Streit unter Eheleuten, der vorübergeht. Häusliche Gewalt wird von nun an verfolgt und strafrechtlich geahndet. Ein wesentlicher Bestandteil des Gesetzes ist die sogenannte Wegweisung: Der Täter muss die Wohnung für einige Zeit verlassen, das Opfer kann bleiben und muss sich nicht um eine Zuflucht kümmern. Die Polizei hat das Recht, den prügelnden Mann sofort aus der Wohnung zu weisen, dafür braucht sie keinen richterlichen Beschluss.

Seit das Gewaltschutzgesetz gilt, hat sich vieles getan. Mittlerweile ist es gesellschaftlicher Konsens, dass häusliche Gewalt nicht erlaubt ist und bestraft werden muss. Dennoch halten sich hartnäckig sogenannte Gewaltmythen, die körperliche, sexuelle und seelische Übergriffe rechtfertigen, verharmlosen, entschuldigen. Die Mythen reichen von »das passiert nur im Suff« und »unter sozial Schwachen und in bildungsfernen Kreisen« bis hin zu »sie ist doch selbst schuld, warum provoziert ihn auch so« und »wie soll er sich denn sonst wehren, sie ist ihm verbal und intellektuell doch überlegen«.

Andrea Buskotte, Gewaltexpertin und Referentin der Landesstelle Jugendschutz in Niedersachsen, benennt verschiedene Gewaltmythen. Sie widerspricht der These, dass nur sozial Schwache und sogenannte Problemfamilien Gewalt kennen, ebenso wie dem Glauben, dass er nur schlägt, wenn er »etwas getrunken hat«. »Natürlich ist Gewalt auffälliger, wenn sie in einer Etagenwohnung verübt wird und die Nachbarn einiges mitbekommen, als wenn Opfer und Täter in einem Haus mit Garten wohnen und die Nachbarn Streit und Schreie nicht hören.«[17] Alkohol sei nicht die Ursache für die Übergriffe, sondern senke lediglich die Hemmschwelle und vermindere die Selbstkontrolle: »Aus diesem Grunde trinken manche Männer, bevor sie zuschlagen.«[18]

Vielfach wird behauptet, dass eine Frau selbst schuld daran sei, wenn ihr Mann sie gewaltsam zurechtweist – er wird schon seine Gründe haben, heißt es dann. Sie wird ihn provoziert haben. Da kann es schon mal passieren, dass ihm die Hand ausrutscht. Krach gibt es schließlich in jeder Beziehung mal. Ein Mann könne sich ja auch nicht alles gefallen lassen.

All das weist Buskotte zurück. »Es gibt kein ›Fehl‹-Verhalten, mit dem sich Gewalt rechtfertigen ließe.«[19] Ebenso widerspricht sie dem Mythos, dass die Frau ja gewusst hätte, wen sie sich da ausgesucht habe, dass sie ihn verlassen könne, wenn sie das wirklich wolle. Solche Unterstellungen nennt Buskotte »zynisch und irreführend«. Weil sie suggerierten, dass Frauen die ihnen widerfahrene Gewalt billigend in Kauf nehmen. Doch niemand kann in andere Menschen hineinschauen und wissen, wie es darin aussieht. Niemand kann vorausahnen, was in der Zukunft passieren wird. Und ebenso wenig zeigen sich Gewalttäter von Beginn an aggressiv und übergriffig.

Solche Vorurteile erklären Gewalt gegen Frauen und Mädchen zu einem privaten Problem, sie reduzieren massenhafte körperliche, sexuelle und seelische Übergriffe zu Einzelschicksalen, für die jede einzelne Betroffene selbst die Verantwortung zu übernehmen hat. Denn schließlich ist sie nicht ganz unschuldig daran, dass er sich nicht im Griff hat. Warum widerspricht sie ihm auch? Warum fügt sie sich nicht? Warum verweigert sie sich ihm? Warum muss sie ihm zeigen, dass sie klüger und weitsichtiger ist als er?

Häusliche Gewalt ist aber kein privates, es ist ein gesellschaftliches Problem. Wer Gewalt ausübt, will Macht demonstrieren, will die andere oder den anderen unterdrücken, unterwerfen, unterordnen, seinen Willen durchsetzen. Er will, dass die oder der andere genau das tut, was der Gewalttätige vorgibt. Es geht um Besitzansprüche des Mannes, Dominanz, Kontrolle und Eifersucht, sexuelle Ansprüche. Um Verletzen und Beherrschen, um das Festhalten an patriarchalen Strukturen, in denen Frauen den Männern »gehörten« und in denen sie bestraft werden müssen, wenn sie sich widersetzen.

»Die Vorstellung, dass Gewalt ein Ausrutscher ist, verharmlost Gewalt in Beziehungen auf vollkommen unzulässige Weise«, sagt Andrea Buskotte: »Wie kann es sein, dass Männer in beruflichen Situationen immer die Beherrschung wahren und im familiären Raum dagegen ihrem Stress und Ärger freien Lauf lassen?«[20] Die meisten gewalttätigen Männer täten das weder zufällig noch einmalig. Sie hätten sich dafür entschieden, ihre Aggressionen im privaten Bereich auszuleben, dort, »wo sie am wenigsten entdeckt und bestraft werden können«, und bei Menschen, die sich am schlechtesten dagegen wehren können: an ihren Frauen und oft auch an ihren Kindern.

Gewalt gegen Männer

Es gibt auch Gewalt gegen Männer. Jungen und Männer werden insgesamt sogar häufiger als Frauen Opfer von Raub, Erpressung, Hausfriedensbruch, Menschenraub, Geiselnahme. Der Polizeilichen Kriminalstatistik[21] zufolge werden sie auch häufiger als Frauen verprügelt, bedroht, gestalkt, unter Druck gesetzt, verleumdet, seelisch belastet und/oder ermordet. Die Täter sind in den meisten Fällen Männer.

Eine Studie im Auftrag des Bundesfamilienministeriums belegt, dass Männer hauptsächlich von ihren Geschlechtsgenossen Gewalt erfahren, an öffentlichen Orten wie Freizeitplätzen, Parks, Restaurants, Kneipen, am Arbeitsplatz. Der Untersuchung zufolge sind 80 bis 90 Prozent der Täter Männer, in zwei Drittel der Fälle kannten sich Opfer und Täter nicht.[22] Häusliche Gewalt spielt eine vergleichsweise untergeordnete Rolle. Von den rund 130 000 Partnerschafsdelikten 2015 waren laut Bundeskriminalamt 18 Prozent der Opfer männlich.

Dennoch behaupten manche Männerrechtler, Frauen würden genauso oft zuschlagen wie Männer, mitunter gebe es sogar mehr Täterinnen als Täter. So hat der Bremer Soziologe Gerhard Amendt in einer Untersuchung zu Trennungsvätern erfahren, dass es bei einem Drittel der von ihm befragten Männer in der Trennungsphase zu Handgreiflichkeiten zwischen den Männern und ihren Partnerinnen beziehungsweise Expartnerinnen kam. In zwei Drittel der Fälle sei die Gewalt von den Frauen ausgegangen, in 45 Prozent soll sie über einen längeren Zeitraum angehalten haben.[23]

Auch der Politikwissenschaftler Peter Döge arbeitet mit ähnlichen Zahlen. Die Ergebnisse sind seit der Veröffentlichung umstritten. Nicht nur, weil Amendt und Döge einen sehr weiten Gewaltbegriff haben, wie die Journalistin Heide Oestreich in der *taz* schreibt: »In den sogenannten Conflict Tactic Scales[24] sind verbale Gewalt, Kontrolle und Zwang, leichte und schwere Gewalttaten und auch sexualisierte Gewalt enthalten. Zwischen den Geschlechtern sind diese Gewaltakte ungleich verteilt: Frauen tendieren vermehrt zum Anschreien und zur Kontrolle, Männer üben stärker schwere Gewalt und sexualisierte Gewalt aus.«[25] Erfahrungen der Polizei besagen zudem, dass sich Frauen häufig gegen einen prügelnden Mann wehren, der dann Anzeige erstattet[26] – wegen häuslicher Gewalt durch seine Frau.

Zusammengefasst und zugespitzt lässt sich sagen: »Gewalt gegen Frauen ist Männergewalt. Gewalt gegen Männer auch.«[27]

Ungeachtet dessen ist Gewalt gegen Männer nicht so ausführlich untersucht wie Gewalt gegen Frauen. Forscherinnen und Forscher wissen nur vage, wie Männer Gewalt erleben. Wovor fürchten sich Männer? Warum rasten sie aus und schlagen dann zu? Welche Strategien haben sie, um Gewalt zu vermeiden?

Gewalt ist zudem ein wirtschaftliches Problem. Die Frauenrechtsorganisation Terre des Femmes und die Weltgesundheitsorganisation beziffern die Kosten, die durch häusliche Gewalt entstehen, mit bis zu 13 Milliarden Dollar jedes Jahr – für die Arbeit von Polizei, Justiz, für Frauenhäuser und Zufluchtswohnungen, für die Beratungsstellen, Therapieeinrichtungen, Krankenkassen.

»Solche Probleme gibt es bei uns nicht«

Gewalt ist kein Phänomen, dem Staat und Gesellschaft hilflos gegenüberstehen. Vor vierzig Jahren, im Herbst 1976, gründeten Frauen in Köln das erste Frauenhaus und machten Gewalt gegen Frauen und Kinder öffentlich. Selten traf der gern zitierte Satz »Das Private ist politisch« auf ein Thema so zu wie hier. Die Kölnerinnen bekamen zunächst Gegenwind, unter anderem vom damaligen Kölner Sozialdezernenten Hans Erich Körner. Ihm wird der Satz nachgesagt: »Solche Probleme gibt es bei uns nicht, machen Sie erst mal eine ordentliche Statistik.«[28] Die wenigen gewalttätigen Männer könne man in einer Schubkarre wegfahren.

Doch die Frauen machten keine Statistik, sie machten eine Aktion. Sie verteilten in der Kölner Innenstadt Flugblätter und sammelten Unterschriften von Leuten, die Frauen kennen, die von ihren Männern geschlagen und gedemütigt werden. Innerhalb eines Nachmittags kamen über 2 000 Unterschriften zusammen.[29]

Seitdem sind überall in Deutschland Frauenhäuser, Zufluchtswohnungen, Beratungsstellen und verschiedene Hilfsorganisationen entstanden. Heute gibt es bundesweit 353 Frauenhäuser und etwa vierzig Zufluchtswohnungen mit insgesamt rund 6 000 Plätzen.[30] Seit 2002 das Gewaltschutzgesetz gilt, sind in der Polizeiausbildung häusliche und Partnerschaftsgewalt sowie sexueller Kindesmissbrauch längst selbstverständlich.

Im Juli 2016 wurde das Sexualstrafrecht verschärft: Wer eine verbale Ablehnung auf ein sexuelles Angebot ignoriert, soll jetzt strafrechtlich belangt werden können. Damit wurde das von Frauen- und Menschenrechtsorganisationen lang geforderte »Nein heißt Nein« im Strafrecht implementiert.

Kein Thema hat in den vergangenen Jahren eine solche Karriere erfahren wie häusliche Gewalt,[31] sagt Heike Lütgert, frühere Kriminalhauptkommissarin in Bielefeld. Mittlerweile gibt es Beratungsstellen für Männer – sowohl als Opfer als auch als Täter. Es »gibt kein Gewaltgen, gegen das man machtlos ist«, sagt Heike Lütgert. Neben Gesetzen, die Gewalt eindämmen und bestrafen, ist Prävention nötig, die Frauen und Mädchen stark macht und die Männer erkennen lässt, dass Schlagen und Psychoterror keine zulässigen Mittel sind, eigene Forderungen und Bedürfnisse durchzusetzen.

Gewalt zu verhindern ist eine gesellschaftliche Aufgabe, sagt Andrea Buskotte: »Je mehr Menschen sich heute dieser Forderung stellen, desto größer ist die Chance, dass es ab morgen weniger Gewalt, weniger Opfer und Täter gibt.«[32]

1 Die Luft brennt manchmal in Sekunden
oder
Warum die Polizei mit Blaulicht losfährt, wenn es heißt, da prügelt sich ein Paar

Wenn Nadine Wenzke an Feiertagen wie Ostern, Weihnachten oder Pfingsten Dienst hat, rüstet sie sich. Sie bereitet sich innerlich darauf vor, dass der Polizeinotruf 110 häufiger gewählt wird als sonst. Dass sie und ihre Kolleginnen und Kollegen öfter ausrücken müssen. »Feiertage können Krisentage sein«, sagt Nadine Wenzke. Familien hocken tagelang aufeinander, sie langweilen sich, sie gehen sich gegenseitig auf die Nerven. Trinken mehr Alkohol als sonst. Bier, Wein, Schnaps lösen Emotionen aus, die die Frauen und Männer nicht mehr im Griff haben. Der Aggressionspegel steigt. Erst ein paar Wortgefechte, dann Vorwürfe, Anklagen, Drohungen: Du bist schuld an meinen Kopfschmerzen. Geh' endlich arbeiten. Wenn du mir das Geld nicht gibst, bin ich weg.

»Die Luft brennt manchmal in Sekunden«, sagt Nadine Wenzke. »Dann rutscht die Hand schon mal aus und oft schneller, als man glaubt.«

Nadine Wenzke ist eine zierliche Frau mit langen, blonden Haaren, mit einem weichen Gesicht und einer sanften Stimme. Nordisch nobel. Die Jacke ihrer blauen Polizeiuniform schlackert um ihren Körper. Sie ist noch keine vierzig, und man kann sich schwer vorstellen, wie diese zurückhaltende Frau es schafft, unter Strom stehende Männer zu besänftigen und wütende, schreiende Frauen zum Schweigen zu bringen. Aber Nadine Wenzke ist Profi, sie weiß, wie man Eskalationen beendet und Gefühlsausbrüche wieder einfängt.

Sie ist Polizeioberkommissarin, Opferschutzbeauftragte für die Polizeidirektion 4 im Südwesten Berlins und zuständig für Fälle mit häuslicher Gewalt. Rund 16 000-mal im Jahr rückt die Polizei in Berlin aus, um Partnerschaftsstreits und Gewaltausbrüche in Wohnungen zu beenden.

Die Beamten in Wenzkes Revier werden jeden Tag wegen Beziehungsattacken in eines der unscheinbaren Häuser in dem Stadtrandviertel gerufen. Im Kofferraum der Einsatzwagen liegen Schutzausrüstungen, die Fahrzeuge düsen mit Blaulicht los. »Damit es nicht zum Äußersten kommt«, sagt Wenzke.

Damit nicht wieder ein Mann so lange auf seine Frau eindrischt, bis sie leblos am Boden liegt, so wie vor einem Jahr in einem anderen Viertel der Stadt. Damit ein anderer seine Freundin nicht so lange würgt, bis sie keine Luft mehr kriegt. Damit nicht die nächste Frau versucht, ihren Mann, der sie seit Jahren grün und blau prügelt, mit dem Hammer zu erschlagen. Aus Notwehr, wie sie später sagen wird.

Die Kaffeemaschine auf dem Sideboard in Wenzkes Büro surrt, daneben Milch im Tetra Pak und eine Packung Kekse. Das Büro ist ein praktisch eingerichteter Raum, zwei Schreibtische, zwei Stühle, Aktenschränke. Nadine Wenzke teilt sich das Büro mit einer Kollegin. Die Gegend, für die sie zuständig sind, ist unauffällig. Altneubauten zwischen Pappeln und Kastanien, Bushaltestellen in kurzen Abständen, Radwege, viele Rentner. Am Vormittag sind die Straßen wie leergefegt.

»Die Auslöser für die Wutausbrüche der Männer sind mitunter banal«, berichtet Wenzke: Das Essen ist versalzen. Das Bier steht nicht rechtzeitig auf dem Tisch. Der Dreckwäschekorb quillt über. Die Kinder sind zu laut.

»Keine Gründe, die einen Übergriff rechtfertigen würden«, sagt die Kommissarin. »Häufig sind die Gründe an den Haaren herbeigezogen.«

Besonders gefährlich werden kann es für Frauen, wenn sie sich von ihrem Mann oder Lebensgefährten trennen wollen.

»Manche Männer verkraften es nicht, wenn die Frau ihren eigenen Weg gehen will«, hat Nadine Wenzke erlebt. »Sie sind es gewohnt, dass die Frau macht, was der Mann will, dass er die

Oberhand hat. Wenn die Frau androht oder ankündigt zu gehen, fühlen sich die Männer ihrer Machtposition und ihrer Stärke beraubt. Um dieses Gefühl zu kompensieren, schlagen manche zu.«

Der Fall Daniela

Eineinhalb Jahre lang hat Daniela Torstens Wutausbrüche ertragen, seine Eifersuchtsszenen, die vollkommen unbegründet waren. Seine Raserei, wenn er getrunken hatte. Dann flogen schon mal Gabeln und Messer durchs Wohnzimmer, Teller und Porzellankannen krachten auf den Küchenboden. Drei Jahre hielt sie es aus. Weil sie nach jedem Streit hoffte, dass es das letzte Mal gewesen war, dass er so ausrastete. So wie er immer wieder versprochen hatte. Dass er sich das nächste Mal zusammenreiße. Dass wieder alles gut werde.

Es hatte so schön angefangen mit den beiden, romantisch, harmonisch. Daniela erinnert sich gern, wie es mal war zwischen ihnen. Das ist mein Märchenprinz, hatte sie geglaubt, als sie ihn kennenlernte. Den will ich heiraten, schoss es ihr in den Kopf. Mit dem will ich Kinder haben.

Sie trafen sich bei einem Musikfestival. Eine seidige Sommernacht mit einem viel versprechenden Sternenhimmel, die Luft ein wenig feucht, aber angenehm warm. Die Musik hämmerte von der Bühne bis an den Wiesenrand, wo Daniela und ein paar ihrer Freundinnen tanzten. Daniela war 28 zu jener Zeit, sie hatte ein paar Freunde gehabt und etliche Liebhaber. Aber die große Liebe war nicht dabei. Daniela sehnte sich nach jemandem, mit dem sie »eins werden« konnte. Keine vollständige Symbiose, das nicht, das wollte sie nicht. Aber es sollte jemand sein, mit dem sie ein wortloses Verständnis verband. Mit dem sie eng zusammen sein, aber doch sie selbst bleiben konnte. Dem man einen Zettel auf den Küchentisch legen durfte: »Komme heute später, bin mit Marlies im Kino.« Und der ihr keine Vorhaltungen machte, weil er den Abend mit ihr verbringen wollte.

Sie tanzte mit nackten Füßen, sie spürte das spitze Gras unter ihren Fußsohlen. Und sie spürte, wie sie jemand beobachtete. Sie schaute hoch und sah Torsten. Er lehnte an einem Baum, ein großer Typ, vielleicht dreißig, vielleicht ein wenig älter. Dunkelblond, aufgeräumtes Gesicht. Sympathisch, dachte Daniela. Dann kam der Mann auf sie zu und fragte, ob er mittanzen dürfe. Klar, warum nicht, das hier ist doch keine Tanzschule, bei der nur Paare »zusammen tanzen« dürften.

Sie kamen ins Gespräch, sie lachten, sie tranken Bier und rauchten einen Joint. Alles ganz normal. Alles sehr schön. Sie tauschten Handynummern und E-Mail-Adressen. Am nächsten Morgen fand Daniela Rosengrüße in ihrer Mailbox. Sie war entzückt: Da weiß einer Bescheid, der kann mit Frauen umgehen. Daniela war aufgeregt, glücklich, jetzt oder nie, sagte sie sich. Und stürzte sich in diese Beziehung.

»Die ersten Wochen waren ein Traum«, sagt Daniela. »Er trug mich auf Händen. Er las mir jeden Wunsch von den Lippen ab. Ich weiß, das klingt kitschig, aber so war es.«

Nach vier Monaten zog sie bei ihm ein. Sie fuhren ans Meer, in die Berge, in ein Wellnesshotel mit Sauna, Fitness, Massage, das ganze Programm. Sie fühlte sich schön, sie fühlte sich begehrt. Sie strahlte Glück und Zufriedenheit aus. Das sahen auch andere, auch andere Männer. Manche starrten sie ungeniert an.

»Was glotzt der da drüben so blöd«, fragte Torsten eines Abends, als sie in einem Restaurant saßen und ein Mann zwei Tische weiter sich nicht mehr auf seine eigene Begleiterin konzentrieren konnte, sondern nur zu Daniela und Torsten schaute.

»Was weiß ich«, antwortete Daniela, »lass den doch glotzen.«

Sie sagte wohl auch noch etwas wie: »Der findet mich offenbar schön. Ist doch super!«

Draußen auf der Straße fing Torsten erneut an, über den »Glotzer« zu reden. Dass der wohl nicht mehr alle Tassen im Schrank hätte. Aber sie, Daniela, nicht ganz unschuldig daran sei, dass der »sich gar nicht mehr einkriegte«. Sie habe sich nämlich ganz schön geräkelt und gesonnt in dem Gefühl, dass die Männer sie »am liebsten verschlingen« würden.

»Was ist daran so schlimm?«, fragte Daniela.

»Alles«, sagte Torsten.

»Nun spiel mal nicht den Eifersüchtigen.«

»Ich bin doch nicht eifersüchtig.«

»Doch.«

»Bin ich nicht.«

»Bist du doch.«

»Spinnst du.«

Ein Wort gab das andere. Und dann schlug er zu. Mit der flachen Hand mitten in ihr Gesicht. Es klatschte laut. Wie versteinert stand sie da. Er auch.

»Tut mir leid«, stotterte er nach einer Schrecksekunde, »tut mir so leid, das wollte ich nicht.«

Sie konnte nichts sagen, war nur erschrocken über seine Überreaktion. Was hatte er getan?

Daniela ist eine große, üppige Frau, mit naturroten Locken und Sommersprossen, die bis auf ihre Handrücken kriechen. Sie hat eine tiefe Stimme und kräftige Oberarme. Selbstbewusst, eigensinnig, stark. Sie arbeitet als freiberufliche Hebamme, mit Krisensituationen weiß sie umzugehen. So eine Frau lässt sich von einem Mann schlagen?

»Ich konnte es selbst nicht fassen, als er das erste Mal zuhaute«, erzählt sie. »Ich war darauf auch nicht vorbereitet. Bei den Geburtsvorbereitungskursen und im Kreissaal erlebe ich viele Männer, unsichere, fordernde, die alles besser wissen und so tun, als bekämen sie die Kinder. Typen, die versuchen, mich herumzukommandieren. Aber mit jemandem, der seine Kräfte nicht unter Kontrolle hat, hatte ich überhaupt keine Erfahrung.«

Nach dem ersten Mal, als Torsten auf der Straße vor Eifersucht platzte und sie ohrfeigte, sich aber augenblicklich dafür entschuldigte, tat er ihr fast wieder leid. Sie fand es »rührend«, wie er sie anflehte, das eben bitte schnell zu vergessen. Weil es nie, nie, nie wieder vorkommen werde. Sie glaubte ihm. Warum auch nicht?

»Er hatte Tränen in den Augen, er umarmte mich und hielt mich ganz fest«, sagt sie. »Wie sollte ich da nicht weich werden?«

Sie gingen nach Hause und sprachen einige Tage wenig miteinander. Beide waren benommen von dem Erlebnis. Irgendwann kehrten der Alltag und die Sprache zurück in die Zweizimmerwohnung in der Großstadt. Daniela erzählte von den Schwangeren, die sie betreute, Torsten von seinen »Kunden«, er arbeitete in einem Wettbüro für Pferdetoto.

Der Job machte ihm Spaß, die Wetten brachten viel Geld. Aber die Arbeit raubte auch viel Zeit. Immer öfter kam Torsten später nach Hause, und immer öfter umwehte ihn Alkoholdunst. Wenn Daniela fragte, ob er getrunken habe, stritt er es ab. Aber sie roch es. Und es gefiel ihr nicht. Sie fragte sich, ob sie sich auf ihn verlassen könne, wenn sie gemeinsame Kinder hätten. Sie wollte nicht immer nur mit den Kindern anderer Frauen zu tun haben, sie wollte ihr eigenes Baby wickeln, stillen, im Tuch durch die Straßen tragen. Am liebsten hätte sie zwei Kinder, einen Jungen und ein Mädchen, ganz klassisch.

Sie fragte sich: Würde sie mit Torsten eine Familie sein? Würde er sich ändern, wenn sie schwanger wäre?

Sie war sich unsicher. Er schaffte es ja nicht einmal jetzt, ohne Kinder, einzukaufen, wenn sie spontan zu einer Geburt ins Krankenhaus gerufen wurde.

Sie zankten immer öfter, sie verlangte von ihm, abends nicht mehr mit seinen Kollegen in die Kneipe zu gehen. Er zeigte ihr einen Vogel: »Seit wann lasse ich mir vorschreiben, was ich zu tun habe.«

Es wurde häufig laut zwischen ihnen, es flossen Tränen. Sie drohte, ihn zu verlassen. Er lachte: »Du gehst ja doch nicht. Einen besseren als mich findest du nämlich nicht.«

Er fegte Teller vom Tisch, riss die Gardinenstange aus ihrer Verankerung. Einmal warf er einen Laptop aus dem Fenster in den Hinterhof. Aber er schlug nicht zu, das nicht.

Doch Daniela spürte, dass er es am liebsten täte, sich aber zusammenriss. »Das rechnete ich ihm hoch an«, erzählt sie. »Ich dachte: Na bitte, geht doch. Der ist zwar hochgradig aggressiv, aber lernfähig.«

Aber »lernfähig« reicht manchmal nicht für ein ganzes Leben, für eine Familie. Danielas Liebe bröckelte. Trotzdem blieb sie. Sie hoffte, dass sich alles »wieder einrenkt«. Dass er zur Vernunft kommt und spätestens, wenn sie ein Kind hätten, alles wieder normal sein würde.

Manchmal sah es ja auch so aus. Er wischte das Bad, ohne dass sie das gefordert hatte. Er schenkte ihr Blumen, einmal eine silberne Halskette.

»Vielleicht ist er nicht meine ganz große Liebe«, dachte Daniela, »aber ich halte es gut mit ihm aus, wenn er friedlich ist.

Bis es passierte. Sie waren von Freunden zu einer Geburtstagsparty eingeladen worden. Die Freunde wohnten gut 200 Kilometer entfernt. Es war ein sonniger Herbsttag, friedliche Wochenendstimmung, die Blätter an den Bäumen leuchteten gelb und orange. Beschwingt stieg das Paar ins Auto, auf der Autobahn drehte Torsten das Radio lauter, Led Zeppelins »Whole lotta love«, »Du willst 'ne ganze Menge Liebe«. Er sang mit, sie war entspannt.

Dann klingelte ihr Handy, ein alter Schulfreund. Daniela plauderte mit ihm, lachte laut, flirtete, vielleicht zehn, zwölf Minuten lang. Als sie auflegte, merkte sie, dass Torsten das Radio leiser gedreht hatte. Nicht, um ihr Telefonat nicht zu stören, sondern weil er vor Wut schnaubte.

»Was hast du mit dem?«, fragte er.

»Nichts, wir haben uns jahrelang nicht gesehen, er ist gleich nach der Schule weggezogen. Er ist gerade in der Stadt, wir wollen uns treffen. Das ist alles.«

»Das soll ich glauben?«

»Da ist nichts, noch mal: Ich habe ihn mindestens zehn Jahre nicht gesehen. Er ist verheiratet und hat zwei Kinder, seine Frau ist wieder schwanger.«

Torsten ließ sich nicht beruhigen. So wie sie mit ihm gesäuselt hätte, sei da ganz sicher was zwischen ihnen, das merke er doch. Er beschleunigte, fuhr 140, 150, 160, 180. Er drückte aufs Gaspedal, sie forderte, er solle langsamer fahren. Er hörte nicht und raste wie ein Irrer. Er solle anhalten, schrie sie, sofort. Oder sie rufe die Polizei. Als habe er auf diesen Satz gewartet, trat er auf die Bremse, abrupt und heftig, das Auto geriet ins Schleudern und kam auf dem Standstreifen zum Stehen. Sie atmete schwer, wischte sich den Angstschweiß von der Stirn.

Er fauchte: »Das wag' dich ja nicht, kein Wort zu niemandem. Sonst passiert was. Und jetzt raus, los, steig aus! Aussteigen, hab ich gesagt!«

Wie betäubt öffnete Daniela die Autotür, setzte die Füße auf den Beton und sagte: »Das war's, ich trenne mich von dir. Das halte ich nicht mehr länger aus.«

Kaum dass sie stand, raste Torsten davon. Die Autotür flog durch den Schwung, den der Wagen nahm, von selbst zu.

Daniela brach in Tränen aus, heulend lief sie hinter der Autobahnmarkierung geradeaus. Autos fuhren an ihr vorbei, hupten, manche drosselten die Geschwindigkeit. Ein Wagen hielt an, der Fahrer fragte, ob sie Hilfe brauche. Sie lehnte ab und ging zu Fuß weiter bis zur nächsten Abfahrt und schließlich zum nächsten Dorf. In der Hoffnung auf einen Bus oder eine Bahnstation.

Mitternacht kam sie zu Hause an, sie packte rasch ein paar Sachen zusammen, weil sie fürchtete, Torsten könnte gleich in der Tür stehen. Sie rannte aus der Wohnung, durch die Stadt und klingelte eine Freundin aus dem Bett.

Die Freundin meinte, Daniela solle Torsten anzeigen. Wegen Mordversuchs, wenigstens wegen Körperverletzung. Daniela wollte das nicht, sie scheute jede weitere Auseinandersetzung mit ihrem Freund. So heftig, wie sie vor nicht allzu langer Zeit zu ihm wollte, so dringend wollte sie jetzt weg von Torsten. Und nie wieder etwas mit ihm zu tun haben.

Sie hatte Angst vor ihm, sie fürchtete sich davor, mit ihm allein zu sein. Sie trommelte Freunde zusammen, die mit ihr gemeinsam ihre Möbel, Bücher, Aktenordner und Geschirr aus Torstens Wohnung holten. Einmal ging sie allein in die Wohnung, sie hatte ein kleines Radio vergessen. Bei ihrem Einzug hatte sie es in Torstens Küche gestellt. Die Freundin, bei der Daniela vorübergehend untergekommen war, besaß kein Radio. Sie schaute lieber Fernsehen.

Daniela wählte einen Vormittag mitten in der Woche, sie wähnte Torsten im Wettbüro. Das Radio musste sie erst suchen, Torsten hatte es woanders hingestellt. Aber sie fand es. Doch in dem Moment, als sie die Wohnung verlassen wollte, stand Torsten in der Tür. Breitbeinig, die Arme in die Seiten gestemmt. Er schmetterte ihr aggressive Worte entgegen. Sie versuchte, sich an ihm vorbeizuschieben, sie wollte die Wohnung so rasch wie möglich verlassen.

Er sagte: »So kommst du mir nicht davon.«

Dann packte er sie, schob sie rückwärts durch den Flur und drückte sie am anderen Ende der Diele gegen die Wand. Er fingerte an ihrer Jeans herum, zerrte an ihrem T-Shirt, warf sie auf den Boden und setzte sich auf sie. Sie wehrte sich und schrie. Er schlug ihr ins Gesicht und drückte seine Arme auf ihre Brust. Sie wandte sich unter ihm, bekam einen Unterarm mit ihren Zähnen zu fassen und biss zu. Von dem Schmerz, den der Biss auslöste, war er offenbar überrascht. Er ließ von ihr ab, sie sprang hoch und rannte davon.

Das war das letzte Mal, dass Daniela direkt mit Torsten zusammentraf. Er rief sie noch ein paar Mal auf dem Handy an, sie legte jedes Mal auf. Wenn er vor dem Hebammenladen, in dem sie stundenweise arbeitete, auftauchte, verließ sie das Haus durch den Hinterausgang. Er jammerte auf ihre Mailbox. Es gehe ihm schlecht, es tue ihm leid. Sie solle zurückkommen, jetzt werde alles anders, ganz bestimmt. Einmal drohte er damit, sich umzubringen, wenn sie so stur bliebe.

Mit einem Mal war Ruhe. Keine Anrufe mehr. Kein Auflauern. Sie wunderte sich darüber, sie fragte sich, was passiert war. Aber sie stellte keine Nachforschungen an, sie war froh, dass es vorbei war. Sie wollte Torsten, seine Gewaltausbrüche, ihre gemeinsame Zeit einfach nur vergessen.

Fast fünf Jahre später meldete sich Torstens Mutter bei Daniela – mit der Nachricht, dass sich ihr Sohn das Leben genommen habe.

Keine Bagatelle mehr

»Bevor Frauen das erste Mal die Polizei rufen, haben die Männer bereits mehrfach zugeschlagen«, sagt Polizeioberkommissarin Nadine Wenzke. »Durchschnittlich acht Mal hat häusliche Gewalt dann schon stattgefunden.« Die Frauen meldeten sich nicht früher, weil sie Angst vor den Folgen eines Polizeieinsatzes bei sich zu Hause hätten. Weil sie sich schämten: Was sollen die Nachbarn sagen, wenn der Streifenwagen vor dem Haus steht? Was sollen die Kinder denken, wenn nachts plötzlich Polizisten in der Wohnung auftauchen? Werden sie es morgen in der Schule erzählen?

Manchmal alarmieren aber auch Nachbarn die Polizei, weil »die sich nebenan mal wieder kloppen«. Sie wissen, dass das streitende Paar Kinder hat, wenigstens die sollen geschützt werden.

»Manche Paare kennen wir schon, da fahren wir regelmäßig hin«, sagt Wenzke. Wenn sie und ihre Kolleginnen und Kollegen bei ihnen klingeln, kann sich der Streit schon wieder gelegt haben. Aber da ist die Unordnung im Wohnzimmer, die den Beamten nicht verborgen bleibt. Da sind herumliegende Kissen, zerrissene T-Shirts, umgekippte Flaschen, Bierflecken auf dem Teppich, noch feucht.

»Was war hier los?«

»Das Übliche.«

»Geht's jetzt wieder?«

»Geht jetzt wieder.«

»Polizeibekannte Paare«, so nennt Wenzke die Frauen und Männer, wegen denen die Polizei regelmäßig gerufen wird, streiten in der Regel nicht ab, dass es »wieder mal passiert ist«. Es hätte ja auch keinen Zweck, Nadine Wenzke und ihre Kolleginnen und Kollegen wissen und sehen das. Und vermerken es im Polizeiprotokoll für die Nacht.

Manchmal aber öffnet eine Frau mit blutender Nase die Tür und sagt: »Ich bin im Bad ausgerutscht.«

»Und der blaue Fleck über der Augenbraue?«

»Vom Sturz, da bin ich mit dem Gesicht auf den Badewannenrand geknallt.«

»Das sollen wir glauben?«

»Ja, ich bin ein bisschen tollpatschig. Sagt mein Mann auch.«

»Aber die Nachbarn haben doch Ihre Schreie gehört. Also, was war hier los?«

»Nichts, wirklich nichts, das können Sie glauben. Wir sind eben ein bisschen lauter als die anderen.«

Früher gaben sich die Polizistinnen und Polizisten häufig mit solchen Aussagen zufrieden. Und zogen wieder ab, nachdem sie das streitende Paar getrennt haben. Früher lautete der Tenor: Bei denen hat es mal wieder mächtig geknallt, passiert ständig bei denen. Aber jetzt ist Ruhe im Karton, die haben sich wieder eingekriegt.

Früher sei häusliche Gewalt als Bagatelle abgetan worden, als Streit unter Eheleuten, als Privatangelegenheit, sagt Heike Lütgert, ehemalige Erste Kriminalhauptkommissarin in Bielefeld, das hieße dann Familienstreitigkeit.

»Allein der Begriff sagt alles«, findet Lütgert, »als ginge es dort um einen lapidaren Krach, der keine weitere Bedeutung hat.« Solche Fälle seien früher nicht einmal statistisch erfasst worden.

Das ist heute anders. Lütgert erklärt: »Heute ist häusliche Gewalt kein Kavaliersdelikt mehr, sondern eine handfeste Straftat.« Die in den Polizeiberichten so selbstverständlich auftaucht wie der Ladeneinbruch, Drogenmissbrauch und der Handtaschenklau.

»Früher wurde häusliche Gewalt in der Öffentlichkeit stark tabuisiert und verharmlost. Heute ist die Einstellung weit verbreitet, dass es sich bei Gewalt in Beziehungen nicht um bloße ›Streitigkeiten‹ oder ›Ruhestörungen‹, sondern um Gewalttaten handelt, die fast ausschließlich von Männern an Frauen (so die polizeiliche Kriminalstatistik) begangen werden«, heißt es auf der Homepage der Polizeilichen Kriminalprävention.[1]

Der gefährliche Übergriff wird auch dann als häusliche Gewalt angesehen, wenn er gar nicht in der gemeinsamen Wohnung stattgefunden hat.

»Tatorte können auch Geschäftsräume oder öffentliche Räume sein«, sagt Lütgert. »Wenn Männer ihren Frauen etwas antun wollen, wenn sie sie körperlich und psychisch schädigen wollen, dann ist ihnen egal, wo sie das machen, dann kann das überall stattfinden, nicht ausschließlich zu Hause.«

Die Sensibilität in der Bevölkerung geht mittlerweile sogar so weit, dass Nachbarn selbst dann zum Telefonhörer greifen, wenn sie nicht so genau wissen, was nebenan vor sich geht. Die schreien sich ziemlich heftig an, melden die Nachbarn meist in solchen Fällen. Einmal wurde Heike Lütgert zu einem jungen Paar gerufen, das sich so laut angekeift hatte, dass andere Bewohnerinnen und Bewohner fürchteten, die beiden würden sich gegenseitig etwas antun. Geschirr sei gegen Wände geschleudert worden, berichteten sie der Polizei. Und es habe einen mächtigen Rums gegeben.

Als die Frau die Tür öffnete, nachdem Lütgert und andere Beamte geklingelt hatten, war die junge Frau überrascht: »Wieso ist die Polizei da? Weil wir uns prügeln sollen? Nein, nein, wir schlagen uns nicht«, soll die junge Frau gesagt haben. »Wir kämpfen auf Augenhöhe.«

Die Polizistinnen und Polizisten überzeugten sich davon, dass das stimmte, das junge Paar bedankte sich bei ihnen: »Gut, dass Sie gekommen sind. So wissen wir, dass bei Gewalt nicht mehr weggeschaut wird. Das beruhigt uns.«

Die Fassade der bürgerlichen Oberschicht

Bei ihren Einsätzen hat Heike Lütgert festgestellt: Es gibt keine »soziale Gruppe«, die verschont bleibt, Partnerschaftsgewalt findet in jedem Milieu statt. Es ist ein Trugschluss zu glauben, vor allem sogenannte bildungsferne Schichten würden sich gegenseitig verprügeln.

»Das gibt es auch im Akademikermilieu«, sagt Lütgert, »aber der Herr Professor stellt es vielleicht ein bisschen geschickter an als andere.«

Er boxt ihr nicht ins Gesicht, ein blaues Auge und die aufgeplatzte Augenbraue sind ja nicht zu übersehen. Ein Unfall beim Fensterputzen oder beim Staubwischen sieht anders aus. Wenn »der Herr Professor« zuschlägt, dann auf die Oberarme seiner Frau, auf ihren Rücken, er tritt ihr in den Hintern. Wenn Spuren bleiben, sieht die niemand, denn die Frau wird sie niemandem zeigen. Es ist ihr peinlich, einen Mann geheiratet zu haben, der gewalttätig ist gegen seine Frau.

Der »Herr Professor« ist gebildet und klug. Er weiß alles über Schweinegrippe und die Finanzkrise. Er kann eloquent übers Klima reden und über die Parteien im Bundestag. Er hat Freunde »ganz oben«, Banker gehören dazu, Ärzte, Apotheker, Unternehmer, häufig Politiker. Der »Herr Professor« weiß, wie man Netzwerke baut. Er ist subtil und psychologisch geschult. Er weiß, wie er seine Frau kleinkriegt. Er beleidigt sie, sagt, sie sei faltig und werde immer hässlicher, je älter sie werde, regelrecht vertrocknet sei sie. Er gibt sich nicht einmal Mühe, seinen abfälligen Ton abzustellen. Er schleudert ihr entgegen, dass sie es zu nichts gebracht habe, im Gegensatz zu ihm, er sei ganz oben angekommen auf der Karriereleiter. Er bezahle das Haus, die Autos, all die Urlaube. Und was mache sie? Nichts. Stattdessen liege sie ihm auf der Tasche und verweigere ihm sogar sein Recht im Bett. Dabei müsse er sie ranlassen, sie sei schließlich seine Ehefrau. Es muss nicht jeden Tag sein, nein, das verlange er gar nicht, er sei ja auch mal müde. Aber wenn er nicht müde sei, dann habe sie gefälligst bereit zu sein.

Gewalttäter aus der Mittel- und Oberschicht werden seltener angezeigt, hat Heike Lütgert in ihren Dienstjahren erfahren: »Je höher die gesellschaftliche Stellung eines Paares, umso schwieriger wird es für die gepeinigte Frau, zur Polizei zu gehen.« Frauen mit einem hohen Bildungsstand wüssten, dass sie etwas hätten tun müssen gegen die Gewalt ihres Mannes. Aber sie schämten sich, wenn sie das nicht getan oder es nicht geschafft hätten, sich rechtzeitig zu trennen. Die Fassade der gutbürgerlichen Familie, bei der alles tipptopp ist, müsse in jedem Fall gewahrt bleiben.

»Diese Frauen kompensieren die Attacken ihrer Männer, indem sie mit anderen Frauen darüber reden: Gestern hatte er besonders schlechte Laune, da hat er mal wieder so richtig zugelangt«, sagt Lütgert.

Eigener Lehrstoff: häusliche Gewalt

In der Polizeiausbildung ist das Thema häusliche Gewalt mittlerweile selbstverständlich. Wenn Polizeioberkommissarin Nadine Wenzke darüber spricht, sagt sie im üblichen Polizeijargon nur kurz »hG«. Als sie ihr 1998 Studium für den gehobenen Dienst der Schutzpolizei begann, tauchte »hG« im Curriculum der Polizeischule noch nicht auf.

»Die Aufnahme und die Bearbeitung von Strafanzeigen wie Körperverletzung, Beleidigungen und Bedrohungen unter Partnern und Angehörigen unterlag damals keinem gesonderten Standard«, sagt Wenzke.

Das ist seit dem 2002 in Kraft getretenen Gewaltschutzgesetz anders. Seitdem ist häusliche Gewalt ein eigener Lehrstoff. Darüber hinaus gibt es zahlreiche Fortbildungskurse und Verhaltensübungen für Beamte. Das wirkt. Das Vertrauen betroffener Frauen in die Polizei ist gestiegen.

Mehr als ein Viertel der Frauen, die körperliche Gewalt erlitten hatten, haben sich an die Polizei gewandt.[2]

»Haben sich Frauen an die Polizei gewandt, so ist bei körperlicher Gewalt die Zufriedenheit mit der Arbeit der Polizei inzwischen erfreulich hoch«, konstatiert die Gewaltforscherin Monika Schröttle.[3] Die Kooperation zwischen Frauenhäusern und Polizei habe sich »positiv entwickelt«, bestätigen Mitarbeiterinnen von Frauenhäusern. Die Polizei werde von Frauen mittlerweile als »wichtiger Ansprechpartner bei Gewalt«[4] angesehen.

»Die Sensibilität gegenüber dem Thema ist stark gewachsen«, weiß Heike Lütgert. Die Erste Kriminalhauptkommissarin a. D. hat an der Fachhochschule für öffentliche Verwaltung Nordrhein-Westfalen in Bielefeld den Nachwuchs ausgebildet. Sie sagt: »Während die Beamten früher dem Thema lapidar begegnet sind, nehmen sie es heute sehr ernst.«

Seit Inkrafttreten des Gewaltschutzgesetzes gibt es klare Regeln, was die Beamten zu tun haben, wenn sie auf häusliche Gewalt treffen. Zum Beispiel eine sogenannte Gefährdungsanalyse und Gefährdungsansprache erstellen: Was genau war hier los? Brüllt sich das Paar tatsächlich nur an und stört die Nachbarn mit lauter Musik und zerdeppertem Geschirr? Oder schlägt er sie? Versucht sie, sich zu wehren, und wird dabei noch schwerer verletzt?

Anschließend entwickeln die Beamten eine »Gefahrenprognose«, wie Nadine Wenzke sagt: Was passieren könnte, wenn die Polizei wieder weg ist. Geht das hier öfter so zu? Kennt die Polizei den Täter schon? Lebt das Paar in Trennung? Was erzählen die Kinder? Wie sieht die Wohnung aus? Hat der Mann getrunken?

»Männliche Beziehungspartner, die einen erhöhten Alkoholkonsum aufweisen, übten etwa doppelt so häufig körperliche und/oder sexuelle Gewalt gegenüber der Partnerin aus wie Männer ohne erhöhten Alkoholkonsum«, belegt die Gewaltforscherin Monika Schröttle mit ihren Studien.[5]

Die Beamten schlichten, reden, protokollieren, sichern Beweise. Sie fotografieren die sichtbaren Folgen der Übergriffe: blaue Flecken auf dem Oberarm der Frau, ihre aufgeplatzte Lippe, das herausgerissene Haarbüschel. Und entscheiden anschließend: Nehmen wir den Mann mit aufs Revier? Oder bringen wir ihn in ein Krankenhaus für den Alkoholtest?

Die Beamten fragen sich: »Müssen wir wegen der Kinder das Jugendamt einschalten?«

»Kinder sind indirekt immer von der Gewalt der sie umgebenden Erwachsenen betroffen«, sagt Heike Lütgert: »Kinder, die Gewalt als Konfliktlösungsmuster kennenlernen, die selbst Gewalt erfahren oder sie regelmäßig beobachten, neigen später dazu, selbst gewalttätig zu werden.«

Die Beamten informieren die Frau darüber, wie und wo sie Hilfe bekommt. Sie geben ihr Telefonnummern von Frauenhäusern und Beratungsstellen. Sie sagen ihr, dass sie nicht schuld ist an der Gewaltspirale, dass Gewalt keine Lösung von Beziehungsproblemen ist.

Und die Beamten erklären dem Mann, was eine »Wegweisung aus der Wohnung« bedeutet: Dass er erst mal nicht zurück nach Hause darf, auch die nächsten zehn Tage nicht. Sie machen ihm klar, dass es höchstwahrscheinlich zu einem Prozess kommen wird, unabhängig davon, ob seine Frau ihn anzeigt oder nicht.

»Es hat sich viel getan«, fasst Heike Lütgert zusammen. Bis 1996 wurde häusliche Gewalt durch Polizei und Staatsanwaltschaft überwiegend als Privatangelegenheit eingestuft, der damalige Konsens: »Ohne Strafantrag keine Strafverfolgung«. Die Beamten schlichteten einen Streit und sorgten für Ruhe. Der Polizeieinsatz endete als »Einsatz ohne Bericht«.

Heute arbeiten Polizei, Staatsanwaltschaft, Hilfseinrichtungen wie Frauenhäuser und Beratungsstellen sowie Behörden wie Jugend- und Sozialämter zusammen, zum Schutz der Opfer. Jeder Polizeieinsatz wird genau dokumentiert. Und er endet in der Regel damit, dass der Täter der Wohnung verwiesen wird und eine Weile nicht zurückkehren kann.

2 Ohne Spermaspuren keine Anklage
oder
Warum es im Strafrecht bei sexueller Gewalt heißen muss »Nein heißt Nein«

Es ist ein ganz normaler Abend, irgendwann 2012. Eine Frau, schwanger mit dem ersten Kind, wird von ihrem Freund bedrängt: Er will mit ihr schlafen. Sie will das aber nicht, sie sagt ihm das. Auch dass sie Schmerzen habe, wenn er in sie eindringt. Das interessiert den Mann nicht. Er hat Druck, und der muss weg. Er zieht seine Freundin vom Sofa, schiebt sie ins Schlafzimmer und fordert sie auf, sich auszuziehen.

Widerstandslos folgt die Frau seinen Anweisungen. Sie stülpt das T-Shirt über ihren Kopf, streift Hose und Slip ab, knüpft den BH auf und legt sich ins Bett. Sie tut das, weil sie Angst hat – um ihr ungeborenes Baby, um sich selbst. Schon öfter ist ihr Freund gewalttätig geworden. Er hat die Schwangere geschubst, mit Gegenständen um sich geschmissen, die Katze gequält. Während er sich an diesem Abend an seiner Freundin zu schaffen macht, wiederholt sie immer und immer wieder, dass sie keinen Sex will, dass ihr alles wehtue. Sie schreit und weint. Doch er lässt nicht von ihr ab – und sie lässt es widerwillig geschehen.

Was war das? Ganz klar: eine Vergewaltigung. So empfinden das wohl die meisten Menschen. Vergewaltigung ist in Deutschland strafbar. Allerdings nicht in jedem Fall. Das Erlebnis der jungen Frau ist so einer.

Nach langjährigem Recht galt ungewollter Geschlechtsverkehr nur in drei Konstellationen als Vergewaltigung: wenn der Mann ihn mit Gewalt oder mit bestimmten Drohungen erzwang. Oder wenn der Täter eine schutzlose Lage seines Opfers ausnutzte. Es genügte also nicht, dass eine Frau eindeutig Nein sagt.

Auch der folgende Fall folgt diesem Muster: Ein Mann will Oralverkehr. Seine Frau lehnt das ab, sie sagt Sätze wie: Lass mich in Ruhe. Hör auf damit. Ich will das nicht.

Als er merkt, dass er mit Worten nicht weiterkommt, packt er sie, wirft sie auf den Boden und setzt sich auf sie. In Brusthöhe, so dass sein Genital in ihr Gesicht ragt. Sie kann sich nicht wehren in dieser Position, der Mann ist größer, stärker, schwerer als sie. Sie kann nicht aufstehen, sich nicht aus der Umklammerung seiner Beine drehen. Sie kann nicht einmal ihr Gesicht wegdrehen, weil er es mit seinen Händen festhält und sie zwingt, seinen Penis in den Mund zu nehmen.

Oder dieser Fall: Sieben Monate lang lebt das Paar gut zusammen, dann beginnt er zu trinken und sie zu unterwerfen. Sie darf keine Freunde haben und nicht mehr allein rausgehen, selbst beim Einkaufen ist er stets an ihrer Seite. Jeden Abend verlangt er »ihre ehelichen Pflichten«. Es ist nicht einfach nur Sex, so wie sie ihn kennt. Er will es in Stellungen und Varianten machen, die sie als ekelhaft und abstoßend empfindet. Als sie sagt, dass sie das alles nicht wolle, droht er ihr: »Wenn du dich weigerst, trenne ich mich von dir, und du fliegst aus der Wohnung.«

Solche Worte machen ihr Angst. Wo soll sie denn hin? Wovon soll sie leben? Als Ausländerin – sie war aus Asien zu dem Mann nach Deutschland gekommen – ist sie noch nicht lange genug mit dem Deutschen verheiratet, um hierbleiben zu können.

Er setzt sie unter Druck: »Wenn du nicht spurst, gehe ich zur Ausländerbehörde, dann wirst du abgeschoben.«

Das will sie auf keinen Fall, eine Scheidung hätte ihre Familie nie akzeptiert. Also macht sie mit beim Sex – und weint dabei.

Auch die folgenden Erlebnisse von Frauen wurden strafrechtlich nicht verfolgt: Ein Mann steckt seinen Finger in den Anus einer Frau und penetriert sie vaginal, obwohl sie seine Avancen ausdrücklich zurückweist. Eine andere Frau wird von einem Freund im Tiefschlaf überrascht, als er sich auf sie legt und in sie eindringt.

Das sind nur fünf Fälle von insgesamt 107 schweren sexuellen Übergriffen, die der Bundesverband Frauenberatungsstellen und Frauennotrufe (bff) gesammelt und ausgewertet hat. Bei allen diesen exemplarischen Fällen sexualisierter Gewalt wurde das Verfahren eingestellt oder der Täter freigesprochen – aufgrund der aktuellen Rechtslage. Am Ende seiner Analyse kam der Verband in Berlin zu dem Ergebnis, dass die Rechtslage in Deutschland es nicht erlaube, alle nicht einvernehmlichen sexuellen Handlungen strafrechtlich zu verfolgen: »Die sexuelle Selbstbestimmung ist nicht von selbst und grundsätzlich geschützt, sondern sie muss von der betroffenen Person wehrhaft verteidigt werden.«[1]

Oder anders ausgedrückt: Auch wenn eine Frau eindeutig Nein sagt, heißt das noch lange nicht, dass die Justiz das als klare Ablehnung wertet und den Übergriff als Straftat behandelt.

Für die Betroffenen ist das dramatisch. Viele Frauen wehren sich körperlich nicht, weil sie Angst haben, dass dann noch Schlimmeres passiert. Weil die Kinder im Nebenzimmer schlafen, die davon nichts mitbekommen sollen. Weil sie vom Übergriff so überrumpelt werden, dass sie gar nichts anderes mehr tun können, als stillzuhalten und darauf zu warten, dass alles schnell vorbei ist. Weil er die Tür abgeschlossen hat und sie weiß, dass sie nicht weglaufen kann. Weil einige Frauen glauben, nicht ganz unschuldig an der Situation zu sein.

Viele Opfer zeigen die Tat nicht an. Manche von denen, die in Berlin den Mut finden und zur Polizei gehen, sitzen dann verzweifelt vor Inga Schlör und weinen. Sie verstehen die Welt nicht mehr: Wie kann etwas straffrei sein, was in ihren Augen doch eindeutig Gewalt war?

»Die Frauen fühlen sich vergewaltigt, aber ich muss ihnen sagen, dass das, was sie erlebt haben, den objektiven Tatbestand der Vergewaltigung nicht erfüllt«, sagt die Kriminalhauptkommissarin und stellvertretende Kommissariatsleiterin des Landeskriminalamts 133 in Berlin, das zuständig ist für »sexuelle Gewaltstraftaten im sozialen Nahbereich«, wie es in der Polizeisprache heißt.

Das frustriert die Frauen. Sie fühlen sich gedemütigt und nicht ausreichend ernst genommen, wie ein zweites Mal vergewaltigt, wenn sie die sexuelle Gewalt anzeigen und gesagt bekommen, dass es möglicherweise schwierig werden könnte mit einer Verurteilung des Täters. Das ist eine »Verdrehung der Beweislast«, wie Heike Herold, Geschäftsführerin des Vereins Frauenkoordinierung in Berlin, sagt: Nicht das Verhalten des Opfers sollte für die Strafbarkeit einer sexuellen Handlung entscheidend sein, sondern allein das Verhalten des Täters. Damit meint Herold das, was der bff in seiner Analyse kritisiert: »Täter müssen nur dann mit Strafe rechnen, wenn sich Opfer ihnen wehrhaft widersetzen.«

Dabei haben die meisten Frauen doch genau das getan, wozu immer geraten wird bei einem solchen Übergriff: Sie sind zur Polizei gegangen. Sie haben nicht geduscht und auch nicht ihren Unterleib gewaschen, damit Spermaspuren gesichert werden können. Sie haben die Kleidungsstücke aufgehoben, die sie während des Vorfalls trugen, sie haben sie mitgebracht in das graue, kastenförmige Gebäude mit den dicken Mauern und hohen Fenstern, in dem Inga Schlör ihr Büro hat.

Die Kommissarin, Ende vierzig, ist eine sportliche Frau mit einem praktischen Kurzhaarschnitt und einem festen Händedruck. Sie spricht zackig und schnell, manchmal wirft sie englische Wörter ins Gespräch, zählt Zahlen und Fakten auf, sie steckt tief im Stoff der häuslichen Gewalt, ihr Bereich seit vielen Jahren. Sie sagt: »Jede Frau muss ernst genommen werden, egal was sie erzählt und wie sie es erzählt.«

Sie berichtet von einem Fall, den sie gerade bearbeitet: Eine junge Frau hatte eine Vergewaltigung angezeigt, ein Freund habe sie betrunken gemacht. Die beiden hatten mit anderen Bekannten gefeiert, der mutmaßliche Täter soll die Frau animiert haben, mehr und mehr Alkohol zu trinken. Irgendwann hatte sie einen Filmriss, sie konnte sich an nichts mehr erinnern. Als sie wieder bei Bewusstsein war, spürte sie, dass etwas mit ihr nicht stimmte, mit ihrem Unterleib, ihrer Kleidung. Sie sei sich ganz sicher, soll die junge Frau gesagt haben, dass sie von dem Freund sexuell missbraucht worden sei. Er habe ihre schutzlose Situation ausgenutzt.

Inga Schlör hörte der Frau zu, so wie sie alle Frauen, die zu ihr kommen, erst einmal erzählen lässt, in aller Ruhe, ausführlich. Sie will sich ein Bild machen vom Vorfall, vom Opfer, vom Täter. Sie schaut ihr Gegenüber intensiv an, dabei zeigt sie kaum eine Reaktion, nichts an ihr soll darüber Auskunft geben, was sie denkt. Später fragt sie nach, will genauer wissen, was vorgefallen war, lässt sich Details beschreiben, bittet die Frauen, das Erlebte in Worte zu fassen. Manche können das nicht, Inga Schlör nimmt ihnen Vokabeln und Sätze ab, indem sie beispielsweise fragt: »Was hat er Ihnen reingesteckt? Einen Finger? Einen Dildo?«

Einige Frauen reden nur von »da unten«, Inga Schlör hakt nach: »Was meinen Sie mit ›da unten‹?« Andere Frauen erzählen nicht chronologisch, sondern in loser Erinnerung, was ihnen gerade in den Kopf kommt im Moment des Berichtens. Inga Schlör versucht, ihre Geschichte zu ordnen, einen roten Faden zu finden, um zu verstehen, was passiert ist.

So hat sie es auch gehandhabt bei der jungen Frau, die mit Alkohol und möglicherweise mit K.-o.-Tropfen gefügig gemacht worden war. »Die Frau war absolut authentisch«, sagt Inga Schlör, »es gab keinen Grund, an ihren Aussagen zu zweifeln.«

Trotzdem hatten die Polizei, die Justiz und die Betroffene ein Problem: Es gab fast keine Beweismittel, keine Spermaspuren, keine zerrissene Unterwäsche, keine blauen Flecken an Armen oder Beinen. Das kann man zwar erklären – das Opfer war komplett handlungsunfähig, der Täter konnte es seelenruhig ausziehen und sich an ihm vergehen, er hatte ein Kondom benutzt –, aber für eine Anklage wegen Vergewaltigung reichte das alles nicht. Obwohl mehrere Zeugen später aussagten, sie hätten die Frau mit verschmiertem Make-up und verschobener Kleidung gesehen, sie hätte verwirrt und traumatisiert gewirkt.

»Sehr selten gibt es Verurteilungen von Tätern, die auf reinen Zeugenaussagen beruhen«, sagt Inga Schlör: »Bei den meisten

Fällen, bei denen es an eindeutigen Beweisen mangelt, ist es schwer, diese weiterzuverfolgen.«

Zweifeln Inga Schlör und ihre Kolleginnen und Kollegen an dem, was die Frauen zu Protokoll geben, ziehen sie sogenannte Aussagepsychologen hinzu. Die Aussagepsychologie ist ein Teil der forensischen Psychologie, die richtige oder falsche Wiedergaben von Tatbeständen untersucht, vor allem wenn es um sexuelle Gewalt und sexuellen Missbrauch von Kindern geht. Aussagepsychologen haben ein Ziel: den Wahrheitsgehalt von Aussagen zu beurteilen, insbesondere vor Gericht. Sagt sie die Wahrheit? Hat er, der seine Unschuld beteuert, recht? Was von dem, was da erzählt wird, stimmt, und was ist eine Lüge?

Max Steller, emeritierter Forensikprofessor am Institut für Forensische Psychiatrie der Freien Universität Berlin analysierte einmal den Fall eines Bauarbeiters, der seine Stieftochter über achtzigmal sexuell missbraucht haben soll. Steller befragte das Mädchen mehrere Male und kam zu dem Schluss, dass es glaubwürdig sei, weil es unter anderem detailliert und auch von Nebensächlichkeiten berichten konnte. So erinnerte es sich den Worten Stellers zufolge, dass es den Stiefvater während einer Tat gefragt hatte, ob es zur Toilette gehen dürfe. Das Mädchen habe »keine geradlinige Geschichte« abgespult, sondern »sprunghaft«[2] erzählt. Und das machte das missbrauchte Kind glaubwürdig.

Manchmal ist es eine Gratwanderung, die Inga Schlör vollziehen muss. »Wenn es keine objektiven Beweismittel gibt, keine Verletzungen und wenn sich das Opfer in seinen Aussagen widerspricht, wird es schwierig«, sagt die Kriminalhauptkommissarin. Dann müsse sie dem Opfer das Gefühl vermitteln, dass sie an dem Übergriff, so wie ihn die Frau schildert, zweifelt. Dass sie glaube, dass er so nicht stattgefunden habe. Dabei weiß sie, in welch psychisch schwieriger Situation Gewaltopfer sich befinden, wenn sie aussagen: Sie müssen das Erlebte reproduzieren, sich genau erinnern, Kleinigkeiten, die sie selbst als unwichtig erachten, erklären.

»Dabei kann man sich schon mal irren und sich in seinen Äußerungen widersprechen«, sagt Schlör: »Deswegen ist es ja so wichtig, dass die Aussage insgesamt stimmig ist, auch wenn die Angaben nicht chronologisch sind.« Fehlende Chronologie sei sogar »gut nachvollziehbar und kann ein Glaubhaftigkeitsmerkmal sein«. Mit offenkundigen Widersprüchen sei das anders, sie könnten ein Zeichen dafür sein, dass das Gesagte nicht dem tatsächlichen Tatgeschehen entspreche.

Seit Neuestem vertrauen Aussagepsychologen stärker auf die Glaubhaftigkeit einer Aussage als die Glaubwürdigkeit einer Person. Dahinter steckt die Erkenntnis, dass auch Menschen, die im Allgemeinen als eher unglaubwürdig gelten – Vorbestrafte, Diebe, Kleinkriminelle – wahre, glaubhafte Aussagen machen. Während andererseits Personen mit einem einwandfreien Leumund – Richter, Pfarrer, Lehrer – im Einzelfall lügen oder sich irren können.

Manche der Frauen, die Inga Schlör gegenübersitzen und der Polizistin vom Übergriff berichten, scheuen sich nicht, das Erlebte mimisch darzustellen: Sie springen auf und machen kopulierende Bewegungen, sie führen vor, wie der Mann sie angegrapscht und zu Boden gezwängt hat. Sie wollen, dass ihnen geglaubt wird. Einmal habe eine Frau ihr T-Shirt hochgerissen und ihre Brüste entblößt, um zu zeigen, »was sie da habe«. Damit die Beamten verstünden, warum der Täter die Frau angegriffen habe.

Einige Frauen übertreiben ein wenig, wenn sie vom Vorfall berichten. Sie schildern das Erlebte dramatischer, als es in der Realität war, die Gewalt ein wenig härter, als sie tatsächlich stattgefunden hat. Sie tun das nicht, weil sie sich in ein besseres und den Täter in ein schlechteres Licht rücken wollen, weil sie sich womöglich profilieren wollen. Sie tun das, weil sie fürchten, dass ihnen sonst nicht geglaubt wird. Sie ahnen, dass das passieren könnte, das haben sie schon häufig von anderen Frauen gehört, denen Ähnliches widerfahren ist. Manche wussten, dass das deutsche Sexualstrafrecht bis vor Kurzem lückenhaft war, dass bestimmte Tatkonstellationen nicht ausreichen, um den Täter zu bestrafen. Dass ein »Nein heißt Nein« bis vor Kurzem nicht im Gesetz stand und sie beispielsweise nachweisen mussten, was sie getan haben, um den Täter abzuwehren.

Vielleicht haben sie im August 2010 in der ARD die Talksendung *Anne Will* gesehen, bei der der pensionierte Generalstaatsanwalt Hansjürgen Karge sagte, er würde seiner Tochter »im Zweifel raten, nicht zur Polizei zu gehen«. Weil die Befragungen auf dem Revier häufig unsensibel seien und dem Opfer nicht gerecht würden, weil eine Anzeige nur selten zur Verurteilung des Täters führe. Karges Aussage wühlte die Republik auf, immerhin war es ein früherer Staatsdiener, der so über die Justiz und den Polizeiapparat urteilte. Die Aussage entrüstete die Polizei, andere Juristinnen und Juristen, Opferberaterinnen und -berater.

»Schön war das nicht«, sagte beispielsweise der Berliner Polizeisprecher Thomas Neuendorf, »es konterkariert die Arbeit vieler Kollegen, die einfühlsam auf Opfer eingehen.«[3] Er rief dazu auf, in jedem Fall zur Polizei zu gehen – egal wie leicht oder schwerwiegend der Übergriff war.

Immer wieder ist davon die Rede, dass Opfer lügen, dass sie eine Tat erfinden, um jemanden bewusst zu schädigen, oder weil sie sich rächen wollen. Vor allem Vergewaltigungsopfern wird das vorgeworfen. Doch die Zahlen und Aussagen dazu sind widersprüchlich. So schätzt der emeritierte Psychologieprofessor und Glaubwürdigkeitssachverständige Günter Köhnken, dass etwa 30 bis 40 Prozent aller Aussagen Falschaussagen sind. Klaus Püschel, Direktor des Instituts für Rechtsmedizin des Universitätsklinikums Hamburg-Eppendorf, geht davon aus, dass allein im Jahr 2009 knapp ein Drittel der angeblich Vergewaltigten »Scheinopfer« waren. Nur in 33 Prozent der Fälle soll es sich um ein »echtes Opfer« gehandelt haben.[4]

Diese Zahl bezweifeln Fachkräfte in den Gewaltberatungsstellen und Frauenhäusern, bei der Polizei und bei der Justiz.

Inga Schlör schätzt die Anzahl der Falschaussagen auf nicht mehr als 5 bis 6 Prozent. Heike Lütgert, ehemalige Erste Kriminalhauptkommissarin und Polizeiausbilderin in Bielefeld, geht von etwa 7 Prozent falscher oder zugespitzter Angaben aus.

Warum tun die Frauen das?

Inga Schlör hat eine Erklärung: »Sie übertreiben bewusst, weil sie annehmen, sonst werde ihnen nicht geglaubt.« Äußerst selten seien gekränkte Eitelkeit, Ausflüchte für Affären oder Sorgerechtsstreitigkeiten der Grund für die nicht oder nicht ganz korrekten Aussagen. Bei Jugendlichen spielten mitunter eine übersteigerte Geltungssucht und schlechte Schulnoten eine Rolle.

Das kann Heike Lütgert aus ihrer Berufspraxis bestätigen. Erwachsene Frauen sagen sehr selten falsch aus, weiß die Gewaltexpertin: »Wir haben aber bei einer Auswertung in Detmold festgestellt, dass junge Opfer bis zu 25 Jahre am häufigsten Vergewaltigungen vortäuschen.«[5] Die jungen Frauen und Mädchen würden die Anzeige nicht in jedem Fall freiwillig aufgeben, sondern »von ihren Freundinnen oder anderen nahestehenden Personen massiv dazu gedrängt«.[6] Mitunter komme es vor, dass sich ein Mädchen mit einem Jungen trifft, wovon die Eltern nichts wissen dürfen. Beim Date wolle der Junge mehr als das Mädchen, es komme zum Übergriff. »Aber das wagt das Mädchen nicht zu sagen und erfindet später den Fremden im Park.«[7] Das Mädchen habe die sexuelle Attacke also nicht vorgetäuscht, die hat es ja tatsächlich gegeben. Es habe allerdings unter dem psychischen Druck die »Rahmenhandlung« verändert – aus Angst, aufgrund der Vorgeschichte »mitschuldig« zu sein.

So geht das nicht mehr, da muss sich etwas ändern – finden Gewaltexpertinnen und -experten, Juristinnen und Juristen, Frauen- und Opferverbände, Künstlerinnen und Künstler, Politikerinnen und Politiker. Jeder sexuelle Übergriff und jede sexuelle Nötigung sollten härter als bisher bestraft werden, eine Vergewaltigung sollte auch dann strafrechtlich eine Vergewaltigung sein, wenn das Nein einer Person zum intimen Körperkontakt von einer anderen Person missachtet wird.

Und dann passierte auch noch »Köln«: In der Silvesternacht 2015/2016 wurden auf dem Vorplatz des Kölner Hauptbahnhofs und auf der angrenzenden Domplatte zahlreiche Frauen von fremden Männern angegrapscht, sexuell belästigt und genötigt, manche wurden vergewaltigt. Medien berichteten von rund 400 Fällen. Den Opfern wurden Handys und Portemonnaies geklaut, es kam zu Panik. Die Frauen waren in der Regel hilf- und wehrlos gegen die Übergriffe, sie wurden von ihren Angreifern umzingelt, »umtanzt«, eingekesselt. Ihnen wurde an die Brüste und an den Hintern gegriffen, sie wurden im Intimbereich berührt. Viele Opfer berichteten später der Polizei, dass die Männer versuchten, ihnen die Jacken, Mäntel und andere Sachen vom Körper zu reißen, während die Täter versuchten, in die Taschen der Frauen zu greifen. Die Polizei, die zur Hilfe gerufen worden war, hatte die Eskalation nicht unter Kontrolle.

Auch in anderen Städten wurden Vorfälle wie in Köln gemeldet. Die Öffentlichkeit war schockiert. Wie kann so etwas bei uns passieren? In einer aufgeklärten Gesellschaft, die stolz ist auf ihre sexuelle Freiheit. In einem Land, in dem sich Frauen selbst nachts auf der Straße weitgehend sicher fühlen können. Wieso solche Massivität der Übergriffe? Und warum diese Gewalt?

Mit einem Mal verloren Vokabeln wie »antanzen« ihre Unschuld, Wörter wie »grapschen« erlangten eine ausschließlich negative Konnotation. Plötzlich war auch häusliche Gewalt, die mit den Kölner Vorfällen zwar direkt nichts zu tun hat, Gesprächsthema an vielen Küchentischen. Viele Menschen fragten sich, warum Angrapschen, Vergewaltigung und männliche Gewalt im häuslichen Bereich unter Umständen gar nicht oder nur mit geringen Strafen geahndet werden. Andere Länder sind da längst weiter.

In Irland gilt es als Vergewaltigung, wenn ein Mann mit einer Frau Sexualverkehr hat, obwohl sie dem nicht zugestimmt hat. Das gilt auch bei fehlendem Widerstand. In Schweden wird es als Vergewaltigung gewertet, wenn die Frau zum Sex genötigt wird, dazu gehört auch Einschüchterung. In den USA zählt jede Penetration, die gegen den Willen des Opfers stattfindet, als Vergewaltigung. In Kalifornien gilt seit 2014 die klare Vorgabe »Yes means Yes« für Studierende an allen Universitäten: Die Personen, die miteinander Sex haben wollen, müssen dem deutlich mit »Ja« zustimmen.

Der Druck auf Justizminister Heiko Maas (SPD), das Sexualstrafrecht rasch zu reformieren, wuchs. Einige Zeit zuvor hatte er angekündigt, die Paragrafen 177 und 179 im Strafgesetzbuch[8] verschärfen zu wollen. Im April 2016 schrieben zahlreiche Frauenverbände einen offenen Brief an Bundeskanzlerin Angela Merkel. »Die Zeit ist reif«, hieß es darin, »reif für eine große Reform des Sexualstrafrechts.« Das Schreiben zielte direkt auf Maas' Vorstoß.

»In einer Reihe von aktuellen Analysen und Gutachten sind Fallgruppen aufgezeigt, in denen Frauen klar ›Nein‹ sagen, der Täter das übergeht und seine sexuellen Übergriffe dennoch straflos bleiben«, heißt es in dem Brief des Bündnisses.

»Sexuelle Straftaten müssen juristisch allumfassend anerkannt werden«, formulierte es Anja Nordmann, Geschäftsführerin des Deutschen Frauenrats. Das heißt: Jeder sexuelle Übergriff, den eine Frau nicht will, soll verboten und strafrechtlich verfolgt werden. Im Sexualstrafrecht müssten die »Schutzlücken«, die es jetzt gibt, geschlossen werden.

Jedes Jahr zeigen rund 8 000 Frauen eine Vergewaltigung an, listet das Bundesamt für Justiz (BfJ) auf. Der Bundesverband Frauenberatungsstellen und Frauennotrufe (bff) geht davon aus, dass diese Anzeigen nur etwa 5 bis 15 Prozent aller gewaltsamen sexuellen Übergriffe ausmachen. Die wenigsten würden strafrechtlich verfolgt, die meisten Verfahren eingestellt. Laut BfJ werden nur rund 8 Prozent der angezeigten Täter verurteilt.

Noch nie war die Stimmung für eine große Reform des Sexualstrafrechts so günstig wie Anfang 2016.

Am 7. Juli 2016 war es schließlich so weit. An diesem Tag beschloss der Bundestag ohne Gegenstimme ein reformiertes Sexualstrafrecht.[9] Künftig wird »Grapschen«, wie es in der Kölner Silvesternacht rund 400-mal passiert ist, härter bestraft als bisher. Bislang galt das unerlaubte Greifen an Brust, Hintern und Genitalien »nur« als Beleidigung oder sexuelle Nötigung.

Künftig wird es als Vergewaltigung angesehen, wenn der Täter das Opfer überrascht und dieses sich deshalb gar nicht mehr wehren kann. Strafbar macht sich auch, wer Sex mit Gewalt oder Gewaltandrohung erzwingt. Ebenso wird eine sexuelle Handlung als Vergewaltigung gewertet, wenn sich der Täter über den erkennbaren Willen des Opfers hinwegsetzt. Das Opfer muss dazu mit Worten, Gesten und anderer körperlicher Mimik deutlich machen, dass es die sexuellen Handlungen nicht will. Dazu zählt auch Weinen. Kurz gesagt: Nein heißt künftig also tatsächlich Nein.[10]

Ein Sieg für die Aktivistinnen und Aktivisten, die seit Jahrzehnten für dafür gekämpft hatten. »Victory«, verkündete der bff nach der Sitzung des Bundestages: »Endlich kommt der Paradigmenwechsel im Sexualstrafrecht: Nicht mehr eine Nötigung ist Voraussetzung für die Strafbarkeit eines sexuellen Übergriffs, sondern entscheidend ist der Wille der Betroffenen. Damit ändert sich ganz grundlegend die bisherige Auffassung des Schutzes der sexuellen Selbstbestimmung im Gesetz.«[11]

Der Deutsche Frauenrat kommentierte: »Die Reform wird aber die gesellschaftliche Auseinandersetzung mit sexueller Gewalt – insbesondere gegen Frauen – weiterbringen.«[12]

Damit sind auch die Anforderungen der sogenannten Istanbul-Konvention erfüllt, die fordert, dass alle nicht-einvernehmlichen sexuellen Handlungen bestraft werden sollen. Das »Übereinkommen des Europarats zur Verhütung und Bekämpfung von Gewalt gegen Frauen und häuslicher Gewalt«, so der sperrige offizielle Titel des Papiers, wurde im Mai 2011 von einigen Mitgliedsstaaten des Europarats in Istanbul unterzeichnet. Der völkerrechtlich bindende Vertrag soll häusliche Gewalt grundsätzlich eindämmen und bekämpfen.[13]

Politikerinnen und Politiker aller Parteien im Bundestag begrüßten die Entscheidung des Parlaments grundsätzlich. »Wir wollen, dass jede nicht einvernehmliche sexuelle Handlung künftig unter Strafe gestellt wird«, sagte die SPD-Fraktionsvize Eva Högl. »Der Schutz der sexuellen Selbstbestimmung verträgt keinerlei Einschränkung, ein schlichtes Nein muss reichen«, kommentierte die CDU-Abgeordnete Elisabeth Winkelmeier-Becker.[14]

Allerdings entzündete sich die Debatte um eine erst wenige Tage zuvor bekannt gewordene Änderung, die das Aufenthaltsrecht für Migrantinnen und Migranten künftig verschärft. So dürfte demnächst sein Aufenthaltsrecht verlieren, wer wegen eines sexuellen Übergriffs zu einer Strafe von mindestens einem Jahr verurteilt wird. Als Konsequenz aus den Vorfällen der Kölner Silvesternacht sollen jetzt ausnahmslos alle Personen einer Gruppe für eine Tat bestraft werden, auch wenn gar nicht alle daran beteiligt waren.

»Damit torpedieren Sie das Ausländerrecht und instrumentalisieren Frauenrechte«, kritisierte Cornelia Möhring, frauenpolitische Sprecherin der Links-Fraktion. Katja Keul von den Grünen nannte die Änderung »schlicht unverhältnismäßig«. Hitzig debattiert wurde der »Gruppen«-Passus. Renate Künast fragte: »Wie soll man sich von einem Delikt innerhalb einer Gruppe distanzieren, das man nicht einmal merkt?«[15]

Ist nun alles gut? Verhilft das reformierte Sexualstrafrecht, das seit 10. November 2016 gilt, auch den Opfern häuslicher Gewalt zu ihrem Recht wie etwa der schwangeren Frau, die von ihrem Freund zum Sex gezwungen wird und aus Angst alles geschehen lässt? Oder jener Frau, die im Schlaf von ihrem Freund überrascht und vergewaltigt wird? Wird es der Ausländerin helfen, deren Mann droht, sie bei den Behörden anzuschwärzen, wenn sie seine bevorzugten sexuellen Praktiken nicht über sich ergehen lässt?

Eine Antwort ist schwer zu geben. »Meistens sind bei der Tat nur zwei Menschen anwesend, Täter und Opfer«, sagt Kriminalhauptkommissarin Inga Schlör. Niemand außer den beiden weiß, was genau passiert ist. »Dann kann Aussage gegen Aussage stehen«, sagt Schlör.

Wie kann ein Opfer bezeugen, dass es ausdrücklich Nein gesagt hat? Wie nachweisen, dass der Täter nicht abgelassen hat, obwohl das Opfer geweint oder sich anders verständlich gemacht hat?

Wie sich gegen den Vorwurf wehren, dass sich das Opfer das alles nur ausgedacht hat, weil es dem Täter eins auswischen will?

Polizistin Schlör sagt: »Sowohl der Nachweis einer echten Tat als auch einer falschen Verdächtigung dürften nach der Gesetzesänderung nicht leichter werden.« Im Gegenteil: Es dürfte viele Frauen geben, die sich vom Rechtssystem ge- und enttäuscht fühlen, wenn es nicht zu einer Verurteilung des Täters oder nicht einmal zu einer Gerichtsverhandlung kommt. »Obwohl sie jetzt doch davon ausgehen könnten.«

3 Belagert, belauert, belästigt
oder
Warum Stalking kein Kavaliersdelikt ist

Hunderte SMS, tägliche Anrufe, immer wieder Mails und öffentliche Liebesbekenntnisse in der Lokalzeitung. Auflauern vor dem Wohnhaus und vor der Arbeitsstelle, Verfolgen auf Schritt und Tritt, Überwachen wie in einem Science-Fiction-Film. Das ist das Ergebnis einer Besessenheit. Die der Mann Liebe nennt und die Frau Verfolgung. Eine Besessenheit, die über viele Jahre andauert, drei Gerichte beschäftigt und die Polizei in Atem hält. Und gegen die selbst das Strafgesetz machtlos ist.

Es ist Januar 2006. Im Internet lernt Elisabeth einen Mann kennen. Martin passt in ihr Beuteschema: groß, kräftig, charmant. Seit einiger Zeit ist sie getrennt vom Vater ihrer damals vierjährigen Tochter, sie sucht eine neue Liebe. Die zu Martin ist groß, und schon bald ziehen Mutter und Tochter zum neuen Freund.

Zunächst ist alles so, wie es sein soll. Martin ist liebenswürdig, humorvoll, ein Kümmerer. Ein Typ, in den sich Elisabeth in jener Zeit immer wieder verlieben würde. Doch nicht mehr lange. Zärtlichkeit, Nähe und Harmonie nehmen rasch ab in dem Haus in einer Kleinstadt in Norddeutschland.

Schon wenige Wochen nach dem Zusammenleben habe »der Terror« begonnen, erzählt Elisabeth. Er beleidigt und beschimpft seine Freundin, würdigt sie vor anderen herab, er ist eifersüchtig. »Grundlos«, wie Elisabeth sagt. Es hätte nichts gegeben, was seine Übergriffe gerechtfertigt hätte. Nur einmal habe sie in seinem Handy geschnüffelt. Sie hätte da so eine Ahnung gehabt, gesteht sie, dass sie nicht die Einzige gewesen sei, mit der er schlief. In einem Moment, als das Handy unbeobachtet auf der Kommode lag, griff sie danach, öffnete den Ordner mit den gesendeten Nachrichten und den mit den empfangenen SMS und las Sätze wie: »War toll.« »Geil.« »Lass es uns bald wieder machen.« Nachrichten, die Martin geschrieben hatte, und die er erhielt – von seiner Exfreundin.

Elisabeth sagt: »Er hatte zwei Frauen am Start.«

Handys sind Privatsphäre. Die fasst man nicht ungefragt an, schon gar nicht liest man Nachrichten darin, auch nicht, wenn es sich um das Handy des eigenen Freundes handelt. Elisabeth weiß das, daran hält sie sich auch. »Aber in diesem Fall«, verteidigt sie sich, »musste ich doch wissen, woran ich bin.« Und was soll's, sie hätte ja auch Recht behalten, er habe sie betrogen. Und das gehört sich auch nicht.

Als sie ihn darauf ansprach, sei er ausgerastet, habe sie angebrüllt und ihr eine runtergehauen. Ein gezielter, harter Schlag.

»Danach hatte ich ein schiefes Gesicht«, erzählt sie.

Nun war es vollends vorbei mit der Ruhe, Martin wurde immer unausstehlicher.

»Er hatte seine Aggressionen nicht im Griff«, sagt Elisabeth. So als wäre ein Schalter umgelegt worden, sei aus dem zugewandten Partner jemand geworden, vor dem Elisabeth sich nun fürchtete.

Zwei Jahre geht das so: anschreien, angreifen, anblaffen. Dann hat Elisabeth endgültig genug und sucht für sich und ihre Tochter eine eigene Wohnung. Wenige Kilometer weiter, in einem Ort, in dem etwa 20 000 Menschen leben, die Straßen sauber sind und die Häuser flach. Später wird sie hier – in einer langen Sackgasse, die man erst mal finden muss – ein altes Haus kaufen, in das sie umzieht. Die Straße ist ein Ort der Stille, kaum Menschen, zu jeder Uhrzeit, kein Kindergeschrei, kein Hundegebell.

Doch Ruhe hat Elisabeth nicht, jedenfalls nicht vor dem Exfreund. Nachdem Elisabeth Martin verlassen hatte, ging es erst richtig los, erinnert sich die Frau. Damals ahnte sie nicht, was in den folgenden Jahren noch auf sie zukommen würde.

Elisabeth ist das, was manche gern »handfest« nennen: groß, kräftig, mit einem geraden Blick und einem zupackenden Händedruck. Eine, die ihren Körper einschätzen kann, die überblickt, was sie ihm zumuten darf und was sie besser unterlässt. Die sich gesund ernährt und Wert auf Naturprodukte legt. Die Gästen Kaffee anbietet mit dem Satz: »Milch, frisch aus dem Euter vom Bauern von nebenan.« Und Saft, selbstgepresst, von Früchten aus ihrem Garten. Die ihr Haus allein saniert, Wände einreißt, Löcher in den Boden stemmt, neue Mauern hochzieht. Wenn sie auf dicken Stricksocken durch ihr Haus läuft, scheint der Boden unter ihren Füßen zu vibrieren, so fest tritt sie auf. Warum sind Frauen wie Elisabeth machtlos gegen Männer wie Martin?

Untersuchungen zu Gewalt haben gezeigt, »dass Frauen in Trennungs- oder Scheidungssituationen besonders gefährdet sind, Opfer von körperlicher oder sexueller Gewalt durch Partner oder Ex-partner zu werden.«[1] Martin steigt Elisabeth hinterher, verfolgt sie überallhin, ins Erlebnisbad, wo sie als Physiotherapeutin arbeitet, in den Supermarkt, wo sie einkauft, in die Apotheke, wo sie Aspirin besorgt. Er steht vor dem Haus, wenn sie heimkommt. Er ruft sie an, morgens, mittags, abends, nachts. Er fliegt ihr in den Urlaub nach Ägypten hinterher und quartiert sich im selben Hotel ein, liegt am selben Pool, sitzt am Nebentisch im Restaurant. Er veröffentlicht »Liebesbotschaften« in der Lokalpresse: »Elisabeth, bitte lass uns endlich unsere Zukunft leben. Ich liebe und begehre dich. Dein M.« Er schreibt ihr SMS, unzählige, jeden Tag, so was wie: »Ich werde dich nicht aufgeben, und ich werde warten, bis du dich beruhigt hast, mein Herz.«

Für das, was Martin tut, gibt es einen Begriff: Stalking. Es stammt aus der englischen Jägersprache und bedeutet so viel wie *Anschleichen* oder *Anpirschen*. Ein deutsches Wort dafür gibt es nicht. Die Annäherungsversuche der Stalker sind »manchmal werbend, manchmal auch aggressiv. Stalking ist immer lästig, es kann sich zu echtem Psychoterror entwickeln und die Betroffenen an den Rand des Nervenzusammenbruchs bringen«, sagt die Mediatorin und Gewaltexpertin Andrea Buskotte.[2]

Lange dachte man, Stalking betreffe vor allem Prominente, Menschen, die im Rampenlicht stehen, Personen der Öffentlichkeit: Schauspielerinnen und Schauspieler, Politikerinnen und Politiker, Schlagersängerinnen und Rockmusiker, Sportlerinnen und Sportler. Mittlerweile ist klar, dass auch »ganz normale Menschen« gestalkt werden, von Verehrerinnen und Liebhabern, Expartnern und Freundinnen, etwa 10 Prozent der Bevölkerung sind betroffen.[3] Das Nachstellen von Expartnerinnen und -partnern macht fast die Hälfte aller Stalking-Fälle aus, weiß Wolf Ortiz-Müller aus seiner Praxis. Der Psychologe leitet die Beratungsstelle *Stop Stalking* in Berlin.

Im Visier der Besessenen sind Frauen wie Männer, wobei Frauen viermal so häufig gestalkt werden wie Männer.[4] Über 90 Prozent der weiblichen Opfer wurden von Männern verfolgt, bei etwa der Hälfte aller Stalking-Fälle handelt es sich um Beziehungstaten. Die Stalker sind Exfreunde, Exehemänner, Exliebhaber. Nur rund ein Viertel sind Fremdtäter. Manche von ihnen suchen eine Beziehung, sind aber sozial inkompetent. »Schon ein freundliches Lächeln interpretiert er als Aufforderung, weiter nachzuhaken«, sagt Ortiz-Müller.[5]

Elisabeth speichert alle SMS und Mails auf ihrem Rechner, im Laufe der Jahre werden es über 4 000 Nachrichten sein. Detailliert schreibt sie auf, was Martin macht: wie lange er vor dem Haus rumlungert, was er zu ihr sagt. Sie legt ein »Stalking-Tagebuch« an, es füllt heute mehrere Aktenordner in ihrem Wohnzimmerschrank. Sie schaltet den Anrufbeantworter ihres Festnetzanschlusses aus, sie geht nicht mehr ans Handy.

Die Polizei kennt alle Arten des Stalkings: zerstochene Autoreifen, beschmierte Wände mit Graffiti, Verleumdungen im Freundes- und Kollegenkreis. Manche Stalker bestellen im Internet Kleider, Fernseher, Handys und schaden dem Opfer damit zusätzlich finanziell. Einige belästigen sogar die Familie ihrer »Angebeteten«.

Was sind das für Typen, diese Stalker? Warum setzen sie ihrem Objekt der Begierde so zu? Aus Liebe? Verlangen? Hoffnungslosem Erlegensein?

Andrea Buskotte weist die Annahme zurück, dass Stalker ehrenwerte Gefühle treiben. Stalkern gehe es um Macht, Kontrolle,

Besitzansprüche, erklärt sie: »Sie wollen die ehemalige Partnerin, den ehemaligen Partner nicht loslassen, sondern zurückhaben.«[6]

Manche Täter und Täterinnen sind felsenfest davon überzeugt, dass die Person, die sie so abgrundtief begehren, für sie bestimmt sei. Dass die zwei schicksalhaft zusammengehören.

Das unterscheide Stalker von Fans, erläutert Jens Hoffmann, Psychologe in Darmstadt und Stalking-Experte, in der TV-Talksendung *Beckmann*: »Stalker haben die Vorstellung, dass eine Beziehung da ist oder da sein wird. Fans möchten das gerne, aber sie wissen, dass das verschiedene Welten sind.« Reagieren die Opfer, »füttern« sie die Stalker an, führt Hoffmann weiter aus: »Stalker sind Identitätsvampire.«[7]

»Stalking ist Belästigung mit allen Mitteln«, fasst Gewaltexpertin Buskotte zusammen.[8]

»Es war die Hölle«, sagt Elisabeth, »Nerventerror pur.« Fast jeden Tag geht sie zur Polizei und zeigt ihren Exfreund an. Sie stellt sich vor die Tür, wenn er davor wartet und schreit: »Hau ab.« Doch das nutzt alles nichts. Martin bleibt beharrlich, er verfolgt jeden ihrer Schritte, er weiß immer, was sie tut. Seit 2007 wird das durch den sogenannten Nachstellungsparagrafen 238 im Strafgesetzbuch geahndet. Menschen, die andere beharrlich belästigen, sie anrufen, ihnen schreiben, in ihrem Namen oder für sie Waren bestellen, machen sich strafbar. Doch das interessiert Martin nicht.

Die Jahre vergehen. Bald geht Elisabeths Tochter zur Schule, Elisabeth macht sich selbstständig mit einer eigenen Physiotherapiepraxis, sie hat einen neuen Liebhaber. Das Leben könnte schön sein, ein ruhiger Fluss. Aber da ist Martin, der immer stört. Manchmal nimmt die Polizei ihn fest. Am nächsten Tag parkt sein Auto wieder vor Elisabeths Tür. Sobald er im Haus Licht sieht, ruft er sie an, klopft ans Fenster, schickt eine SMS nach der anderen.

Elisabeth ist machtlos. Die Beamten sind es auch. Denn der Stalking-Paragraf greift nur, wenn das Leben des Opfers sichtbar beeinträchtigt ist: wenn es sich nicht mehr aus dem Haus wagt, umzieht oder die Arbeitsstelle wechselt. Der Schutz des Strafrechts scheitert also, wenn die Betroffenen sich wehren. Wenn sie versuchen, ihren Alltag ganz normal weiterzuleben.

Elisabeth ist genau so ein Fall. Sie will in der Gemeinde wohnen bleiben, dort arbeiten, ihre Tochter soll die Schule nicht wechseln. Und: Wer kann es sich schon leisten, seine Existenz immer wieder von vorn zu beginnen?

19 704 Stalking-Fälle zählt die Polizeiliche Kriminalstatistik 2015. Zwei Jahre vorher waren es 19 775 Tatverdächtige. Aber nur 236 Täter wurden in dem Jahr verurteilt. Die Verurteilungsquote von rund 1 Prozent zeigt, wie wirkungslos der Stalking-Paragraf ist.

Das darf nicht mehr so sein, hat Justizminister Heiko Maas erkannt. »Wir müssen Stalking-Opfer besser schützen und eine Verurteilung der Täter erleichtern. Stalking kann Leben zerstören. Es bedeutet eine schwere, oft jahrelange Belastung«, sagt er.[9] Deshalb hat der SPD-Politiker im Juli 2016 den Stalking-Paragrafen verschärft, im Dezember 2016 hat der Bundestag das geänderte Gesetz verabschiedet. Jetzt kommt es nicht mehr auf einen Erfolg des Täters an, jetzt dürfen Betroffene wie Elisabeth standhaft bleiben. Die Täter werden trotzdem verurteilt. Minister Maas sagt: »Es darf nicht sein, dass man zum Beispiel erst umziehen muss, damit ein Stalker strafrechtlich belangt werden kann.«[10]

Ohnehin ist das mit der sichtbaren Standhaftigkeit so eine Sache. Elisabeth zieht zwar nicht um, sie arbeitet und geht zum Einkaufen aus dem Haus. Sie versteckt sich nicht. Aber sie ist schwer traumatisiert. Sie erhält Psychotherapie und hat regelmäßig Kontakt mit einer Opferberatungsstelle. Martin droht ihr per SMS: »Lasse mich nicht von dir vertreiben, jetzt lernst du mich kennen.« Der ganze Ort verfolgt die Geschichte. Auf der Straße wird Elisabeth von fremden Männern angesprochen: »Fick mich.«

»Auch wenn das unbeugsame Opfer sich dem Terror nicht beugt, leidet es am Ende oft mehr als diejenigen, die ausweichen und versuchen, sich unsichtbar zu machen«, sagt Jürgen Schulz vom Weißen Ring in Rotenburg an der Wümme. Schulz ist Polizist in der niedersächsischen Stadt zwischen Bremen und Hamburg, von seinem Wohnzimmer aus betreut er ehrenamtlich Gewaltopfer. Er hat sich einen zweiten Telefonanschluss legen lassen und einen Anrufbeantworter geschaltet. Er konstatiert: »Erlebnisse wie ein Einbruch, ein Überfall, eine Vergewaltigung oder Stalking prägen sich tief im Gedächtnis der Opfer ein. Manche werden das ihr Leben lang nicht mehr los.«

Sie litten unter Ängsten, Schlafstörungen, Magenschmerzen und einem schlechten Immunsystem, berichtet Katja Grieger vom Bundesverband Frauenberatungsstellen und Frauennotrufe in Berlin: »Nicht wenige haben Depressionen, manche hegen Suizidgedanken.«

Mitunter enden die Beschwerden nicht, wenn die Belagerung vorbei ist. »Angst wird ein ständiger Begleiter«, weiß Andrea Buskotte. Zwei Drittel bis drei Viertel aller Stalking-Opfer leiden unter nachhaltigen gesundheitlichen Störungen, manche sind so stark belastet und beeinträchtigt, dass sie zum Teil nicht mehr arbeitsfähig sind, hat Jens Hoffmann, der in Darmstadt das Institut Psychologie und Bedrohungsmanagement leitet. Hoffmann hat mehrere hundert Stalking-Fälle betreut und analysiert, darunter Erlebnisse von Prominenten und Menschen, die in der Öffentlichkeit unbekannt sind.

Elisabeth zeigt Martin immer wieder an. Die Polizei ermittelt, Familien- und Amtsgerichte laden den Mann vor, sie ermahnen ihn, drohen ihm Strafen an. Ein Familiengericht erlässt im Oktober 2010 beispielsweise eine einstweilige Anordnung: Martin »wird untersagt, sich der Wohnung der Antragstellerin bis auf eine Entfernung von 20 Metern zu nähern«. Er darf auch nicht in die Nähe des Erlebnisbades, ebenso wenig ins Umfeld der Schule der Tochter. Ihm wird verboten, seine Exfreundin anzurufen, anzumailen, ihr SMS zu schreiben.

Innerhalb von drei Wochen »sandte der Angeklagte der Geschädigten 144 SMS und rief mehrfach auf ihrem Telefonanschluss an«, begründet das Gericht seine Entscheidung. Die aufgelisteten Stalking-Angriffe füllen mehrere Seiten. In einer anderen Anordnung von Januar 2011 wird Martin ein Ordnungsgeld von »bis zu

250 000 Euro und für den Fall, dass dieses nicht beigetrieben werden kann, Ordnungshaft bis zu sechs Monaten angedroht«. Weitere Anordnungen folgen, von einer Staatsanwaltschaft, von einem Amtsgericht, von einem Familiengericht.

All das interessiert den Mann nicht. Er belagert Elisabeth weiter. Es juckt ihn nicht, dass Nachbarn ihn beim Stalken beobachten und ihn ebenfalls anzeigen. Stattdessen schwärzt er seine Exfreundin bei den Behörden an: Sie soll zu Unrecht Wohngeld bezogen haben. Das stimmt aber gar nicht. Sie muss nichts zurückzahlen, aber sie hat zusätzlich den Stress mit dem Wohngeldamt.

Plötzlich wendet sich das Blatt. Im Februar 2012 verurteilt ein Gericht Martin zu einer Freiheitsstrafe von sieben Monaten auf Bewährung. »Der Angeklagte ist der Nachstellung in Tateinheit mit dem Verstoß gegen das Gewaltschutzgesetz schuldig«, begründet die Richterin.

Was war passiert?

Martin wurde nicht wegen Stalking verurteilt, sondern wegen häuslicher Gewalt. Wegen Rippenbrüchen, Prellungen, aufgeplatzter Augenbrauen und Lippen. All das hat Martin Elisabeth zugefügt, damals zwischen 2006 und 2008, als die beiden noch ein Paar waren und zusammenlebten.

Zugespitzt und zynisch könnte man sagen: Elisabeth hat Glück gehabt. Sie wurde von Martin nicht nur gestalkt, sondern auch noch verprügelt, gewürgt, an die Wand geworfen. Im Krankenhaus, wo sie aufgrund der schweren Verletzungen in jener Zeit behandelt wurde, dokumentierten Ärzte blaue Flecken, Platzwunden, Blutergüsse. Das sind sichtbare Beweise heftiger Gewalt, die kann man leichter ahnden. Dem Psychoterror aber ist mit dem Stalking-Paragrafen, so wie er noch existiert, nicht beizukommen.

Nachdem die Richterin das Urteil verlesen hatte, soll sie den Täter gewarnt haben: »Wenn Sie nicht endlich aufhören, buchte ich Sie ein.«

Seitdem ist Ruhe. Martin lässt sich nicht mehr blicken, er ruft nicht mehr an, schreibt keine Mails. Elisabeth geht es besser seitdem, ihr Alltag ist ruhiger und ausgeglichener. Ist auch ihr Leben leichter, sie selbst entspannter und lockerer?

Man muss nur in ihr Gesicht schauen, um zu erkennen, dass in Elisabeths Seele kein Frieden eingekehrt ist. Die Falten neben ihren Nasenflügeln sind tief, ihre Stirn ist zerfurcht. Erzählungen bricht sie häufig mitten im Satz ab und springt zu einem anderen Thema. Es fällt ihr schwer, immer wieder in die Vergangenheit zu gleiten. In manchen Nächten liegt sie wach und lauscht jedem Geräusch hinterher. Es wird noch lange dauern, bis Elisabeth ihre Angst verloren hat.

4 Worte, die wie Fäuste sind
oder
Warum Psychoterror so vernichtend sein kann wie Schläge und Tritte

Schlampe, Schwuchtel, Schwabbel. Versagerin, Vollpfosten, Fettsau. Dumme Ziege, dusslige Kuh, hirnlose Tussi, faules Schwein. Keine schönen Worte. Nicht positiv besetzt, nicht wohlklingend, in keiner Weise angenehm. Worte wie diese dienen dazu, jemanden zu beleidigen, zu demütigen, zu erniedrigen. Worte wie diese sind seelische Gewalt, sie können ähnlich verletzend sein wie ein Schlag ins Gesicht oder auf den Oberarm, wie ein Tritt in den Hintern oder in den Bauch. Mit einem Unterschied: Die Folgen körperlicher Gewalt sind vielfach sichtbar. Die Folgen herabwürdigender, aggressiver, kränkender Worte, Befehle, Anordnungen bleiben in der Regel lange unsichtbar. Unter Umständen können sie gravierender und langfristiger sein als Blutergüsse, blaue Flecken oder gebrochene Rippen.

Etwa jede vierte Frau und jeder fünfte Mann in Deutschland hat einer Gesundheitsstudie[1] zufolge bereits psychische Gewalt erlebt. Die Autorinnen und Autoren der Untersuchung, die 2013 im Auftrag des Berliner Robert-Koch-Instituts unter 18- bis 79-Jährigen durchgeführt wurde, definieren psychische Gewalt als »schwere Formen von Aggression, bei denen zusätzlich zu einer Schädigungsabsicht ein psychisches oder physisches Machtgefälle zugrunde liegt«[2]. Oder anders formuliert: Eine Person will eine andere gewaltsam unterdrücken und nachhaltig beschädigen, sie will Macht demonstrieren und ausüben.

Seelische Gewalt, verbale Misshandlungen sind kein Interessenskonflikt zwischen zwei Menschen, der durch Kommunikation, Verhandeln, Kompromissfähigkeit mehr oder weniger gelöst werden kann. Verbale Gewalt ist ein gezielter Übergriff, eine Verletzung und Missachtung einer Person durch eine andere, die sich im »Streben nach Macht, Überlegenheit und Herrschaft mit offenen oder verdeckten Mitteln über Grenzen hinwegsetzt«[3].

Die französische Medizinerin und Viktimologin Marie-France Hirigoyen bezeichnet psychische Gewalt als das »Gesetz des Stärkeren«[4]. Im Gegensatz zu anderen Therapeutinnen und Therapeuten scheut sich die Pariser Psychoanalytikerin nicht, die Täter und Täterinnen als »Perverse« zu bezeichnen. Sie sagt: »Die Perversität rührt aber nicht von einer psychiatrischen Störung her, sondern von einer kühlen Rationalität, verbunden mit der Unfähigkeit, die anderen als menschliche Wesen zu betrachten.«[5] Auf diese Weise werde nicht nur das direkte Opfer unmittelbar geschädigt, sondern ebenso die Umgebung: Werte und Orientierungsmaßstäbe würden aufgegeben, »selbst wenn andere dabei auf der Strecke bleiben.«[6]

Dennoch wird psychische Gewalt in der öffentlichen Wahrnehmung kaum thematisiert. Als Mobbing am Arbeitsplatz taucht sie immer mal wieder in der gesellschaftlichen Debatte auf, als Cybermobbing auf dem Schulhof, als Hasskommentare im Internet. Seelische Gewalt in Paarbeziehungen hingegen ist weitgehend tabuisiert.

Dabei kommt sie häufiger vor, als gemeinhin bekannt ist. Sie ist vielfältig: offen oder versteckt, in Worten, Gesten, Schweigen. Sie kann konstant sein oder wellenartig, beherrschend und verrückt machend. Sie findet meist im Verborgenen und ohne Zeugen statt, ist häufig geschickt getarnt und steigert sich im Laufe der Zeit. Viele Opfer gewöhnen sich daran und nehmen so manche verbale Entgleisung kaum mehr als Kränkung und Unterdrückung wahr.

Psychische Gewalt äußert sich in Beziehungen auf vielfältige Weise: Beleidigungen, Beschimpfungen, Drohungen, Herabsetzungen, Respektlosigkeit, Demütigungen, Verleumdungen, Ignorieren. Sie drückt sich im Verhalten aus: Widersprechen, Trivialisieren, Nicht-Ausreden-Lassen, Unterbrechen, das Gespräch an sich reißen.

Sie zeigt sich in Entwertungen: Du fühlst zu viel. Du machst aus einer Mücke einen Elefanten. Du hältst dich wohl für besonders schlau.

Sie tarnt sich als »Scherz«: Was bist du für ein Mimöschen. Mann, ist das leicht, dich zu erheitern. Von einer Frau ist nichts anderes zu erwarten.

Sie manifestiert sich in Sätzen wie: Du willst immer das letzte Wort haben. Das ist alles Blödsinn. Ich weiß nicht, was du willst, ich rede doch mit dir. Du glaubst wohl, du hast die Weisheit mit Löffeln gefressen. Hast du nicht gehört, was ich gesagt habe, muss ich mich etwa wiederholen? Wer hat dich überhaupt gefragt?

Seelische Gewalt reduziert Opfer zu Sexobjekten: durch sexistische Sprüche, sexualisierte Gesten und das Herausstellen von Äußerlichkeiten.

All das hat ein Ziel: Machtausübung. Die erreicht wird durch Manipulation, Überredungskunst, geschickten Einsatz von Lob und Tadel, Selbstüberhöhung.

»Die Gegner beuten die Angst des Opfers vor sozialer Isolation und vor Liebesentzug beziehungsweise Zuwendung aus und machen das Opfer mit subtilen Machtspielen gefügig«, schreibt die Sozialarbeiterin Claudia Stein in ihrem Buch *Seelische Gewalt in Paarbeziehungen*.[7] Am Ende sind die meisten Opfer des Psychoterrors seelisch und körperlich schwer krank, nicht wenige haben ihr Ich verloren.

Der Fall Lydia

Als alles geregelt war, die gemeinsame Wohnung gekündigt und frisch gemalert übergeben, das Auto verkauft und die Scheidung eingereicht, setzte sich Manfred hin und schrieb Lydia einen achtzehn Seiten langen Brief. Darin listete er all seinen Ärger auf, seinen Kummer und seinen Frust. Wie verlassen er sich jetzt fühle und wie allein in seiner neuen Wohnung. Und dass er nicht verstehe, warum sie, Lydia, alles »wegschmeiße«: fast 25 Jahre Ehe, die gemeinsamen Erinnerungen, die wunderbaren Urlaube. Soll das alles nichts mehr wert sein? Er rechnete vor, was er in den vergangenen zwei Jahren gekauft hatte: ein Flugticket nach Amsterdam für sie und die drei Kinder, einen Highspeed-Staubsauger, ein neues Smartphone. Er habe dafür gesorgt, schreibt Manfred weiter, dass die Familie immer »gut vernetzt« gewesen sei, sich gegenseitig jederzeit erreichen konnte, per Mail, SMS, WhatsApp. Den Reitunterricht für die Kinder habe er bezahlt, und auch die Stehlampe mit dem biegsamen Ständer, die Lydia sich so sehr gewünscht habe. Selbst die Kirchensteuer für ihn, Lydia und alle Kinder sei von seinem Konto abgegangen.

Lydia sitzt in der Küche ihrer neuen Wohnung in einem unscheinbaren Stadtteil einer Großstadt im Süden Deutschlands. Enge Gassen, Backsteinhäuser, Kopfsteinpflaster, ausreichend Parkplätze. Eine Investitionsruine gegenüber, ein chinesischer Imbiss an der Ecke, zwei Straßen weiter eine kleine Bar an einer lauten Busendhaltestelle. Vor ihr auf dem Tisch liegt eine Schachtel teurer Schweizer Pralinen. Sie steckt sich eine nach der anderen in den Mund. Sie sagt: »Das hätte Manfred nie erlaubt.« Dass sie einfach, weil es schmeckt, hintereinander Pralinen in sich hineinschaufelt. Er hätte zugeteilt, ein Stück Schokolade am Abend, höchstens.

Sie hält den Brief ihres Noch-Mannes Manfred in den Händen und liest laut daraus vor: »Du wirfst mir vor, ich würde dich unterdrücken, du hättest dich eingeengt und fremdbestimmt gefühlt. Du glaubst, ich hätte dich beherrschen und bevormunden wollen. Jahrelang hättest du dich in meiner Gegenwart unwohl gefühlt. Wie kommst du darauf? Denn das Gegenteil ist der Fall: Du hast mich weggeworfen wie einen alten Lappen.«

Sie hebt den Kopf und sagt: »So ist er. Er versteht nicht, was in all den Jahren passiert ist, warum ich gegangen bin.« Sie wedelt mit dem Papier, zieht die Augenbrauen hoch: »Der Brief ist eine einzige Anklage: Du hast mir deinen Willen aufgezwungen. Du hast mein Vertrauen zerstört. Du hast mich zerstört. So was. Und dann der Satz: So beschmutzt, so dreckig wie jetzt habe ich mich noch nie gefühlt.«

Lydia ist erst vor wenigen Monaten in diese Wohnung gezogen, ans andere Ende der Stadt. Es ist ihre erste eigene Wohnung nach Studentenbude, WG und Ehewohnung. Lydia ist 53, die Kinder sind erwachsen. Zum ersten Mal, seit sie vor über dreißig Jahren bei ihren Eltern ausgezogen ist, lebt Lydia mit niemandem zusammen. Sie hatte immer Menschen um sich herum gehabt: Kommilitoninnen, Mitbewohnerinnen, ihren Mann, die Kinder. Sie hatte ein wenig Angst vor dem Umzug. Sie wusste nicht, wie das werden wird, allein in einer Wohnung, die nur ihr gehört. In der sie sich ausbreiten kann, wie sie es will. Die sie einrichten kann, wie sie das schön findet. In der sie Bilder an die Wand hängen kann, die sie selbst ausgesucht hat. Und vor allem: In der niemand an ihr herumzerrt.

»Was soll ich sagen?«, fragt sie: »Ich finde mein neues Leben toll.«

Ihr neues Leben ist eines ohne Druck, ohne funktionieren zu müssen, ohne Befehle auszuführen, die ihr Mann ihr gab. »Freiheit« steht auf einer Postkarte, die an ihrem Küchenschrank klemmt. »Ich bin frei«, sagt sie, »das beste Gefühl seit Jahren.«

Damit meint Lydia nicht nur die Freiheit jenseits von Ehe, Familienleben und all den Alltagsschwierigkeiten, die Haushalt, Kinder und Beruf mit sich bringen. Das erleben die meisten Eltern. Eine Familie ist eben nicht Bullerbü. Lydia meint die Freiheit von Depressionen, Krankheiten, Suizidgedanken. Jahrelang eilte sie von einer Krankschreibung zur nächsten, von einer beendeten Therapie in eine neue, von einer Kur in eine weitere. Das Gefühl, nicht zu genügen, nichts zu schaffen, obwohl sie sich heftig anstrengte, und niemals Freude am Leben zu empfinden, das habe Manfred in ihr ausgelöst.

»Mit dem Druck, den er täglich auf mich ausübte«, stellt sie fest. Mit seinen Forderungen, die er ständig an sie richtete. Mit dem Besitzanspruch, den er mit jedem Satz an sie stellte. Mit seinen Wutausbrüchen, die er regelmäßig hatte, meist anlasslos. Das weiß Lydia heute. Das wusste sie viele Jahre nicht.

Sie hat Mühe, das, was Manfred mit ihr gemacht hat, als seelische Gewalt zu bezeichnen.

»Das ist ein großes Wort«, sagt sie, »doch wenn ich ehrlich, fühlte ich mich die meiste Zeit in meiner Ehe meinem Mann psychisch und emotional ausgeliefert.« Nicht anerkannt von ihm und schon gar nicht glücklich, wie es in einer Ehe sein sollte. Das habe sie krank gemacht. Nicht sofort und nicht sofort heftig. Aber im Laufe der Zeit und mit immer stärkeren Symptomen.

»Verbale Gewalt gegenüber der Partnerin zeigt sich offenkundig durch Wutausbrüche oder durch die explizite Aussage, wie empfindlich die Partnerin sei«, sagt Claudia Stein.[8] Verdeckte, indirekte seelische Kränkungen sind in der Regel getarnt und subversiv, sie besitzen »die Funktion, das Opfer verrückt zu machen, zu verwirren und zu lähmen«, hat die Sozialarbeiterin aus zahlreichen Gesprächen mit Betroffenen erfahren.

Lydia und Manfred waren ein paar Monate zusammen, da wurde Lydia schwanger. Ungewollt. Sie hatte gerade ihr Studium als Sozialpädagogin beendet, arbeitete auf Honorarbasis in einem Projekt für Kinder aus sozial schwierigen Verhältnissen. Es sollte erst mal ein guter Job her, bevor Lydia und Manfred Kinder bekommen wollten. Außerdem war da schon Isabel, Manfreds vierjährige Tochter aus einer früheren Beziehung. Isabel verbrachte zwei Tage in der Woche und jedes zweite Wochenende bei ihrem Vater und seiner neuen Freundin. Deswegen arbeitete Manfred nur halbtags als Techniker in einer medizinisch-technischen Werkstatt.

Ein eigenes Kind war so ziemlich das Letzte, woran Lydia in jener Zeit dachte. Wie soll das gehen, fragte sie sich: Manfred mit seinem Minigehalt, sie selbst ohne Festvertrag, die Zweizimmerwohnung viel zu klein für zwei Erwachsene, eine Vierjährige und ein Baby. Schaffen wir das?

Manfred winkte ab: Wir schaffen das, alles halb so wild. Lydia glaubte ihm. Wie gut, dass er so optimistisch war. Und zunächst sah es auch alles danach aus. Jonas wurde geboren, Lydia bekam bei dem Sozialverein, bei dem sie bis dahin tageweise gejobbt hatte, einen unbefristeten Vertrag, sie zogen um in eine große Wohnung. Sie heirateten, zelteten jeden Sommer an einem großen See, kauften ein Auto. Ein geordnetes Leben, austauschbar mit dem anderer Familien.

Mit einem Unterschied: Manfred führte sich immer öfter auf wie ein Despot. Er schrie sie und die Kinder an, knallte mit den Türen, wenn etwas nicht so lief, wie er das wollte. Er rannte wutschnaubend durch die Wohnung, verbreitete Hektik, trieb die Familie an: Das muss schneller gehen. So macht man das nicht. Das wird nicht gekauft, das brauchen wir nicht. Im Winter drehte er die Heizung ab, zu teuer. Im Sommer Sprudelwasser? Wozu? Es gibt doch Leitungswasser.

Wenn Lydia nicht schnell genug Münzen aus ihrem Portemonnaie für das Eis der Kinder zusammenzählte, riss er es ihr aus der Hand und kramte nach einem Schein. Wenn sie in ihrem Handy eine Funktion nicht sofort fand, sagte er: »O Mann, gib her, ich mach das selber.« Wenn sie im Auto als Beifahrerin den nächsten anzufahrenden Ort nicht rasch genug ins Navigationsgerät eingab, polterte er los. Saß sie am Steuer, verkrampfte er sich auf dem Beifahrersitz, bremste mit seinen Füßen mit und sog in Kurven Luft ein, so als wollte er sagen: Puh, gerade noch mal gut gegangen.

Einmal als sie mit Freunden zusammen saßen und sich über IQ-Tests und Intelligenz unterhielten, drehte Manfred seinen Kopf zu Lydia und fragte: »Bist du intelligent?«

Die anderen erstarrten, das Gespräch war erloschen.

»Er machte mich klein, demütigte mich, selbst vor den Kindern, und gab mir mit jedem Satz zu verstehen, dass ich falsch und schlecht bin«, erzählt Lydia.

So ging das zwei oder drei Jahre lang. Genau kann das Lydia heute nicht mehr sagen. An den Moment, als mit einem Mal gar nichts mehr ging, erinnert sie sich allerdings sehr genau. Eines Morgens konnte sie nicht aufstehen. Wie festgenagelt lag sie im Bett, ihr Körper versagte ihr jede Bewegung, ihr Kopf weigerte sich, die entsprechenden Signale zu geben.

Sie sagte leise: »Ich kann nicht mehr.«

Manfred trieb sie an: »Los, hoch jetzt.«

Als alle aus dem Haus waren, schleppte sich Lydia zum Arzt. Der bescheinigte ihr eine Depression. Die Diagnose nahm sie zunächst nicht an und erklärte stattdessen, sie leide an einem Burn-out. So wie viele Menschen in jener Zeit. Burn-out, das klang nach einer modernen Zivilisationskrankheit, nach zu viel Arbeit und nach Krankheitsursachen außerhalb des persönlichen Kosmos. Selbst von Prominenten las man Geschichten, die an dem Erschöpfungssyndrom litten.

Dass Lydias Zustand mit Manfreds Verhalten zu tun haben könnte, das ahnte sie damals nicht. Ohnehin hätte sie das vehement abgestritten. Sie konnte ja auch gut erklären, warum sie so matt und schlapp war: Sie machte Überstunden, jeden Tag. Sie fühlte sich für alles verantwortlich: für die Aktivitäten der Kinder, für die Lernhilfen, für den Dienstplan. Und dann noch die Schüler im Sozialprojekt, Kinder aus bildungsfernen Familien, häufig ohne ausreichende emotionale Zuwendung und nur mit loser Bindung. Die waren anstrengender als andere Kinder. Sie brauchten mehr Aufmerksamkeit, mehr Anleitung, mehr Zuwendung. Wie soll man da nicht durchdrehen?

Lydia war mehrere Wochen krankgeschrieben. Sie wachte nachts schweißgebadet und mit Herzrasen auf, dann lag sie lange wach. Morgens war sie so müde, als hätte sie sich gerade erst hingelegt. Sie fühlte sich wie ausgepumpt. Grundlos brach sie in Tränen aus, selbst in friedlichen Momenten, beim Arzt im Wartezimmer, wenn eine Freundin sie besuchte, beim Gemüsehändler.

»Ich wollte niemanden mehr sehen und mich nur ausruhen«, sagt sie. Hätte sie jemand in dieser Zeit gefragt, wie es ihr geht, hätte sie nur mit den Achseln zucken können. Sie wusste es nicht, erklärt sie: »Ich fühlte mich einfach nur leer.«

Irgendwann zwang sie sich, wieder arbeiten zu gehen. Die Kinder im Projekt brauchen mich, redete sie sich ein. Vor den Kindern und den Kolleginnen tat sie so, als sei alles beim Alten. Sie funktionierte, irgendwie, sie wahrte den Schein. Doch nichts war so wie vor der Krankschreibung. Jeder Handgriff kostete sie Mühe, jede Bewegung unglaubliche Anstrengung, jedes Wort Überwindung.

Das klappte ein paar Monate, dann brach sie erneut zusammen. Diesmal kam sie in eine psychiatrische Klinik. Vier Monate verbrachte sie dort. Die Ärzte und Therapeuten versuchten es mit Therapien und Medikamenten. Lydia wollte nur schlafen.

»Ich hätte mich am liebsten in Nichts aufgelöst«, sagt sie, »ich wollte nicht mehr da sein.«

Manfred besuchte sie hin und wieder in der Klinik. Sie gingen im Park spazieren, setzten sich auf eine Bank, starrten in die Blätter der Bäume – sie hatten sich wenig zu sagen. Trotzdem konnte es Manfred kaum erwarten, Lydia nach Hause zu holen. Am ersten Abend, als die Kinder schliefen, fiel er über sie her. Lydia wehrte ab, sie hatte keine Lust auf Sex. Nicht nach all den Monaten in einer komplett anderen Welt. Nicht ohne sich erst mal wieder ein bisschen nähergekommen zu sein. Und schon gar nicht auf Kommando. Das sagte sie ihm, er brummte etwas Unverständliches und rollte sich beleidigt zur Seite.

Am nächsten Abend versuchte er es erneut. Sie wollte wieder nicht und ließ ihn wissen: »Du stinkst. Kannst du dich nicht wenigstens vorher duschen?«

Er sprang hoch und brüllte. Was sie sich einbilde, ihm vorzuschreiben, ob und wann er sich zu waschen habe. Er sei reinlich genug. Sie sage das doch nur, um ihn wieder abzuweisen. Lange mache er das nicht mehr mit. Lydia zog die Decke hoch bis unters Kinn und hoffte, er würde die Angst in ihren Augen sehen. Sie versuchte aufzubegehren und entgegnete: »Ich bin nicht dein Eigentum.«

In dieser Nacht lag sie wieder lange wach, die Gedanken rasten durch ihren Kopf wie ein ICE durch einen Bergtunnel: Bin ich ein schlechter Mensch? Was kann ich tun, damit er nicht ausrastet?

Sie begann, sich vor den Nächten zu fürchten. Sie wusste, dass er sie so lange bedrängen würde, bis er erfolgreich war, bis sie Sex hatten. Um ihre Ruhe zu haben, ließ sie ihn häufig gewähren. Wenn er abends unter die Dusche stieg, wusste sie: »Heute bin ich fällig.«

Nach wenigen Wochen war Lydia wieder schwanger, wieder ungeplant. Noch ein Kind? Geht das gut? Sie wischte den Gedanken zur Seite wie eine lästige Haarsträhne und redete sich ein, mit einem Baby werde alles besser. Um so einen Säugling muss man sich kümmern, morgens, mittags, abends, nachts, da bleibt automatisch weniger Zeit für den Partner. Das würde auch Manfred verstehen. Das würde ihn friedlich stimmen.

Die Schwangerschaft änderte tatsächlich manches. Manfred gefiel der Gedanke der familiären Opulenz, er baute einen Schrank und ein Babybett. Er wurde freundlicher, sanfter, zugewandter. Anastasia kam auf die Welt, und Manfred kümmerte sich. Er kaufte ein, deckte den Tisch zum Abendessen, brachte das Baby zum Lachen.

Läuft wieder, dachte Lydia. Er hat sich besser im Griff. Vielleicht werden wir ja doch noch Bullerbü.

Es kam anders. Das Chaos begann, als Lydia nach einem Jahr Elternzeit wieder arbeitete. Nun bestand das Leben nur noch aus der Organisation des Alltags: Kita, Schule, Job, Musikunterricht, Sportverein, Einkaufen, Wäsche, Putzen. Über dem Küchentisch hing ein Planer mit einem ausgeklügelten System: Wer bringt welches Kind zu welchem Ort, wer holt es von dort ab? Wer kauft ein? Wer putzt das Bad, wer wischt den Flur? Dazwischen Termine bei Zahnärzten, Kieferorthopäden, Logopäden. Wurde jemand krank, bekam das System empfindliche Risse. Manfred sagte schon lange nicht mehr: Wir schaffen das, alles halb so wild.

Stattdessen begann er, Lydia für das verantwortlich zu machen, was nicht funktionierte:

Es ist nicht genug Brot im Haus, warum hast du zu wenig gekauft?

Isabel musste heute vor der Musikschule eine halbe Stunde warten, wieso warst du nicht pünktlich?

Jonas hatte beim Sport kein sauberes T-Shirt, hast du keine Wäsche gewaschen?

Die Katze stinkt, soll ich etwa das Katzenklo sauber machen? Ihr wolltet ein Haustier.

Ich will dir mit schlafen, warum weist du mich schon wieder seit zwei Wochen zurück?

Er strafte sie mit bösen Blicken, mit Missachtung, mit seiner poltrigen Art, in der er seine Befehle erteilte. Mit kompletter Empathieunfähigkeit und Sätzen wie: »Du hinderst mich an meinem Leben.« »Deine Gefühlslage interessiert mich nicht.«

Nachts aber schmiegte er sich an sie und verlangte nach Zärtlichkeiten.

»Manfred schaffte es, den gesamten Alltag auf mich abzuwälzen und mir ein schlechtes Gewissen einzureden, wenn etwas nicht wie geplant funktionierte«, erzählt Lydia.

Und es stimmte ja auch. Lydia konnte sich nichts mehr merken. Sprach sie jemand an, reagierte sie zwar. Zwei Minuten später aber hatte sie das vergessen. Manfred hatte also recht, wenn er ihr Vorhaltungen machte. Sie kriegte einfach nichts mehr auf die Reihe. Sie ist eben schusslig und unbeholfen. So hat sie sich das damals selbst erklärt.

Sie nahm mehr als 20 Kilo ab, hatte Haarausfall und hörte schwerer. Sie brach wieder zusammen. Fortan sollte sie zweimal im Jahr in eine tiefe Depression fallen und ins Krankenhaus eingewiesen werden. Regelmäßig fuhr sie zur Kur. Mittlerweile gestattete sie sich zu sagen: »Ich bin depressiv.« Das half ihr, sich vor sich selbst und vor anderen zu rechtfertigen. Sie richtete sich ein in dem Gefühl, einer von Millionen Menschen auf der Welt zu sein, die die »schwarze Krankheit« stets von Neuem einholt.

»Ich war nicht mehr als eine Hülle ohne Emotionen«, beschreibt sie ihren damaligen Zustand. Sie spürte weder Freude noch Ärger, keine Liebe und auch keinen Hass, nicht mal Wut. Da war einfach nichts.

Sie stellte aber auch fest, dass es ihr an vielen Plätzen besser ging: in einer anderen Stadt, auf dem Land bei ihren Eltern, bei Freunden. Selbst in den Kurheimen fand sie ihr Lachen wieder. Nur zu Hause, da fühlte sie sich, als würde ihr die Luft abgedrückt, als würde sie wie ein Schwamm zusammengepresst. Der Gedanke an Manfred bereitete ihr Magenschmerzen und Übelkeit. Sobald sie nach einem Klinikaufenthalt oder nach einer Kur ihre Reisetasche vor der Wohnungstür abstellte und den Schlüssel ins Schloss steckte, spürte sie Panik in ihr hochkriechen. Kaum in der Wohnung, bekam sie Durchfall und musste sich übergeben.

In ihren »guten Phasen« arbeitete Lydia viel und lange. Sie wollte ihre Krankheitsausfälle »wettmachen« und zeigen, dass sie alles im Griff hat. Sie blieb abends länger im Verein, und wenn sie später nach Hause kam, kassierte sie Manfreds Vorwürfe. Sie merkte nicht, dass ihr Übereifer nicht das schlechte Gewissen war, das sie trieb, sondern eine unbewusste Vermeidungsstrategie: Ich will nicht nach Hause.

Warum war sie immun gegen dieses Gefühl? Warum ließ sie den Gedanken nicht zu, dass ihr »Zuhause« kein Ort der Erholung war? Sondern einer, der ihr mehr Stress als alles andere bereitete? Warum hinterfragte sie weder ihren Mann noch seine Art, mit ihr umzugehen?

Weil sie konditioniert war, würde Patricia Evans, Therapeutin misshandelter Frauen in Kalifornien, antworten. Betroffene wie Lydia würden »in der Regel von Kindheit an darauf konditioniert, ihren Gefühlen nicht zu trauen«, sagt Evans.[9] Sie seien überzeugt davon, dass ihr Partner logisch und sinnvoll handle. Das habe zur Folge, dass Opfer verbaler Übergriffe diese Misshandlungen weder erkennen noch infrage stellen.

Stattdessen wurde Lydia immer stärker von einem anderen Gedanken getrieben, von dem Gefühl, nicht mehr leben zu wollen: Ich renne vor ein Auto. Ich lasse mich vom Balkon fallen. Ich besorge mir Tabletten.

An ihrem 24. Hochzeitstag schlich sich die Todessehnsucht wieder mal in ihren Kopf. Eine Zehntelsekunde später dachte sie an ihre Kinder. Und erschrak so heftig über das Gefühl, das sie da vor sich herjagte, dass sie sich wenige Stunden später selbst in eine geschlossene Klinik einwies.

Als sie mit der Reisetasche das Klinikum betrat, ahnte sie: Diesmal ist etwas anders. Aber was?

Wenige Tage nach ihrer Ankunft im Klinikum bat der Chefarzt sie in sein Sprechzimmer. Das obligatorische Gespräch zur Klärung des Aufenthalts. Warum? Wie lange? Verhaltensregeln, das Übliche, Lydia kannte das schon.

Der Chefarzt richtete sich in seinem Drehstuhl auf, faltete die Hände über seinem Bauch und fragte: »Warum verwenden Sie so viel Energie für ihre Arbeit, warum nicht für Ihre Familie?«

Lydia zuckte zusammen und versteifte. Sie schluckte, der Satz bohrte sich wie eine Lanze in ihren Magen. In diesem Moment begriff sie, warum sie in dieser Klinik war. Warum sie immer wieder krank wurde. Warum sie nicht nach Hause, sondern von dort nur noch wegwollte: Weil sie keine erfüllende Ehe hatte. Weil sie einen feindseligen Mann hatte, der sie mit zersetzenden Methoden kleiner und kleiner gemacht hatte, bis sie drohte, sich aufzulösen. Weil sie sich vor ihm fürchtete und von ihm angewidert war.

All das hatte sie bis zu diesem Moment nicht gewusst, nicht einmal geahnt. Im Gegenteil, sie dachte: Er sieht viele Dinge anders als ich. Das kommt vor in Beziehungen, das ist normal. Unsere Zerwürfnisse und Auseinandersetzungen sind einzig die Folge von Meinungsverschiedenheiten, wir waren nur unfähig, sie zu lösen. Sie dachte nicht: Ich kann sagen und machen, was ich will, nichts tue ich so, dass es Manfred gefällt. Nie bekomme ich Zuspruch von ihm, keine Zuwendung, keine Unterstützung. Ich bekomme ausschließlich negative und abwertende Reaktionen.

Eine Psychologin in der Klinik wird wenige Tage darauf mit Lydia ein weiteres Gespräch führen. Sie wird sagen: »Sie sind sehr leidensfähig. Aber irgendwann ist auch mal Schluss.«

Drei Wochen später wird Lydia entlassen. Sie fährt nach Hause, stellt sich nach dem Abendessen auf den Balkon und raucht eine Zigarette. Anschließend sagt sie zu ihrem Mann: »Ich lasse mich scheiden.«

Seit Lydia diesen Satz ausgesprochen und die Scheidung eingereicht hat, ist sie eine andere. Ohne Depressionen, ohne Todessehnsucht, keine dunklen Stunden mehr. Alles wie weggeblasen. Auf dem Balkon mit der Zigarette in der Hand, zögerte sie nur einen kurzen Moment: Was wird aus mir, wenn ich mich trenne? Was sollen die Kinder denken? Tue ich Manfred Unrecht?

Sie schiebt die Bedenken so rasch beiseite, wie sie sich in ihr einnisten wollten. Diesmal gewinnt nicht die Angst, sagte sie sich. Nicht der Zweifel, nicht die Schwäche. Diesmal mache ich, was ich für richtig halte. Punkt.

Lydia schiebt die Pralinenschachtel über den Tisch. Die Hälfte ist aufgegessen. Sie greift nach dem Deckel und stülpt ihn über die Verpackung. Wieso eigentlich? Sie lacht, nimmt den Deckel wieder ab: »Eine ess ich noch, dann hab ich genug. Aber das entscheide ich jetzt selbst.«

Es beschimpft sie als »vertrocknet«

Psychische Gewalt sei wie eine »Gehirnwäsche«, erklärt die amerikanische Therapeutin Patricia Evans: Der Täter untergräbt die Selbstwahrnehmung seiner Partnerin. »Wenn sie immer häufiger zu hören bekommt, sie sei unlogisch, überempfindlich, streitsüchtig, rivalisierend, rechthaberisch usw., kann sie dazu konditioniert werden, immer mehr Misshandlungen hinzunehmen und gleichzeitig immer stärker an sich selbst zu zweifeln.«[10]

Am Ende misstrauen die Opfer sich selbst und ihrer eigenen Spontaneität. Sie glauben, mit ihnen stimme etwas nicht, sie haben nur noch ein geringes oder kein Selbstvertrauen mehr und neigen dazu, stärker als üblich über Erlebnisse nachzudenken. Sie wollen ergründen, was dabei falsch lief. Sie fürchten, verrückt zu werden, und sind unsicher, ob sie überhaupt von jemandem verstanden werden. Sie verlieren ihren Enthusiasmus und werden grundsätzlich Beziehungen gegenüber skeptisch.

»Verbale Misshandlungen fügen der Seele Schaden zu«, sagt Patricia Evans, »sie rauben Energie und die Freude am Leben. Sie verzerren die Realität, weil die Reaktionen des Misshandlers nicht den Botschaften des Opfers entsprechen.«[11] Die Partnerin glaube ja meist, ihr Mann sei ehrlich und aufrichtig zu ihr und habe irgendeinen Grund für seine Äußerungen – wenn sie nur wüsste, welchen.

Es ist ein Kreislauf: Zunächst beginnt es mit Charme, Humor, Verführung, das Opfer merkt nicht, dass und wie es manipuliert wird. Erst nach einer gewissen Zeit, wenn die Gewalt ein erhebliches Ausmaß angenommen hat und das Opfer die Folgen spürt, wird es vom Täter zunächst gelähmt und später zerstört. Am Ende fühlt sich das Opfer einsam und alleingelassen.

Wie soll sie jemandem beschreiben, wie er auf ihr umhackt? Wie zeigen, mit welcher Mine er allabendlich ihre Erzählungen kommentiert? Wie erklären, was er mit seinen Anspielungen, Attacken, Andeutungen meint?

Es ist ja niemand dabei, wenn er sie beschimpft und süffisant als »vertrocknet« bezeichnet. Wenn er ihr die Schmutzwäsche vor die Füße knallt und brüllt: »Los, waschen, sofort.« Wenn sie vorschlägt, am Wochenende ins Kino zu gehen und er mürrisch antwortet: »Geht nicht, da muss ich die Steuer machen, das weißt du doch, das habe ich schon dreimal gesagt.«

Manchmal, ja, da putzt er sie auch schon mal vor Freunden runter. Aber dann lacht er, war doch nur ein Scherz, klar, was sonst. Sie sollte nur endlich mal lernen, nicht so überempfindlich zu sein. Die anderen lachen auch, sie kennen ihn als humorvollen, klugen und sympathischen Freund, der anderen beim Malern hilft und das W-LAN in Schwung bringt. Der wird doch nicht seine Partnerin fertig machen, warum sollte er das auch tun?

Selbst wenn jemand die Aggressionen wahrnimmt, reagiert die Person höchstens mit Irritation und Verwirrung. In der Regel hält sie sich raus: Damit möchte ich nichts zu tun haben, das ist euer Problem. In einem solchen Fall befindet sich das Opfer in einer »paradoxen Lage«, wie Marie-France Hirigoyen sagt: Es muss denjenigen verteidigen, der es angreift, »um nicht noch Öl ins Feuer zu gießen«.[12]

Der Fall Leyla

Warum? Immer wieder stellte sich Leyla diese Frage: Warum beschimpft er mich. Warum beleidigt er mich? Warum bedroht er mich? Warum jagt er mir Angst ein? Warum? Warum? Warum?

Das fragt sich Leyla heute noch. Wenn sie in ihrer kleinen Zufluchtswohnung in einer Großstadt im Norden Deutschlands aus dem Fenster auf die Stadt unter ihr blickt. Wenn sie in einen Discounter läuft, um Joghurt zu kaufen. Wenn sie auf einer Parkbank sitzt und Tauben füttert.

Sie hat keine Antwort. Und sie ahnt, dass sie nie eine finden wird. Mittlerweile ist das auch egal. Weil die Antwort, wie auch immer sie ausfällt, ihr die vergangenen dreizehn Jahre, die sie mit Bernhard zusammenlebte, nicht zurückgeben wird.

Leyla war keine junge Frau mehr, als Bernhard bei ihren Eltern um die Hand der Tochter anhielt. Ein durch und durch traditionelles und in Europa nahezu vergessenes Ritual: Ein Mann bittet die Eltern der Auserwählten darum, sie aus deren Haus in sein Haus holen zu dürfen. In Algerien, dem Land, aus dem Leyla kommt, ist das noch weit verbreitet. Die Eltern willigten ein, Leyla war das älteste Kind, schon vierzig und immer noch nicht »unter der Haube«. Es wurde langsam Zeit, dass Leyla in ein Leben trat, dass Mutter und Vater für sie angemessen hielten. Weg von zu Hause, an der Seite eines tüchtigen Mannes, vielleicht mit Kindern. Doch geheuer war ihnen Bernhard nicht, von Anfang nicht. Bestimmend, aufbrausend, beherrschend war er. Das sagte die Mutter der Tochter auch. Aber die war so heftig verliebt in den Mann, den sie während einer Schiffsreise kennengelernt hatte, dass sie die Warnungen in den Wind blies.

Wird Leyla heute gefragt, was sie einst an Bernhard fasziniert hatte, antwortet sie schnell: »Ich fühlte mich sicher bei ihm. Er war ein richtiger Mann.«

Damit meint sie, dass Bernhard jemand ist, der Selbstsicherheit demonstriert, Stärke, Weitblick. Der vorgibt zu wissen, was wichtig und richtig ist. Der sagt, wo es langgeht. Jemand, der sein Leben im Griff zu haben scheint und diejenigen in seiner Nähe zu beschützen weiß.

Doch das stimmt nicht. Das hat Leyla bald begriffen. Zu spät, sagt sie heute. Zu jener Zeit war sie schon mit Bernhard verheiratet, da war sie schon in Deutschland, da steckte sie schon viel zu tief drin in der Abhängigkeit von diesem Mann, als dass sie das Rad hätte zurückdrehen können.

Leylas Stimme stockt, sie unterdrückt Tränen, sie hat lange nicht über ihre Ehe, ihren Mann und seine Bedrohungen gesprochen. Leyla ist Mitte fünfzig, sorgfältig geschminkt, unauffällig, aber schick gekleidet. In ihre dunklen Locken schleichen sich ein paar graue Strähnen. Sie spricht Arabisch, Englisch, Französisch, Italienisch, ein wenig Deutsch. Das Interview in einem italienischen Café irgendwo in Deutschland will sie in Französisch führen, eine junge Frau dolmetscht. Am liebsten würde Leyla alles, was sie mit Bernhard in Verbindung bringt, vergessen, für immer. Nun sucht sie, weil sie danach gefragt wird, nach einem Teil ihrer Vergangenheit, den sie tief in einer Ecke ihrer Seele abgelegt hat. Sie fasst ihn zaghaft an, holt ihn hoch und wickelt ihn aus. »Das ist schwer«, gesteht sie, »ich erzähle es nur einmal, dann soll wieder Ruhe sein.«

Sie erinnert sich an eine Episode zu Beginn ihrer Ehe, die sie bis heute nicht versteht. Die aber erklärt, was all die Jahre passiert ist, jeden Tag und immer wieder auf neue Weise.

Es war wenige Wochen, nachdem sie nach Deutschland gekommen war. Sie wollte den Balkon bepflanzen. Da, wo sie herkommt, ist es grün und bunt, ein Dorf mit vielen Blumen und Pflanzen, Obst und Gemüse in den Gärten. Das wollte sie auch in der Stadt in Deutschland so haben. Das hier sollte schließlich ihre neue Heimat werden. In einem Blumenladen kaufte sie Erde und Pflanzen in kleinen Plastikkübeln. Die wollte sie zu Hause umtopfen, in Steinguttöpfe.

Als sie mit der Arbeit begann, soll sich Bernhard vor ihr aufgebaut und gesagt haben: »Die Pötte sind viel zu klein.«

Aber Leyla kannte sich aus, sie hatte in Algier und Paris Biologie und Agrarwissenschaften studiert, sie wusste, dass die Blumen zunächst in einem kleinen Gefäß Wurzeln schlagen sollten und später, in ein paar Monaten, vielleicht auch erst im nächsten Frühjahr, einen größeren Kübel brauchten. Sie sagte: »Ich weiß, was ich tue.«

»Du weißt, was richtig ist?«, sagte er. »Dass ich nicht lache. Du kannst doch noch nicht einmal allein einkaufen.«

Die beiden stritten heftig, es war die erste Auseinandersetzung, seit Leyla in Deutschland war.

Und dann soll Bernhard gesagt haben: »Du hast doch überhaupt keine Ahnung, du bist doch bloß ein dummes Schaf.«

Leyla sei schockiert gewesen, sagt sie. Solch einen Satz, solche eine Beleidigung hatte sie nicht erwartet. Sie liebten sich doch beide. Wieso sagt er so etwas? Streit kann es geben, ja, der kommt in jeder Familie vor, in jeder Beziehung, das ist normal. Aber dass ihr Liebster sie »dummes Schaf« nennt, das verstörte sie zutiefst.

Die Lügen am Anfang einer Beziehung sind wie Risse in den Grundfesten eines Hauses.

Leyla war ratlos: Was habe ich falsch gemacht? Was muss ich tun, damit er mich lobt? Wie muss ich mich verhalten, damit er nett zu mir ist?

Sie fragte ihn das noch am selben Abend. Doch Bernhard reagierte mit Schweigen und zog zum Schlafen auf die Couch. Zwei Wochen lang soll er mit Leyla kein einziges Wort gewechselt haben.

»So fing es an«, erinnert sich Leyla. Was folgte, waren variantenreiche Beleidigungen, Verletzungen, Herabwürdigungen. Seine Aggressivität überraschte sie. Sie suchte nach Erklärungen dafür: in dem, was sie tat, was am Tage passierte, bei sich selbst. Sie fragte sich, ob seine Wut und der Druck, den er auf sie ausübte, mit ihm selbst zu tun haben könnte. Sie fand keine Erklärung, außer: Ich selbst bin schuld daran, dass er sich so gegen mich verhält. Wenn er mich anschreit, muss ich etwas falsch gemacht haben.

Sie wusste nur nicht, was genau sie falsch gemacht haben könnte. Sie kochte, jeden Tag und gut. Die Wohnung war sauber, immer. Sie blieb im Haus, weil er das so wollte.

»Manchmal machte er mich fertig, weil eine Tasse nicht im Schrank, sondern noch im Geschirrspüler stand, wenn er nach Hause kam«, erzählt sie.

Einmal war sie am Fuß operiert worden und konnte wochenlang nicht laufen. Jeden Tag tobte er, weil angeblich die Wohnung nicht sauber gewesen sei.

»Eine verbale Misshandlung ist eine feindselige Aggression. Der Aggressor wird von seiner Partnerin nicht provoziert«, erklärt Patricia Evans.[13] Sie kann machen, was sie will, es wird niemals korrekt sein. Stattdessen vollzieht sich ein Teufelskreis in einer vorhersehbaren Dramaturgie: Er rastet aus und wird ausfallend, später bereut er es, vielleicht. Das erweckt bei ihr die Hoffnung, jetzt sei er zur Vernunft gekommen, jetzt werde es besser zwischen ihnen. Beide versöhnen sich miteinander, der Alltag kehrt zurück, mit ihm irgendwann der alltägliche Stress. Nun genügt ein kleiner Anlass, und er rastet erneut aus.

Leyla wollte Deutsch lernen, so schnell wie möglich, und meldete sich in einem Kurs an der Volkshochschule an. Schon nach kurzer Zeit verstand sie leichte Sätze und konnte antworten: »Ich möchte gern einen Kaffee bestellen.« »Das ist zu teuer, das nehme ich nicht, vielen Dank.« So was. Das erzählte sie abends ihrem Mann, aber der sagte nur: »Du sprichst deutsch wie eine arabische Idiotin.«

Ein Freund fragte ihn, warum er mit seiner Frau nicht deutsch spreche. So lerne sie die Sprache doch schneller.

»Ich habe doch keine Araberin geheiratet, um mit ihr deutsch zu sprechen«, antwortete Bernhard. Leyla sollte putzen, kochen, die Wohnung in Schuss halten. So wie ihre Mutter und Großmutter das taten.

Bernhard nannte sie »blöde Pute« und »alte Schrapnelle«. Er sagte, sie sei »nichts wert« und »komplett nutzlos«. Wenn er von der Arbeit in der Stadtverwaltung nach Hause kam und sah, dass Leyla ein Buch in der Hand hatte, giftete er sie an: »Was hast du den ganzen Tag gemacht?« Er überhäufte sie mit Kraftausdrücken, verlangte nach Essen und drohte, sie aus dem Haus zu werfen.

»Ich hatte Angst vor ihm«, sagt Leyla. Deshalb habe sie versucht, sich ruhig zu verhalten, um ihn nicht unnötig zu reizen. Manchmal habe sie einfach gar nichts gesagt, wenn er sie in Fäkalsprache beleidigte. Geschlagen habe er sie aber nie, sagt Leyla. Lediglich gedroht, ihr etwas anzutun, wenn sie ihm nicht gehorche.

Sie soll zurückgedroht haben: »Wenn du mich nur einmal anfasst, hole ich die Polizei.«

Sie wusste, dass er das in jedem Fall vermeiden wollte. Was hätte er den Nachbarn sagen sollen? Die hörten das Paar ohnehin jeden Abend zanken. So ein Polizeieinsatz in seiner Wohnung, das hätte sich rasch herumgesprochen. Wie würde er vor den Kollegen dastehen? Wie hätte er das vor seinem Chef rechtfertigen sollen?

Die lauten Auseinandersetzungen waren Leyla peinlich, so etwas kannte sie von zu Hause nicht. In ihrem Elternhaus gab es viele Bücher, Mutter und Vater hatten ihren Kindern vorgelesen, alle Söhne und Töchter hatten studiert. Nicht nur die Söhne, auch die Mädchen sollten selbstständig sein, einen guten Beruf haben, arbeiten. Anders als Leylas Mutter, die noch das tat, was ihre Mutter von ihr verlangt hatte: ein Leben als Hausfrau zu führen. Bei Leyla zu Hause wurde ruhig miteinander gesprochen, Meinungsverschiedenheiten wurden diskutiert, auch schon mal heftig, aber niemals wurde jemand beleidigt, gedemütigt, beschimpft.

Wenn Leyla heute von Bernhard erzählt, fällt kein abfälliges Wort. Sie spricht nicht schlecht über den Mann, den sie als »böse« bezeichnet. Der sie hart beschimpfte, Macht über sie ausübte und ihre Seele schwer beschädigte. Leyla sagt: »Nein, das tue ich nicht. So bin ich nicht erzogen worden.«

Einmal hat sie ihn gefragt, warum er sie geheiratet habe. Er soll geantwortet haben: »Weil ich das, was ich mit dir machen kann, niemals mit einer Deutschen machen könnte. Die würde sich dagegen wehren.«

In dem Moment begriff Leyla, dass die Ehe einzig auf ihrer Abhängigkeit von ihm beruhte. Sie beschloss, die Scheidung einzureichen. Als er davon Wind bekam, kaufte er ein Flugticket für sie. Er sagte so etwas wie: Flieg ruhig mal wieder zu deiner Familie, die freut sich bestimmt, dich wiederzusehen. Und du kannst gern etwas länger bleiben. Das möchtest du doch auch, nicht wahr?

Das Ticket war so ausgestellt, dass Leyla sechs Monate und zwei Tage aus Deutschland weggewesen wäre. Unter dieser Voraussetzung aber hätte sie nur schwer wieder in Deutschland einreisen können. Sie hatte damals nur eine zeitlich befristete Aufenthaltserlaubnis. Wäre sie länger als ein halbes Jahr aus Deutschland weggewesen, wäre sie abgelaufen.

Leyla verstand sofort die Absicht hinter seinem Angebot. »Er wollte mich elegant loswerden, auf diese Weise wäre ihm das gelungen«, sagt sie. »Er wollte verhindern, dass ich hierbleibe und die Scheidung einreiche.«

Aber sie wollte nicht zurück nach Algerien, sie wollte weiter in Deutschland leben. Sie trat die Reise nicht an, suchte sich eine Anwältin und reichte die Scheidung ein. An einem Wintertag, nachdem Bernhard morgens zur Arbeit gegangen war, packte sie eine ganz kleine Tasche und zog in ein Frauenhaus. Leyla hat nie wieder mit Bernhard Kontakt gehabt.

5 Vernetzt und verletzt
oder
Wie das Internet zur digitalen Gewalt werden kann

Eines Morgens kam sie nicht mehr an ihre E-Mails. Auch ihr Face-book-Account war blockiert. Emma Holten dachte sich nichts dabei, schon öfter hatte sie ihre Passwörter vergessen. Als sie wieder Zugang hatte, wurde sie überrollt von einem E-Mail-Sturm: Nachrichten von Menschen, die sie nicht kannte und mit denen sie noch nie in ihrem Leben ein Wort gewechselt hatte. »Du Schlampe«, las sie da. Oder: »Schick mir mehr Nacktbilder von dir, ansonsten sage ich deinem Chef, was du in deiner Freizeit treibst.« Sätze wie diese erreichten sie, ohne dass sie ahnte, was das mit ihr zu tun hatte. Was war passiert?

Jemand hatte Holtens Onlinekonten geknackt, dort Nacktbilder von ihr gestohlen und ins Internet gestellt, inklusive ihrer E-Mail-Adresse. Die Folge: ein Shitstorm und unzählige anzügliche Angebote. Die Polizei ging davon aus, dass der »Dieb« Holtens Ex-freund war.

Das, was der dänischen Journalistin 2011 passiert war, ist heute weltweit Realität: Datenklau im Internet, Identitätsmissbrauch, Veröffentlichungen von privaten Fotos und Filmen, ausspionieren, belästigen, bedrohen. Das kann jeder und jedem passieren, es betrifft aber vor allem Frauen. Gemäß einer Erhebung der Agentur der Europäischen Union für Grundrechte im Jahr 2014 haben 20 Prozent der befragten Frauen in Europa bereits Belästigung im Internet erlebt. Selbst 18 Prozent der Fünfzehnjährigen wurden schon gestalkt. Jede fünfte Frau erhielt aufdringliche Annäherungsversuche in sozialen Netzwerken, per Mail oder SMS, häufig mit sexuellem Inhalt. Fachleute kennen dafür einen Begriff: digitale Gewalt.

Sie ist eine relativ neue Form von Gewalt gegen Frauen. Das Besondere daran: Die Nachrichten verteilen sich in Sekundenschnelle, erreichen ein Massenpublikum und lassen sich aus dem Netz nur schwer löschen.

In Deutschland wurden im Jahr 2015 laut Polizeilicher Kriminalstatistik 127 457 Personen von ihren aktuellen oder früheren Partnern und Partnerinnen verletzt, vergewaltigt, gestalkt, beleidigt, bedroht, seelisch misshandelt und ermordet. 82 Prozent der Opfer waren Frauen, 80 Prozent der Täter Männer. In der Regel geht Cybergewalt, wie digitale Angriffe auch genannt werden, einher mit all den anderen Partnerschaftsdelikten, sagt Holger Münch, Chef des Bundeskriminalamts. Oder anders ausgedrückt: Physische, psychische und sexualisierte Angriffe gegen Frauen in der realen Welt weiten sich aus in den virtuellen Raum.

»Die hohe Anzahl anonymer Kommunikationsräume wie Chats, Onlineforen, Videoportale und das Fehlen wirksamer Sanktionsmechanismen machen das Internet zu einem idealen Tatort«, sagt Catarina Katzer. Die Sozialpsychologin gilt international als eine Expertin im Bereich der Cyberpsychologie und berät unter anderem den Deutschen Bundestag und den Europarat. »Dadurch, dass man nur über die Tastatur miteinander kommuniziert, handelt es sich im Internet um eine Interaktion ohne physische Präsenz«, sagt sie. Es sei leicht, an die Opfer heranzukommen, da man diese nicht direkt treffen müsse, sondern nur vor dem PC sitze.

Viele Täter bleiben unerkannt, weil sie geschickt Anonymisierungssoftware für ihre Angriffe einsetzen oder auf Geräte in Internetcafés, Hotels und anderen öffentlich zugänglichen Einrichtungen ausweichen, um nicht den eigenen Computer zu verwenden, hat der Kriminologe Thomas-Gabriel Rüdiger erfahren. Der Lehrbeauftragte an der Polizeifachhochschule Brandenburg ist ein bundesweit renommierter Spezialist für Cybercrime, Polizeiarbeit im digitalen Raum und Interaktionsrisiken in den sozialen Medien. Er sagt: »Das Netz ist mittlerweile eine eigene Gesellschaft mit eigenen Normen.« Das Problem der »neuen Welt«: Sie ist international und globalisiert, in ihr treffen sich Menschen aus allen Ecken des Erdballs. Mitunter kommunizieren sie untereinander, ohne sich zu kennen und sich jemals zu treffen.

»Faktisch ist häufig unklar, ob die Identität, die jemand angibt, echt ist«, sagt Rüdiger. Jemand gibt sich zum Beispiel als Frau aus, suggeriert der Angeschriebenen Freundschaft, Ehrlichkeit und Verständnis. Dabei entpuppt sich die Autorin der Nachrichten alsbald als Mann mit Annäherungsversuchen oder anderen Absichten.

Die Anonymität im Netz erlaubt es, Angriffe und Aggressivität zu steigern. »Onlineenthemmungseffekt« nennt das die Berliner Sozialwissenschaftlerin Jenny-Kerstin Bauer: »Digitale Gewalt ist eine neue Bedrohung, vor allem für Frauen.«

Die Formen sind vielfältig: Hackerangriffe, Hatespeeches, Vergewaltigungsandrohungen, Virenangriffe, Identitätsklaus Beleidigungen, Falschnachrichten, Falschbeschuldigungen. Es trifft Frauen, die in der Öffentlichkeit stehen, und Frauen, an denen sich jemand privat »rächen« will. Mit einem bestimmten Ziel: das körperliche und seelische Wohlbefinden des Opfers zu verletzen und Angst zu verbreiten. Zwar gibt es im Netz sogenannte Codes of Conduct und Nettiquetten – Verhaltensregeln für angemessenen und achtvollen Umgang miteinander –, aber die werden vielfach missachtet und umgangen.

Am häufigsten werden Frauen angegriffen, die sich trennen wollen oder sich getrennt haben. »Sie haben die Beziehung zwar beendet, aber sie werden den Mann nicht los«, sagt Bauer. Er verfolge sie auf Schritt und Tritt, orte ihr Handy, schicke ihr Mails und SMS, »kommuniziere« mit ihr über soziale Netzwerke.

Solche Geschichten hört Jennifer Wörz im Frauenberatungszentrum Köln regelmäßig. Die Sozialarbeiterin sagt: »Immer häufiger klagen Frauen darüber, dass sie von ihren Partnern und Expartnern nicht nur in der Realität, sondern jetzt auch verstärkt im Netz verfolgt und bedroht werden.« Die Frauen erzählen von Hassmails, herabwürdigenden Blogeinträgen und ekelhaften Posts ihrer Expartner. »Manchmal belästigen die Täter sogar Freunde des Opfers«, weiß Wörz. »Sie schimpfen über das Opfer und plaudern Intimitäten aus.«

Manchen Täter gelingt es, Spionagesoftware, sogenannte Spy Apps, auf den Handys und Computern der Opfer zu installieren. Entweder durch eine Schadsoftware, die als Anhang mit einer Mail oder einer App verschickt wird. Oder physisch, indem das Spionagetool in einem unbemerkten Moment auf einem Gerät eingerichtet wird. Die Apps, die es vielfach kostenlos im Netz gibt, heißen »Spy Message«, »Incognito« oder »Spy für WhatsApp«. Die App »Couple Tracker« wurde angeblich für Eltern entwickelt, die ihre Kinder überwachen wollen. Genutzt werde sie jedoch vor allem von eifersüchtigen und ihre Partnerin kontrollierenden Männern, sagt Sozialwissenschaftlerin Bauer: »Durch die mobilen Geräte tragen die Opfer die Gewalt ständig mit sich herum.«

Viele Frauen, die digital bedroht werden oder Hasstiraden im Netz gegen sich lesen, reagieren mit Rückzug: Sie schalten ihr Handy aus, gehen nicht mehr ins Internet.

»Kurzfristig kann das eine Lösung sein«, meint die Kölner Sozialarbeiterin Wörz. »Langfristig ist es besser, den Täter anzuzeigen.«

Viele Opfer gehen aber nicht zur Polizei, berichtet Kriminologe Rüdiger: »Sie erleben es als belastend, das Erlebte noch einmal zu rekapitulieren.« Andererseits hören sie im Freundeskreis auch schon mal Anklagen wie »Mit wem hast du dich da nur eingelassen?«. Das entmutige Opfer, die Taten anzuzeigen.

»Die Scham ist groß«, sagt er. Eher melden sich Betroffene persönlich bei dem Cyberexperten, nachdem sie ihn im Fernsehen gesehen oder im Radio gehört haben. Einige der »digital victims«, der digitalen Opfer, die sich bei Rüdiger melden, sind Beziehungspartnerinnen und -partner.

Die Behörden sind mit digitaler Gewalt häufig überfordert, hat die Sozialwissenschaftlerin Bauer erfahren: Zwar wachse bei der Polizei das Bewusstsein für das Problem, aber Gerichte seien mitunter ratlos. Sie kenne keinen einzigen Fall, bei dem es nach einer Anzeige zu einem Strafverfahren gekommen sei.

Kriminologe Rüdiger sieht in der fehlenden Präsenz der Polizei im digitalen Raum eine grundlegende Schwäche des deutschen Rechtssystems: »Die Sichtbarkeit des staatlichen Gewaltmonopols im realen Leben wird unter anderem durch uniformierte Polizeibeamte symbolisiert.« Und fährt fort: »Diese Form der Präsenz, beispielsweise als Onlinestreife, fehlt im Internet weitgehend.«

»Rechtlich ist digitale Gewalt schwer zu fassen«, erklärt die Göttinger Juristin Dagmar Freudenberg. So existiere etwa für Cybermobbing kein eigener Gesetzestext, es gebe nur übergreifende Gesetze, zum Beispiel aufgrund von Beleidigung, übler Nachrede und Verleumdung. Schwierig sei es bei Bedrohungen, sagt die Leiterin der Fachstelle für Opferschutz in Niedersachsen: Nur eine ernstgemeinte Bedrohung mit einem Verbrechen sei strafbar. Eine »ernsthafte Bedrohung« in der analogen Welt ist jedoch etwas anderes als eine »ernsthafte Bedrohung« in der digitalen Welt.

»Jede und jeder kann sich herausreden: Das, was ich im Netz gesagt habe, war gar nicht ernst gemeint. Das ist ein Problem«, stellt Freudenberg fest.

Cybermobbing muss unter Strafe gestellt werden, fordert die Juristin. Ähnlich sieht das auch Kriminologe Rüdiger: »Der Staat muss das Recht im Netz erst erkämpfen.« Allerdings sei das Bewusstsein dafür, was erlaubt und nicht erlaubt ist im Netz, bei vielen Menschen, die sich auf vielfältige Art im Netz bewegen, nicht vorhanden.

Der Kriminologe macht auf ein weiteres Problem aufmerksam: »Selbst wenn ein Täter verurteilt wird, bleiben die kompromittierenden Fotos, Filme und Äußerungen häufig noch lange im Internet, weil sie sich nur schwer löschen lassen.« Derzeit gibt es kein Gesetz, das das sogenannte »Recht auf Vergessenwerden« im Netz eindeutig regelt.

Doch niemand ist dem Netz wehrlos ausgesetzt, es gibt Möglichkeiten, aktiv zu sein. Der Bundesverband Frauenberatungsstellen und Frauennotrufe (bff) in Berlin rät zum Beispiel dazu, nach dem Ende einer Beziehung Passwörter und Zugänge, die dem Expartner bekannt waren, zu ändern. Beleidigungen, Bedrohungen, Falschbehauptungen, Fotos, Filme und andere Einträge im Netz sollten vom Opfer nicht sofort gelöscht, sondern zunächst dokumentiert werden: speichern, ausdrucken, kopieren – und das Material später der Polizei übergeben.

Im Vorhinein sollten sich jede und jeder genau überlegen: Möchte ich, dass mein Partner oder meine Partnerin in meinem Handy liest? Lasse ich es ungefragt zu, dass von mir Fotos gemacht werden? Möglicherweise Nacktbilder und Filme, in denen ich nackt zu sehen bin? Reagiere ich mit Abscheu und Häme, wenn ich Fotos und Videos geschickt bekomme, in denen jemand diffamierend und beschämend dargestellt wird? Oder hege ich Zweifel, ob die betroffene Person davon überhaupt weiß?

Die Dänin Emma Holten hat sich gewehrt. Drei Jahre nach dem Vorfall hat sie selbst gemachte Nacktfotos von sich ins Netz gestellt. Damit wollte sie zeigen: Ich allein entscheide über meinen Körper, meine Online-Existenz und darüber, was andere von mir sehen und wissen dürfen. Der Zuspruch im Netz war groß.

Der Fall Charlotte

Nach einem halben Jahr hatte sie kein Festnetz mehr, dreimal ihre Handynummer und ihre private E-Mail-Adresse gewechselt. Sie hat ihren Facebook-Account gelöscht, sie kauft nicht mehr im Internet ein und bucht keine Bahntickets mehr online. Alles, was mit dem Netz zu tun hat, meidet Charlotte zurzeit.

»Das Netz hat mich beschädigt«, sagt sie.

Und korrigiert sich rasch: »Also nicht das Netz direkt, das Netz an sich kann ja nicht böse sein. Es ist mein Exfreund, der mich über das Internet und mit allen digitalen Möglichkeiten fertigmacht.«

Charlotte ist um die dreißig und eine »digital native«: Sie ist mit dem Netz groß geworden, ein Leben ohne Internetzugang konnte sie sich bis vor Kurzem nicht vorstellen. Nahezu alles hat sie im und mit dem Internet gemacht: Kinokarten bestellt, Nachrichten, Zeitschriften und Blogs gelesen, Schuhe gekauft, Formulare für Behörden ausgefüllt, Visa für Auslandsreisen beantragt. Sie hat Videos und Filme im Netz geschaut, Musik gehört und fürs Studium recherchiert. Und natürlich mit Freunden kommuniziert und sich weltweit vernetzt: über E-Mails, verschiedene Messenger-Dienste, mit dem Smartphone und dem Computer.

»Ich kenne es nicht anders. Hätte mir vor Monaten jemand gesagt, dass ich irgendwann keine Berührung mehr damit haben werde, hätte ich ihm einen Vogel gezeigt«, gesteht sie. »Ohne Internet geht doch nichts mehr heute. Ohne Netz ist man heute so gut wie tot.«

So gut wie tot fühlt sich Charlotte gerade: »Oder wie soll ich es nennen, wenn ich seit Monaten von allem und allen abgeschnitten bin? Mit fast niemandem mehr rede, außer der Verkäuferin beim Bäcker und ein paar Arbeitskollegen.«

Charlotte übersieht man nicht: Sie ist groß und schlank, trägt eine große runde Nickelbrille im schmalen Gesicht und die langen haselnussbraunen Haare zu einem Seitenzopf gebunden. Sie wirkt nicht wie eine, die sich leicht fertigmachen lässt, die menschenscheu ist und die Öffentlichkeit meidet. Aber Charlottes Verhaltenstektonik und die ihres Selbstempfindens haben sich vor Kurzem mächtig verschoben. Sie trifft keine Freunde zurzeit, sie telefoniert nicht, schreibt keine Mails und keine SMS. Sie geht morgens zur Arbeit und am Abend wieder heim. Sie fühlt sich schwach, angreifbar und isoliert.

Schuld daran ist Max, ihr Exfreund. Sie erklärt es so: »Der will mich fertigmachen, im realen Leben und in meiner digitalen Existenz. Und das nur, weil ich mich von ihm getrennt habe.«

Vor ungefähr drei Jahren fängt das mit Charlotte und Max an. Sie lernen sich auf einer Firmenparty kennen. Charlotte arbeitet in einer Großstadt bei einer Agentur für Meinungsforschung, Max bei einem Unternehmen, das eine Marktanalyse brauchte, Charlottes Firma kriegte den Auftrag. Das muss gefeiert werden. An einem dieser hohen runden Tische, verkleidet mit weißen Stretchhussen, stehen sich Charlotte und Max nach den Reden der beiden Firmenchef gegenüber, beide mit einem Glas Sekt in der Hand. Sie kennen sich nicht, aber wie gebannt verharren sie am Platz und starren sich an. Jetzt nur nicht weggehen, bloß nicht auf die Toilette müssen und den anderen dadurch verlieren. Sie verlieben sich Hals über Kopf ineinander. Ein paar Monate später reden sie über ein gemeinsames Leben, über Kinder und ein Haus im Grünen. Bald wollen sie zusammenziehen.

»Ich war so verknallt, dass ich nicht gemerkt habe, wie besitzergreifend und eifersüchtig Max ist«, erzählt Charlotte.

Sie treffen sich zwei-, dreimal in der Woche. Ansonsten telefonieren sie miteinander, jeden Tag. Sie schreiben sich SMS und Mails, wie im Fieber.

Er fragt: »Was machst du?« »Mit wem bist du unterwegs?«

Sie erzählt ihm alles, bereitwillig breitet sie ihr Leben vor ihm aus. Wenn sie sich länger nicht meldet, schickt er im Minutentakt Nachrichten auf ihr Handy. »Wo steckst du?« »Ich vermisse dich!« »Mir geht es besser, wenn du in meiner Nähe bist.«

Charlotte ist gerührt von seiner Hartnäckigkeit und seiner überbordenden Zuneigung. Sie findet es »süß«, wie er sich um sie bemüht, wenn er ihr zu verstehen gibt, dass sie das Wichtigste in seinem Leben ist. Der liebt mich wirklich, glaubt sie.

Irgendwann aber schleicht sich – leise und allmählich – ein Unbehagen in dieses Gefühl des emotionalen Umsorgtwerdens. Kann der mich auch mal in Ruhe lassen? Ich kann meine Gedanken nicht pausenlos um ihn kreisen lassen. Wenn ich nicht sofort antworte, habe ich zu tun, das muss der sich doch denken können. »Ich arbeite«, schreibt sie dann. Oder: »Bin im Meeting, melde mich später.«

Manchmal vergisst sie, zurückzuschreiben. Dann schickt er die nächste Staffel von Appellen und Fragen auf den Weg.

Einmal reagiert sie genervt: »Max, ich habe einen anstrengenden Job, ich hetze von Termin zu Termin. Ich kann nicht jedes Mal reagieren, wenn du was von mir willst.«

»Entschuldige Schatz, logisch. Du hast ja recht. Ich mache mir nur einfach Sorgen, wenn ich länger nichts von dir höre.«

Klar, denkt sie: Wir leben in Zeiten der ständigen Erreichbarkeit. Wenn jemand sein Handy ausmacht oder seine Nachrichten nicht ständig liest und nicht gleich antwortet, vermuten andere sofort das Schlimmste: Da muss was passiert sein.

So geht das ein paar Wochen. Aber Charlotte spürt einen Riss in der Beziehung: Irgendwas stimmt nicht mehr. Sie fühlt sich zusehends unwohler mit Max, auf eine irritierende Weise belästigt, wenn sein Nachrichtenstrom nicht abbricht. So als würde er eine schwere Decke über sie stülpen, mit der er sie, sobald sie nach ein wenig Luft schnappt, luftdicht abpolstert.

Sie antwortet seltener. Viel zu selten, wie Max findet. Sie denkt über Trennung nach. Aber wenn sie sich sehen, verfliegen ihre Befürchtungen im Nu. Max ist zärtlich, vorsichtig, harmoniebedacht. Er kocht, wenn sie zu ihm kommt, er repariert ihren Fön und bringt ihren Computer und ihr Handy auf den neuesten Stand. Charlotte lebt zwar im Netz, aber mit den technischen Details kennt sich Max besser aus, er ist IT-Administrator in seiner Firma. Das Aufspielen von Updates auf ihr Handy und ihren Computer überlässt sie ihm. Sie vertraut ihm, trotz allem, und nach einem friedlichen und sinnlichen Abend denkt sie: »Toller Typ. Ich sollte nicht so misstrauisch sein. Nur weil es manchmal ungeheuerlich ist, was er sagt, ist er doch kein Ungeheuer.«

Doch die Momente dieser Art werden seltener, dagegen häufen sich Eifersuchtsszenen, die Max vom Zaun bricht. Einmal ist sie bei sich zu Hause und telefoniert mit einer Freundin. Max versucht, sie zu erreichen. Aber bei Charlotte ist besetzt, lange. Max wird ungeduldig und will mit einem gemeinsamen Freund sprechen. Bei dem ist ebenfalls besetzt. Max schlussfolgert: Der quatscht lange, sie quatscht lange, also reden die miteinander. Als bei Charlotte frei ist und den Anruf annimmt, brüllt Max seine Freundin an: »Was hast du mit dem? Fickt Ihr? Ihr fickt doch!«

Charlotte ist erschrocken: Was hat er gesagt? Wie kommt er nur darauf? Was spinnt der sich denn da zusammen?

Sie will seine Aggression abtun als Ausrutscher. Aber das ist kein Ausrutscher, das ist der Beginn dauerhafter Attacken gegen Charlotte. Das versteht sie nach und nach. Sie wird stiller und vorsichtiger, sie beginnt, ihn zu beobachten. Sie weiß nicht mehr, was sie denken soll. Aber trennen will sie sich noch nicht. Wenn sie zweifelt, sucht sie in ihrer Erinnerung nach der Nähe, die beide einmal miteinander hatten. Sie sehnt sich danach zurück: Vielleicht kommt das ja alles wieder.

Einmal erwischt sie ihn dabei, wie er Nachrichten auf ihrem Handy liest.

»Was machst du da?«, fragt sie.

»Nichts«, antwortet er, »ich schaue bloß, ob dein Browser optimal eingestellt ist.«

Zu diesem Zeitpunkt weiß Charlotte noch nicht, dass Max auf ihrem Handy längst Einstellungen geändert hat, so dass sein Telefon jederzeit mit ihrem verbunden werden kann. Dadurch hat er Zugriff auf ihr Gerät und kann Charlottes Kommunikation mitlesen und mithören. Sie merkt das erst, als Mails, die sie noch nicht gelesen hatte, als gelesen gekennzeichnet sind. Einmal sitzt sie mit einer Freundin in einem Café und sieht ihn draußen auf der Straße, er beobachtete sie durch die Scheibe. Charlotte erschrickt, sie hatte ihm nicht erzählt, dass sie verabredet ist. Ihr läuft ein Schauer über den Rücken: Entweder hat er mich an meiner Wohnung abgepasst und ist mir gefolgt. Oder er liest meine Nachrichten.

Zu Hause schmeißt sie ihre SIM-Karte weg, schreibt Max eine Mail, dass sie sich von ihm trennt, und fährt den Computer runter. Jetzt geht der Terror erst richtig los. Jeden Abend steht er wie ein Wegelagerer vor ihrem Haus. Sobald er in Charlottes Wohnung Licht sieht, ruft er sie an. Wenn das Telefon nicht aufhört zu klingeln, zieht sie den Stecker raus. Sie besorgt sich eine neue Mobilnummer, doch es dauert keine zwei Wochen, da kennt Max die neue Nummer. So geht das noch zweimal. Charlotte beginnt, sich vor ihm zu fürchten: Tut der mir etwas an, wenn wir uns begegnen?

Irgendwann hackt er ihren Facebook-Account und postet in ihrem Namen hässliche Fotos von ihr. In ihrer Person schreibt er wilde Geschichten über sie: »Ich mache gern für jeden die Beine breit.« Oder: »Hey, wusstet ihr, dass ich schon dreimal Tripper hatte?«

Er kontaktiert ihre Freunde und denkt sich weitere Lügen über Charlotte aus. Die meisten Freunde nehmen Max nicht ernst, sie sagen: »Klarer Fall, der spinnt.«

Manche aber sind nicht so entschieden, sie munkeln: »Ein Fünkchen Wahrheit wird wohl dran sein an den Sachen, die der Typ erzählt.«

»Warum zeigst du den nicht an?«, fragen fast alle. »Der ist kriminell, der gehört hinter Gitter.«

»Das kriege ich nicht fertig«, antwortet Charlotte, »der ist doch völlig blockiert und krank, da muss ich nicht noch draufhauen.

Eines Tages zeigt sie ihn dennoch an, nachdem Max ihrem Chef eine Mail geschrieben hat, Charlotte hätte ein Verhältnis mit einem anderen Vorgesetzten der Firma.

»Das war dann doch zu viel«, sagt sie, »der wollte meine gesamte Existenz aufs Spiel setzen.«

Sie geht zur Polizei in der großen Hoffnung, der Spuk ende bald. Sie hatte auf konkrete Polizeimaßnahmen gehofft: Personenschutz vor dem Haus, Verbote gegen ihn, sie zu belästigen. So was. Aber der Polizist, dem sie detailliert beschreibt, wie sich Max verhält, dem sie die ausgedruckten Mails gibt, sagt achselzuckend: »Da sind wir machtlos.«

Und er sagt noch: »Wenn der Sie noch mal belästigt, dann stellen Sie sich den einfach nackt vor.«

Charlotte bricht in Tränen aus. Sie fühlt sich von dem Beamten verspottet.

Ein anderer Kriminalbeamter rät ihr dazu, umzuziehen. Diesen »Tipp« verwirft Charlotte noch an der Tür der Polizeiwache. Wie soll sie eine neue, bezahlbare Wohnung in einer Großstadt mit Wohnungsknappheit finden? Außerdem kriegt Max die neue Adresse sicher schneller raus, als die Wohnung eingeräumt ist.

Charlotte wohnt immer noch in ihrem alten Haus – aber ohne Telefon und ohne Internet. Bevor sie von der Arbeit nach Hause geht, ruft sie ihre Nachbarin an und kündigt an, wann sie ungefähr zu Hause eintrifft. Die Nachbarin soll oben am Fenster stehen und aufpassen, ob Max irgendwo in der Nähe rumlungert.

Vor Kurzem hat sich Charlotte ein neues Handy und eine vierte Mobilnummer gekauft. Ausgepackt hat sie Gerät und SIM-Karte noch nicht.

6 Mama, ich will nicht heiraten
oder
Von traditionellen Familienstrukturen, Zwangsehen und wie das Aufenthaltsrecht Gewalt gegen Heiratsmigrantinnen fördert

Da ist Dilara aus der Türkei. Sie kam als sogenannte Heiratsmigrantin mit siebzehn Jahren aus Ostanatolien nach Berlin. Da ist Yasmin, ebenfalls eine Türkin, in Deutschland geboren, zerrissen zwischen der türkischen und der deutschen Kultur, die einen Cousin heiratet. Und da ist diese kleine, schmale Frau aus Nordthailand. Sie soll hier Malie heißen, ein Name, der in dem südostasiatischen Land beliebt ist.

Drei Frauen mit Migrationshintergrund. Dilara und Malie kamen nach Deutschland, um zu heiraten. Auch Yasmins Zukunft in Berlin war seit ihrer frühesten Kindheit durchgeplant: ein Leben an der Seite eines türkischen Mannes. Ein Plan, den Yasmins Eltern für die Tochter festgelegt hatten. Ein Plan, dem sich Yasmin zunächst verweigerte, aber am Ende doch befolgte. Um sich zu retten, wie sie sagt.

Die Frauen hatten und haben klare Vorstellungen von ihrem Leben. Dabei geht es nicht um Geld. Nicht um Reichtum oder Luxus, nicht mal um materielle Opulenz. Nein, im Gegenteil, die drei Frauen kommen recht gut mit wenig aus. Ihre paar Habseligkeiten passen in zwei, drei Taschen. Sie brauchen kein Haus, kein Auto, keinen Goldschmuck. Sie wollen so etwas auch gar nicht. Was sie wollen, ist ein Alltag ohne Gewalt. Aber genau den haben sie nicht.

Frauen mit Migrationshintergrund erleben häufiger als andere Frauen in Deutschland häusliche, sexuelle und psychische Gewalt.[1] Das betrifft vor allem Frauen aus der Türkei und aus osteuropäischen Ländern. Türkinnen sind von körperlicher und/

oder sexueller Gewalt doppelt so häufig betroffen wie deutsche Frauen.[2] 38 Prozent der türkischen Frauen erfahren die Gewalt hauptsächlich durch aktuelle Beziehungspartner.[3] Osteuropäerinnen, insbesondere die Jüngeren, sind in verstärktem Maße sexualisierter Gewalt ausgesetzt.[4]

Die Übergriffe sind so vielfältig wie bei Frauen ohne Migrationshintergrund. Sie reichen von Ohrfeigen, Prügeln, Treten und Zwang zum Sex durch den Ehemann sowie andere nahestehende Personen bis hin zu Menschenhandel und Zwangsprostitution. Türkische Frauen erfahren zudem »signifikant häufiger« als andere Frauen »sehr massive Formen von Gewalt«[5] im Nahbereich, beispielsweise Würgen und Bedrohungen mit Waffen.

Ein großes Problem vor allem in türkischen und arabischen Communitys sind Zwangsverheiratungen. Wie viele junge Frauen und Mädchen aus Deutschland in die Türkei verheiratet werden und umgekehrt, wie viele aus ihrer Heimat nach Deutschland verschleppt werden, um hier einen Cousin oder einen Großcousin zu heiraten, ist nicht genau bekannt. 2008 zählte das Bundesfamilienministerium rund 3 500 Beratungen zu Zwangsheirat.[6] Die Menschenrechtsorganisation Terre des Femmes geht von rund tausend jungen Frauen und Männern aus, die jedes Jahr gegen ihren Willen verheiratet werden. In 40 Prozent der Fälle wurde die Hochzeit vollzogen, in 60 Prozent angedroht. Die Mädchen und jungen Frauen sind zwischen achtzehn und 21 Jahre alt, ein Drittel ist minderjährig.

Oft ist eine Zwangshochzeit nicht als solche erkennbar. Um staatliche Standesämter und Kirchen zu umgehen, weil diese minderjährige Paare nicht trauen, wird in einer Moschee eine sogenannte Imam-Ehe geschlossen. Sie ist rechtlich nicht anerkannt, aber für das junge Paar bindend.

Immer wieder werden türkische Mädchen in den Sommerferien in die Türkei geschickt, um sie dort zu verheiraten. Allein in Hamburg wandten sich vor zehn Jahren 42 Schülerinnen an Beratungsstellen,[7] weil sie fürchteten, während des »Heimaturlaubs« verheiratet zu werden. Im Jahr 2013 wurden in Berlin 460 angedrohte

Zwangsverheiratungen bekannt.[8] Betroffen sind auch »Heirats-kandidatinnen« aus dem Kosovo, Nordafrika und dem arabischen Raum. Junge Männer werden häufig in eine Ehe gezwängt, wenn die Familie von der Homosexualität des Sohnes erfährt.

Die Sozialpädagogin Gabriele Heinemann arbeitet seit fast 35 Jahren im Mädchentreff *Madonna* im Rollberg-Kiez, einem sozialen Brennpunkt in Berlin-Neukölln. Sie hat den Verein mit dem Ziel gegründet, Mädchen über ihre Rechte aufzuklären und ihnen eine Botschaft mitzugeben: Wenn du den Verdacht hast, gegen deinen Willen verheiratet zu werden, oder etwas anderes soll gegen deinen Willen geschehen, dann kannst du dich wehren. Dann kannst du dir Hilfe holen.

Trotzdem passiert es regelmäßig, dass die Mädchen nach den Sommerferien verschwunden sind. »Die Mädchen kamen irgendwann nicht mehr in die Schule, waren vielleicht in eine andere Stadt verheiratet worden«, sagt Gabriele Heinemann. Nicht wenige Mädchen müssen spätestens nach dem Abitur oder nach ihrer Ausbildung heiraten, hat die Sozialpädagogin erfahren. In manchen Familien hat das eine lange Tradition. Gabriele Heinemann: »Schon die Mütter der Mädchen haben alle mit zwölf bis sechzehn Jahren geheiratet.«[9]

Auch strukturelle Gewalt, bedingt durch deutsche Gesetze und Behördenentscheidungen, erschweren die Situation migrantischer Frauen. So sind sie etwa erpressbar durch »ausländerrechtliche Illegalität« und »Auswirkungen der Ehebestandszeit«,[10] wie Nivedita Prasad, Sozialpädagogin und frühere Mitarbeiterin in der Berliner Beratungsstelle für Migrantinnen *Ban Ying*[11], sagt. Die sogenannte Ehebestandszeit gibt der Paragraf 31 des deutschen Aufenthaltsgesetzes vor: Eine Lebensgemeinschaft muss »seit mindestens drei Jahren rechtmäßig im Bundesgebiet bestanden« haben, bevor die angeheiratete Person in Deutschland bleiben darf, ohne mit einem oder einer Deutschen verheiratet zu sein.

In ihrer Dissertation von 2008 beschreibt Prasad, die heute Professorin an der Alice-Salomon-Hochschule in Berlin ist, welche

Folgen die gesetzlich festgelegte sogenannte Ehebestandszeit hat. Frauen ertragen die Gewalt des Mannes, weil sie keine andere Chance sehen, als die gesetzlich vorgegebene Frist von drei Jahren durchzustehen, bis sie ein eigenständiges Aufenthaltsrecht in Deutschland bekommen. Brechen sie vorher aus der Ehe aus, müssen sie Deutschland verlassen.

»Das ist für die Frauen in der Regel das soziale Aus«, erklärt Prasad. »Zurück in ihre Herkunftsfamilie können sie vielfach nicht. Ohne Papiere in Deutschland bleiben ist für sie schwierig, die Frauen haben ja kein Geld.«

So ein Fall ist Dilara. Mit siebzehn Jahren wurde sie in Deutschland mit einem Cousin verheiratet. Wie seine Verwandte zweiten Grades war er über die arrangierte Ehe nicht begeistert und ließ seine Wut darüber an seiner jungen Frau aus. Dilara wurde von ihren Eltern in die Familie des Ehemannes nach Deutschland gegeben, musste sich dort der Kontrolle und den Gepflogenheiten unterwerfen und die Wutausbrüche ihres Ehemannes ertragen. Als sie in Deutschland ankam, sprach sie kein Deutsch, sie hatte kein Geld, sie kannte sich in dem für sie neuen Land nicht aus.

»Heiratsmigrantinnen sind eine vulnerable Gruppe«, führt Prasad aus, »egal, aus welchem Land sie kommen.« Unabhängig davon, dass die Frauen in der Regel keinerlei finanzielle Mittel haben, verfügen sie nicht einmal über Information darüber, was verboten ist und was sie tun können, wenn ihr Mann sie schlägt oder auf andere Weise gewalttätig ist. Die Ehebestandszeit verlängert in den Augen von Prasad die häusliche Gewalt.

»Was sollen die Frauen auch anderes tun, als so lange auszuhalten, bis die drei Jahre rum sind«, sagt die Menschenrechtsaktivistin Prasad, die zu Beginn der 1980er Jahre aus Indien nach Deutschland kam.

Dilara ist heute 21 Jahre alt. Sie hat zwei kleine Kinder, ein Mädchen und einen Jungen. Die Kinder krabbeln auf ihr herum, während sie ihre Geschichte erzählt. Sie trägt ein buntes Kopftuch und eine lange dunkelblaue Bluse, darunter Jeans. Das Gespräch wird übersetzt, Dilara spricht nur wenig Deutsch, sie fürchtet, sich in der Fremdsprache nicht richtig ausdrücken zu können.

Seit einiger Zeit lebt sie, nachdem sie ein paar Wochen in einem Frauenhaus war, in einer kleinen Stadt in der Mitte Deutschlands. Wo genau darf nicht erwähnt werden. Dilaras Mann soll sie nicht finden. Auch niemand sonst aus der Familie soll wissen, wo sie sich aufhält. Denn dann könnte es passieren, dass ein paar Männer – Brüder, Cousins, Dilaras Vater vielleicht – vor dem Haus, in dem sie wohnt, auftauchen. Sie könnten versuchen, die Tür einzutreten, zu randalieren.

»Sie wollen mich zurückholen«, sagt Dilara. Zurück in die Großfamilie. Dorthin will Dilara auf keinen Fall. Wieder an den Ort, an dem sie von ihrem Ehemann gedemütigt, geschlagen und mehrfach vergewaltigt worden war. Sie will weg von der körperlichen und psychischen Gewalt. Sie will ihr Leben und vor allem das ihrer Kinder schützen. Und sie fürchtet, dass ihrer Tochter Ähnliches passieren könnte wie ihr selbst.

Der Fall Dilara

Dilara war sechzehn, als die Mutter sagte, das Mädchen werde bald eine große Reise machen, nach Deutschland, in eine schöne Stadt. Dilara freute sich, sie hopste vor Jubel in die Höhe. Damals ahnte sie nicht, dass diese »große Reise« eine Reise ohne Rückfahrkarte werden würde und das Leben in Deutschland für sie alles andere als einfach und befriedigend wird. Kein Leben in Freiheit, so wie sie sich Deutschland vorgestellt hatte, raus aus der Enge des ostanatolischen Dorfes, wo jeder jeden kannte und jeder Schritt der Nachbarn beobachtet und kommentiert wurde.

Dilara ahnte damals auch nicht, dass ihr überschaubares und kontrolliertes Dasein in ihrer Heimat mehr Freiheiten barg als das in der deutschen Stadt an der Seite ihres Ehemanns. Zu Hause in der Türkei hatte sie Freundinnen, sie waren in der Schule zusammen, sie kicherten, redeten über Jungs und stellten sich vor, wie der erste Kuss sein würde. Sie schauten Videos auf dem Handy und surften durch Modeblogs im Netz. Auf dem Nachhauseweg von der Schule streiften sie manchmal über Felder und Wiesen, aber nicht zu lange, denn zu Hause wartete die Großmutter mit dem Essen. Zu spät kommen durfte das Mädchen nicht.

»Ich fahre bald nach Deutschland«, erzählte Dilara einer Freundin.

»Waaas?«, soll die mit aufgerissenen Augen gesagt haben. Und dann gefragt: »Sollst du heiraten?«

»Heiraten? Wieso das denn?«

Dilara war schockiert über den Satz. Sie war doch keine Frau im heiratsfähigen Alter, sondern eine Jugendliche, noch nicht mal volljährig. Sie fühlte sich viel zu jung für das, was sie jeden Tag zu Hause erlebte: Mutter, Großmutter und ein paar Tanten kochten, putzten, nähten den ganzen Tag. Sie bestellten den Garten, kümmerten sich um die Kinder. Die Männer fuhren mit dem Auto zur Arbeit oder schwangen sich auf den Trecker, um aufs Feld zu düsen.

So in etwa hat Dilara auch ihre Zukunft gesehen, eine andere Frauenrolle kannte sie nicht. Darauf war sie vorbereitet, aber doch jetzt noch nicht. Ab und zu sah sie im Fernsehen und im Internet Frauen, die anders lebten, die morgens in schicken Kostümen in Büros gingen und die sogar Chefinnen waren. Aber diese Frauen waren weit weg, so weit, dass Dilara dachte, das alles habe mit ihr absolut nichts zu tun.

So eine Reise nach Deutschland jedoch, das wusste Dilara intuitiv, die könnte ihr solche Frauen zeigen, eine Reise würde in jedem Fall ihren Horizont erweitern. Sie wollte nicht so werden wie die unabhängigen, modernen Frauen im Fernsehen. Sie konnte sich ein Leben, losgelöst von den Strukturen, die sie von Kindesbeinen an kannte, nicht vorstellen. Solch ein Leben machte ihr sogar Angst. Doch in Deutschland wollte sie etwas erleben und etwas kennenlernen, wenigstens für einen Moment, das anders war als das, was sie jeden Tag in Ostanatolien sah, roch, schmeckte, fühlte.

Und dann war es so weit. Dilaras Mutter eröffnete ihrer Tochter, dass sie im Sommer nach Deutschland fliegen werde, gemeinsam mit ihren Eltern, den Großeltern, ein paar Tanten und Onkeln. Dilara war gerade siebzehn geworden, ein Alter, in dem sich Mädchen freuen, der Volljährigkeit näher zu rücken. Aber Dilara freute sich nicht. Jetzt fürchtete sie sich vor der Reise.

Sie fragte ihre Mutter ganz direkt: »Mama, werde ich in Deutschland verheiratet?«

Die Mutter soll geantwortet haben: »Mal sehen. Es gibt da einen Cousin, der könnte gut passen. Du kennst ihn noch nicht, aber deswegen fahren wir ja dorthin.«

»Mama, ich will nicht heiraten, und ich will auch nicht mehr nach Deutschland.«

»Das ist nicht mehr zu ändern, die Tickets sind gekauft, sie waren sehr teuer. Und die Verwandten in Deutschland freuen sich, besonders auf dich, sie sind sehr neugierig, was für ein Mädchen du bist.«

Dann ging alles sehr schnell. Wenige Tage nach der Ankunft von Dilaras Familie auf einem deutschen Flughafen begannen die Verwandten mit den Vorbereitungen für ein großes Fest: Dilaras Hochzeit. Der Cousin, den Dilara vor der Trauung zweimal sah, ist gut zwei Jahre älter als sie. Ein kleiner und impulsiver, fröhlicher Typ, der zweite von drei Brüdern. Nicht grundsätzlich gewalttätig, kein Schlägertyp, meint Dilara.

»Aber er war so unglücklich über die Hochzeit«, erzählt sie, »darüber, dass seine und meine Eltern beschlossen hatten, uns miteinander zu verheiraten, dass er nicht anders konnte, als seinen Ärger an mir auszulassen.«

Wird über Zwangsehen gesprochen, steht vor allem die Frau im Blickfeld. Doch auch die jung verheirateten Männer wie Faruk leiden darunter. »Weil sie immer stark sein sollen, führen viele Männer ein Doppelleben oder ersticken gar unter der großen Last, die Ehre der Familie tragen zu müssen«, sagt der Psychologe und Integrationsexperte Kazim Erdogan. Seit 2007 leitet er die »Väter- und Männergruppe«, die erste Selbsthilfegruppe in Deutschland für türkische Männer, die gegen ihren Willen verheiratet wurden. Jeden Tag spricht er in den Beratungsräumen im Berliner Stadtteil Neukölln mit jungen Männern, die mit einer Frau zusammen sein müssen, die sie nicht lieben, die sie nicht wollten.

»Wer über seine Sorgen nicht reden kann, der neigt zu Depressionen oder im schlimmsten Fall sogar zu Gewalt«, sagt Erdogan.

Dilara senkt die Stimme, die Kinder sollen nicht hören, was ihre Mutter über den Vater sagt. Die Kinder beachten ihre Mutter und deren Besucherinnen aber gar nicht. Sie sind vertieft in ein Puzzle mit großen Teilen. Sie stecken Tiere zusammen, ein Pferd, ein Schaf, Ziegen, Hühner.

Es habe nicht sofort begonnen, sagt Dilara, nicht gleich nach der Hochzeit. Erst im Laufe der Zeit baute Faruk, wie Dilaras Mann in dieser Geschichte heißen soll, Druck auf.

»Ich weiß nicht genau, wann und wie es angefangen hat, aber ich fühlte mich unwohl, wenn er in meiner Nähe war.«

Zunächst wandte er sich von Dilara ab, sie wusste nicht, warum. Wenn sie nachfragte, bekam sie keine Antwort. An manchen Tagen sprachen die beiden kein einziges Wort miteinander. Der junge Mann konnte mit seiner Frau ebenso wenig etwas anfangen, wie Dilara kaum Emotionen für ihn hatte.

»Das war schlimm für mich«, sagt Dilara. »Ich fühlte mich so allein. Ich war an einem fremden Ort, bei fremden Menschen, mit einem für mich fremden Ehemann.«

Dilara hielt sich fast nur in der Wohnung ihrer Schwiegereltern auf. Faruk verließ morgens das Zimmer, das er und Dilara bewohnten. Er machte eine handwerkliche Ausbildung, das Geld des jungen Paares war knapp. Dilara fragte immer wieder, wann Faruk und sie endlich in eine eigene Wohnung ziehen könnten. »Bald«, antwortete die Schwiegermutter, »bald.«

Nach einem halben Jahr war Dilara schwanger.

»Ich war sehr unglücklich darüber. Ich hatte romantische Vorstellungen darüber, wie es ist, ein Kind zu bekommen. Aber so schnell? So ohne Freude.«

Damit meint Dilara, dass sie fast nie Lust verspürt habe, wenn Faruk mit ihr schlief. Sie drückt das nicht so aus, sie möchte nicht über Sex reden, es ihr peinlich. Aber sie sagt: »Er tat mir häufig weh, und wenn ich abwehrte, weil ich nicht wollte, drückte er meine Arme zur Seite, hielt sie fest und machte es einfach.«

Selbst als sich ihr Bauch mit dem Baby darin wölbte, ließ er nicht vor ihr ab.

»Manchmal tat es so weh, dass ich schrie«, erzählt sie. »Weil das niemand hören sollte, hielt er mir den Mund zu.«

Als das Baby, ein Junge, ein halbes Jahr alt war, zog die Familie in eine eigene kleine Zweizimmerwohnung.

»Dann wurde es noch schlimmer«, sagt Dilara. »Bei seinen Eltern war ja fast immer jemand da, außer nachts bei uns im Zimmer. Aber jetzt war ich mit ihm allein, und er konnte machen, was er wollte.«

Er verlangte Essen, sobald er nach Hause kam. Wenn es ihm nicht schmeckte, brüllte er Dilara an. Er kürzte ihr das Haushaltsgeld und schimpfte, wenn sie nicht genug eingekauft hatte. Wenn er besonders schlechte Laune hatte, haute er Dilara eine runter.

»Einmal schlug er mich mitten ins Gesicht, meine Wange war rot und schwoll leicht an. Das tat ihm später leid. Das sagte er aber nicht, ich merkte es nur.«

Er wich ihr eine Zeitlang aus und versuchte später, alles wiedergutzumachen.

»Er wollte gut sein«, glaubt Dilara. Sie glaubte auch, er würde sie jetzt nicht mehr schlagen. »Aber ich hatte mich getäuscht.«

Nivedita Prasad hat viele solcher Geschichten gehört, als sie in Berlin bei Ban Ying arbeitete. Hinter der alltäglichen Gewalt stecke ein Muster, das die Frauen selbst nicht durchbrechen könnten. Weil es nichts mit ihnen zu tun habe.

»Auch wenn zu Hause alles perfekt ist, wenn die Frau alles korrekt gemacht hat, hat sie keine Chance«, sagt Prasad. »Er findet immer etwas, das ihm nicht passt. Irgendetwas hat sie in seinen Augen immer falsch gemacht.« Die Stimmung in den

Wohnungen, in denen die Gewalt in der Luft hängt und jeden Moment explodieren kann, grundlos, anlasslos, einfach, weil den Mann gerade irgendetwas nervt, sei unerträglich und beklemmend.

Dilara bekam Angst vor ihrem Mann. Sie fürchtete die Momente, wenn er heimkam. Sie wusste nie, ob er sie schon im Flur anbrüllte oder erst in der Küche. Wenn sie den Schlüssel im Schloss hörte, trug sie ihren Sohn ins Schlafzimmer. Er war klein, aber er sollte verschont bleiben von den Brüllereien und den Wutausbrüchen seines Vaters. Vielleicht tut er ihm irgendwann auch etwas an?

Einmal im Monat rief Dilara ihre Mutter in der Türkei an. Sie wagte zunächst nicht, »schlecht« über ihren Mann zu reden. Die Mutter war so froh, dass ihre Tochter in Deutschland war. Sie glaubte, diese habe hier ein schönes Leben, mit all den Annehmlichkeiten, die Europa bietet. Dilara wollte ihre Mutter nicht enttäuschen, also ließ sie sie im Glauben, zufrieden zu sein mit Mann und Kind und einer eigenen kleinen Wohnung. Aber die Mutter spürte, dass ihre Tochter nicht glücklich war.

Sie fragte: »Was ist los?«

Dilara brach in Tränen aus.

Die Mutter schwieg, lange, sie atmete hörbar laut ein und aus. Und sagte schließlich: »Er ist dein Ehemann. Du musst machen, was er sagt. So ist das eben.«

Der Satz war wie ein Messerschnitt, direkt in Dilaras Herz, sie fühlte sich verstoßen, so als hätte sich die Mutter von ihr losgesagt, weil sie, Dilara, etwas falsch gemacht hatte. Sie sagt: »In dem Moment wollte ich nicht mehr leben.«

Aber da waren ihr kleiner Sohn und ein neues Kind in ihrem Bauch. Acht Monate nach der Geburt des Sohnes, war Dilara wieder schwanger. »Ich dachte, das geht es jetzt immer so weiter«, erzählt sie. »Ein Kind ist da, und das nächste kündigt sich an.«

Manchmal saß sie den ganzen Tag zu Hause, am Küchentisch, tatenlos, regungslos. Sie legte den Kopf auf den Tisch und weinte. Nicht selten hörte sie nicht, dass auch ihr Sohn weinte. Wenn er

Hunger hatte oder auf den Arm genommen werden wollte. Sie war wie taub und gelähmt.

Dilara war depressiv. So wie andere Gewaltopfer bekam sie Panikattacken, Kopf- und Magenschmerzen. Sie konnte nicht mehr richtig essen, musste sich häufig übergeben, sie schlief schlecht. Ihre Gynäkologin stellte miserable Blutwerte fest.

Die Ärztin ahnte, was bei Dilara zu Hause los war: »Sie müssen sich und Ihre Kinder schützen. Das Baby in Ihrem Bauch könnte Schaden nehmen, wenn Sie so weiter machen.«

»Was soll ich denn machen?«, fragte Dilara.

Die Frauenärztin gab ihrer Patientin Adressen von Beratungsstellen und empfahl ihr, zur Polizei zu gehen.

»Polizei? Niemals«, antwortete Dilara, »Er hat ja nichts geklaut.«

Und überhaupt, was solle aus ihr und den Kindern werden, wenn ihr Mann verhaftet würde? Wer bezahlte dann die Wohnung, den Strom, das Essen?

Die Ärztin bestellte Dilara zwei Wochen später erneut in die Praxis ein. Sie maß Dilaras Blutdruck, befühlte das Kind in ihrem Bauch, untersuchte die Schwangere gynäkologisch.

»Ihr Baby ist zu klein, es wird nicht optimal ernährt. Es bekommt mit, was Sie erleben«, mahnte die Medizinerin.

Dilara dachte: »Wenn es stirbt, na und? Dann habe ich ein Problem weniger.«

Als könnte die Ärztin Dilaras Gedanken lesen, sagte sie: »Sie müssen nicht bei Ihrem Mann bleiben.«

Sie fragte, ob Dilara mal bei einer der Beratungsstellen angerufen hatte.

»Nein.«

»Warum nicht?«

»Keine Ahnung, was sollen die schon machen?«

»Helfen. Wovor haben Sie Angst?«

»Vor allem.«

Dilara war nicht die erste Patientin mit einer solchen Biografie, die die Gynäkologin behandelte. Ihre Praxis in der Großstadt irgendwo in der Mitte Deutschlands liegt in einem Viertel mit einem hohen Migrantenanteil. Die meisten ihrer Patientinnen sind türkische und arabische Frauen.

»Gefühlt jede Zweite erlebt zu Hause Gewalt in den verschiedenen Formen«, sagt sie. Sie will unerkannt bleiben, um ihre Patientinnen und sich selbst nicht zu gefährden. »Gegen Männer, die ihre Frauen beherrschen, ist kein Kraut gewachsen.«

Ihre Praxis liegt im Erdgeschoss. Mehrfach wurde versucht, die Tür aufzubrechen, einmal war eine Scheibe eingeschmissen, jetzt lassen die Mitarbeiterinnen nach Dienstschluss die Rollläden herunter.

In einem Regal im Wartezimmer liegt ein Stapel Flyer, der über häusliche Gewalt informiert. Daneben zusammengetackerte A4-Broschüren in Türkisch, ausgedruckt von der Internetseite des Bundesjustizministeriums. Über dem Regal steht groß und in Rot eine Telefonnummer: 08000 116 016. Das bundesweite Hilfetelefon für Fälle häuslicher Gewalt.

Die Ärztin ahnte, was Dilara erlebte. Wie sich ihre Patientin fühlte, wie der eingeengte und bedrückende Alltag für den kleinen Sohn sein musste. Sie sah, was die Gewalt mit Dilaras Ungeborenem anrichtete. Sie konnte es messen mit ihren medizinischen Geräten, in Zahlen fassen in Dilaras Patientenakte, sie versuchte es zu lindern mit Medikamenten.

Ähnliche Geschichten von anderen Frauen bekommt die Medizinerin nahezu täglich in ihrer Praxis mit. Und sie sieht, wie hilflos viele Frauen sind. Deswegen liegt all das Informationsmaterial im Warteraum aus. Deswegen spricht sie die Frauen beim kleinsten Verdacht an. Doch viele Frauen reagieren nicht auf die Fragen, andere weichen aus, die nächsten denken sich Notlügen aus.

»Was soll ich machen?«, fragt sie. »Wenn eine nicht will, dann will sie nicht. Ich kann sie nicht zwingen, Anzeige zu erstatten. Ich kann nur raten: Gehen Sie ins Frauenhaus, zur Polizei, wenden Sie sich an Beratungsstellen, rufen Sie die Hotline an.«

In Dilaras Fall erstattete eine andere Ärztin Anzeige. An einem Sonntagabend wurde Dilara in ein Krankenhaus eingeliefert. Ihr

Mann hatte sie in den Bauch getreten, einmal kurz und heftig. Dilara bekam Blutungen und Schmerzen. Die Gynäkologin in der Notaufnahme ahnte, was kurz zuvor geschehen sein musste. Sie sah Dilaras Mann im Warteraum der Unfallstation. Wie er hin und her lief, irgendetwas vor sich hin brummelte.

Sie fragte ihn, was er mit seiner Frau gemacht habe.

»Nichts«, soll er geantwortet haben, »ich habe meine Frau hergebracht, weil es ihr nicht gut geht. Da ist sicher was mit dem Baby.«

Das Baby musste sofort geholt werden, Kaiserschnitt im siebten Monat, es wäre sonst gestorben. Die Ärztin meinte, so erinnert sich Dilara, dass irgendetwas in ihrem Bauch gequetscht sei. Sie weiß nicht mehr, was es war und was die Ärztin noch sagte, sie verstehe von den medizinischen Dingen sowieso nichts. Als Dilara aus der Narkose aufwachte, kam die Ärztin zu ihr und fragte, was passiert sei. Dilara konnte nichts sagen, sie konnte nur weinen.

Die Ärztin hatte, als Dilara für den Kaiserschnitt fertig gemacht wurde, zwei hellgelbe Flecken an Dilaras Oberarmen entdeckt. Die Flecken waren mal blau und lila. Einmal hatte Faruk seine Frau fest an den Armen gepackt und sie geschüttelt. Diese allmählich verblassenden Flecken sorgten wohl dafür, dass Dilara heute weit weg ist von ihrem Mann. Diese Flecken deuteten auf Gewalt hin, diese Flecken konnte sich Dilara unmöglich bei einem Haushaltsunfall zugezogen haben, auch nicht beim Spielen mit ihrem Sohn. Die Ärztin zeigte Faruk an. Die Polizei holte ihn noch im Krankenhaus ab.

Dilara kam in ein Frauenhaus, einige Monate lebte sie dort, so lange, bis sie die gesetzliche Ehebestandszeit erreicht hatte, bis sie drei Jahre mit Faruk verheiratet war. Die Beraterinnen im Frauenhaus und das Sozialamt halfen ihr, eine Wohnung zu finden, in einer anderen Stadt, weit weg von Faruk und seiner Familie. Zwischen ihrem jetzigen und ihrem früheren Leben liegen mehrere hundert Kilometer.

Dilara lebt allein mit ihren beiden Kindern. In Frieden, ohne Druck. Die Kinder sind fröhlich und ausgeglichen. »Sie entwickeln sich gut«, erzählt Dilara. Aber wenn sie mit ihnen rausgeht, fasst sie sie fest an der Hand. Sie sollen nicht weglaufen, sie sollen dicht bei ihr bleiben. Dilara hat Angst auf der Straße. Gut möglich, dass irgendjemand sie erkennt und es Faruk erzählt. Dann weiß er, wo seine Frau wohnt. Dann könnte er kommen und sie holen, fürchtet sie.

Dilara hat keine Freundinnen und nur ein paar soziale Kontakte in der Nachbarschaft. Am liebsten würde sie nach Hause fahren, zurück in die Türkei. Aber ihre Mutter sagt, das ginge nicht. Eine türkische Frau ohne Mann mit Kindern, das schicke sich nicht, das beschmutze die Familienehre. Und das könne Dilara ihrer Mutter, ihrem Vater, ihrer gesamten Familie nicht antun.

Der Fall Yasmin

Ihr Cocktail ist blutrot. Ein »Zombie«: Wodka, zwei Sorten Rum, Tequila, Grenadine, ein Schuss O-Saft. Hartes Zeug.

Yasmin nimmt einen kräftigen Schluck. Sie lehnt auf einem hohen Barhocker an der Theke eines Klubs, der in einer Großstadt fest in türkischer Hand ist. Türkische Restaurants, türkische Imbisse, türkische Zeitungs- und Gemüseläden, türkische Ärzte. Und eben dieser türkische Nachtklub.

Frauen mit Lippen so rot wie Yasmins Drink, in aufreizenden Blusen und schwindelerregend hohen High Heels. Männer in weißen Hemden und hautengen Jeans, Dreitagebärte. Kellner tragen Champagnerflaschen in Eiskübeln an Tische mit weißen Leinendecken. 100-Euro-Scheine wechseln die Besitzer. Es ist laut, es ist voll, es ist stickig.

Yasmin, 38, ist eine schöne Frau. Makelloses Gesicht, halblange Haare, die Augenbrauen gezupft, perfekt geschminkt. Sie trägt weiße Leggings und ein schwarzes Spitzentop. Männer starren sie an, Yasmin genießt das. Gleichzeitig weiß sie, dass sie besser nicht hier sein sollte. Yasmin sagt: »Die türkische Nachtszene hat mich kaputt gemacht.«

Sie war in diese Szene geflohen, vor vielen Jahren, mit Mitte zwanzig. Hier hat sie sich mit Alkohol und Sex betäubt. Sie hat versucht, ihre Unsicherheit und ihre Angst wegzutrinken. Sie hat versucht, zu sich selbst zu finden, rauszukriegen, wer sie ist: eine Türkin oder eine Deutsche? Sie hatte keine Antworten auf Fragen wie: Wie soll ich leben? Mit wem will ich befreundet sein? Welcher Mann passt zu mir, ein deutscher oder ein türkischer? Was ist eigentlich Familie?

Yasmin sagt: »Ich war total zerrissen.« Zerrissen zwischen zwei Kulturen, die ihr Leben ausmachten: der türkischen und der deutschen. Zerrieben zwischen den Ansprüchen, die ihre türkische Familie an sie stellte, mit einem türkischen Mann und vielen Kindern, und dem Leben, das sich ihr auf den Straßen der Großstadt präsentierte.

Es ist die Kluft zwischen Tradition und Moderne. Hier Strenge, Kontrolle, patriarchale Rollenmuster. Dort weitgehende Gleichstellung der Geschlechter, Freiheit, Alkohol, Drogen, Sex ohne besondere Regeln, vielfältige Lebensentwürfe.

Eine klischeehafte Zuschreibung, gewiss. Gegen die sich manche Migrantinnen und Migranten wehren, weil sie sich reduziert fühlen auf Stereotype und Klischees. Und manche deutschen und türkischen Kultur- und Sozialwissenschaftlerinnen und -wissenschaftler meinen, die deutsche Mehrheitsgesellschaft würde diese Kluft erst herstellen, indem sie sie als solche beschreibe.

Vielerorts verschwimmen die Grenzen zwischen den Kulturen. Sie vermischen sich, mitunter spielen sie keine Rolle. In solchen Fällen spricht der Ethnologe und Sozialanthropologe Werner Schiffbauer von der Viadrina-Universität in Frankfurt an der Oder von »transnationalen Lebenswelten«: Darin gehören Orte wie Berlin und München sowie Istanbul und Izmir ganz selbstverständlich zu demselben Lebensraum. Da finden »transnationale Hochzeiten« statt, bei denen ein Paar nach Faktoren wie Arbeitsmarkt und Karrierechancen entscheidet, wo es leben will. Und nicht danach, ob und was die türkische Familie diktiert.

Diesen Wandel treiben vor allem junge migrantische Frauen voran, meint Naika Foroutan, Professorin für Integrationsforschung und Gesellschaftspolitik an der Humboldt-Universität in Berlin. Die Frauen seien das Vorurteil über die patriarchale Unterdrückung leid, erklärt die Feministin. Und zählt auf, dass es türkischstämmige Politikerinnen gibt, Journalistinnen, Wissenschaftlerinnen, Schauspielerinnen. 45 Prozent der migrantischen Frauen bis 29 Jahre haben Abitur oder Fachhochschulreife. Fast genauso viele wie bei den jungen deutschen Frauen.

Yasmin weiß das alles. Aber das hat mit ihrem Leben nichts zu tun, glaubt sie. In den meisten Familien bestimme die Tradition, was zu passieren habe. Mit allen Konsequenzen: Beschimpfungen, Stigmatisierung, Ausschluss aus der Familie und schlimmstenfalls »Ehrenmord«.

Yasmin wird in Deutschland geboren, in einer »traditionell türkischen Familie«. Die Eltern kamen in den 1980er Jahren als Gastarbeiter nach Deutschland. Einfache Leute, die Mutter Altenpflegerin, der Vater LKW-Fahrer. Erst kommt Yasmin auf die Welt, zwei Jahre später ihr Bruder. Die Kinder werden nach strengen türkischen Regeln erzogen. Für sie als Mädchen heißt das, schon als Achtjährige zu kochen, zu putzen, die Wäsche zu machen.

Yasmin hat zu funktionieren. So wie die Mutter, eine freudlose Frau, die tat, was sie glaubte, zu tun war. Die sich keine Erholung gönnte und kaum Lebensfreude. Die sich dem Vater und seinen Vorgaben beugte. Die Mutter verlangte von ihrer Tochter, was sie sich selbst abtrotzte. Und der Vater?

»Ein liebevoller, aber dominanter Mann«, sagt Yasmin.

Alles, was Freude bereitet, ist aus der Wohnung verbannt. Yasmin darf nicht singen, nicht tanzen. »Ein Mädchen tut so etwas nicht«, befiehlt die Mutter. Ihre Mutter sagt ständig Sätze wie: »Ein Mädchen muss brav sein.« »Ein Mädchen muss bescheiden sein.«

Yasmin hat diese Anweisungen verinnerlicht. Sie ist ein stilles, unauffälliges Kind, mit Brille, klein und zart. Es fürchtet die strafenden Blicke der Mutter. Und ihre Schläge. Manchmal, wenn das Mädchen die Wäsche nicht korrekt in den Schrank einsortiert, zerrt die Mutter sie wieder heraus, Yasmin muss noch einmal falten, glätten, stapeln.

Aber jedes Mal wenn Yasmin die Wohnung verlässt, wenn sie in der Schule ist, auf der Straße, wenn sie mit anderen Mädchen zusammen ist, vor allem mit den deutschen, dann spürt sie, dass das ein anderes Leben ist. Ihre deutschen Freundinnen müssen keinen Tee für den Onkel kochen, sie schminken sich, sie hören Musik, sie gehen in Klubs. All das darf Yasmin nicht. Ihr Vater schlägt sie, als sie Jungs mit nach Hause bringt.

»Ich fühlte mich zu Hause wie eingesperrt«, gesteht Yasmin. »Ich durfte nichts.«

Wenn sie mit ihren deutschen Freundinnen zusammen ist, erzählt sie nichts von zu Hause. Die Verbote, das Familienregime sind ihr peinlich. Sie will von den deutschen Kindern anerkannt, sie will keine türkische Außenseiterin sein.

Yasmin lernt, zwei Rollen zu spielen. Zu Hause ist sie das brave türkische Mädchen, das Anweisungen befolgt und Regeln einhält. Draußen, in der deutschen Welt, versucht sie deutsch zu sein, so wie die anderen Mädchen. Sie raucht und klopft Sprüche, türkisch an ihr sind nur noch ihre dunklere Haut, ihre schwarzen Haare. Wenn sie von der einen Welt in die andere wechselt, ist es, als legte sie in sich einen Schalter um. An der Wohnungstür kippt sie ihn. Im Gegensatz zu anderen türkischen Mädchen, die wie selbstverständlich mit den unterschiedlichen Rollen umgehen, mit ihnen »spielen«, machen sie Yasmin fast verrückt.

Die Familien der Deutschen bestanden damals aus Mutter, Vater, höchstens zwei Kindern. Yasmins Familie bestand aus ihren Eltern, ihrem Bruder und ihr selbst. Aber da waren auch die zahlreichen Cousinen, Cousins, Tanten, Onkeln, Großtanten, Großonkel, die ebenfalls in Berlin waren, ein weit verzweigter Clan. »Ich weiß nicht, wie viele insgesamt«, sagt Yasmin, »aber in jedem Fall sehr viele.«

Die Familie spielt in der türkischen Kultur eine große Rolle. Sie ist größer und bunter als die deutsche Durchschnittsfamilie. Sie ist ein wichtiger Boden für türkisches Leben, für alle Verwandten.

»Aber trotzdem ist jede türkische Familie anders«, sagt Maja Wegener von Terre des Femmes in Berlin. Die Menschenrechtsorganisation kämpft auf politischer Ebene darum, dass Mädchen und Frauen ein freies Leben haben können. Auf der lebenspraktischen Ebene betreibt die Organisation die Beratungsstelle *Lana* für Opfer von Gewalt im Namen der sogenannten Ehre. Die Beraterinnen bei *Lana* führen jährlich über 500 Einzelberatungen durch. In ungefähr der Hälfte der Fälle geht es um Zwangsheirat und »Ehrenmord«. Bei einigen Frauen ist die Bedrohung durch die Familie so groß, dass sie vor den Eltern, Onkeln und Tanten versteckt werden müssen. Manche wechseln ihre Identität.

»In vielen traditionellen Familien steht das Ansehen der Familie ganz oben«, sagt Maja Wegener. »Das Individuum ist nicht so relevant. Wichtiger ist das Wirgefühl.«

Dieses Wirgefühl aber, das kann trügerisch sein, hat Familientherapeutin Wegener in ihrer jahrelangen Arbeit mit migrantischen Frauen erfahren: »Frauen glauben, die Familie stützt sie in schwierigen Situationen. Nicht selten aber werden diese Hoffnungen enttäuscht.«

Yasmin hat das erlebt. Sie war etwa zehn Jahre alt, da passierte es. Ihr Vater war mit dem LKW unterwegs, und die Wohnung musste renoviert werden. Ein Onkel sollte das machen. Yasmin war mit ihm allein, sie war gerade in der Küche, da stand der Onkel plötzlich hinter ihr.

»Du hast schöne Haare«, habe er gesagt. Und dann hat er das Mädchen gepackt, ins Schlafzimmer geführt und aufs Bett geworfen.

»Er hat mich vergewaltigt«, sagt Yasmin. Sie habe geschrien, aber niemand habe es gehört, niemand habe geholfen. Als sie den spitzen Schraubenzieher in seiner Hand an ihrem Hals spürte, sei sie verstummt.

»Er steckte seine Zunge in meinem Mund, sein Atem roch nach Bier. Eklig«, erinnert sie sich. »Es war schlimm. Und es tat so weh.«

Als die Mutter nach Hause kommt, will Yasmin alles erzählen. Aber die Mutter schimpft nur: »Warum hast du die Wäsche nicht weggeräumt? Warum ist das Essen nicht fertig?«

Yasmin bringt nicht mehr heraus als »Mama«. Sie flüchtet sich in Schweigen und übersteigerte Sauberkeit. Sie putzt, wischt und wienert in jeder freien Minute. Niemand wundert sich darüber.

Drei Monate später vertraut sich Yasmin einer Cousine an. Die erzählt es ihrer Mutter und die einer anderen Verwandten, die wiederum der nächsten Frau im Familienclan. Es dauert eine Weile, bis die Nachricht vom Missbrauch ihrer Tochter bei Yasmins Mutter ankam.

Yasmin ist froh, dass es raus ist: Endlich wird mir geholfen. Sie hofft, dass die Mutter ihr beisteht, sie tröstet, in den Arm nimmt.

Aber die Mutter sagt: »Wir gehen zu einem Frauenarzt. Der soll feststellen, ob du noch Jungfrau bist.«

Yasmin versteinert.

Die Jungfräulichkeit eines Mädchen entscheidet noch heute über das Wohl und Wehe einer traditionellen Familie, hat Maja Wegener von Terre des Femmes in ihrer Berufspraxis erfahren: »Eine Frau, die nicht verheiratet und keine Jungfrau mehr ist, beschmutzt das Ansehen einer Familie.« Und die Frauenrechtsexpertin fährt fort: »Dann ist es auch schwierig, andere Kinder dieser Familie zu verheiraten.« Weil sie ohne die Reinheit der Jungfräulichkeit schmutzig und damit nichts mehr »wert« sind.

Bevor die Mutter Yasmin zum Gynäkologen schleifen kann, haucht das Mädchen wie in Trance: »Der Onkel hat nichts gemacht.« Die Familienehre ist wieder hergestellt.

Die Diskokugel in dem türkischen Klub im türkischen Viertel dreht sich, eine Mischung aus türkischem Schlager und R'n'B wird lauter. Auf der Tanzfläche bewegen sich zwei Frauen, sie drehen ihre Hüften und schlenkern mit den Armen.

Yasmin sagt: »Schauen Sie sich all die Männer an: Die glotzen wie verrückt, die würden die beiden heute Abend am liebsten im Bett haben. Aber zum Heiraten taugen die Frauen nicht mehr.«

»Einfach nur, weil sie so tanzen?«

»Einfach nur, weil sie so tanzen«, sagt Yasmin.

»Was ist das für eine Welt?«, fragt die junge Frau. Nach außen aufgeklärt und locker im Umgang mit den Geschlechtern, mit

Erotik. So ein Abend im Klub offeriert: Alles ist möglich, heute Sex mit dem, morgen mit einem anderen.

»Aber das ist ein Trugschluss«, erklärt Yasmin. »Wer sich so verhält, stellt sich gegen die Familie.« Und die Familie stellt sich gegen die abtrünnige Tochter.

Yasmin hat zu Hause keine Chance, offen über den Missbrauch zu reden.

»Das geht in einer traditionellen türkischen Familie nicht«, sagt sie.

Ihr Vater ist zwar schockiert, als er davon erfährt. Aber er kann seine Tochter nicht rächen, nicht retten. Er ist Teil des weitverzweigten Familienclans, der darauf bedacht ist, die Familienehre hochzuhalten.

Yasmin beschließt, sich selbst zu rächen und zu retten. Sie beginnt, in türkische Klubs und Bars zu gehen. Sie lässt sich einladen und aushalten, sie schläft mit Männern, die sie mag, und mit Männern, von denen sie nicht mehr weiß als den Vornamen. Sie taucht tief ein in die türkische Nachtszene Berlins. Sie glaubt, damit ihre Wunden zu heilen und sich über die Regeln ihrer Familie hinwegzusetzen. Einfach so zu leben, wie sie glaubt, dass es deutsche Frauen auch machen.

Als Yasmin nach ein paar Jahren begreift, dass nicht sie die Männer benutzt, sondern die Männer sie benutzen, will sie nicht mehr leben. Sie nimmt Tabletten und ritzt sich mit einer Rasierklinge ihre Unterarme auf. Sie spürt keinen Schmerz und schneidet immer tiefer. Ihre Eltern finden sie bewusstlos, der Vater ruft zu seiner Frau: »Ruf einen Krankenwagen, schnell.« Die Mutter erwidert: »Nein, sie soll uns nicht schon wieder blamieren.« Am Ende landet Yasmin in der Psychiatrie.

In einem Backsteinhauskomplex mit einem großen Park in einer ostdeutschen Kleinstadt lebt sie mehrere Wochen zusammen mit anderen Frauen und Männern, die mit dem Leben hadern.

Yasmin sagt: »Es war die schönste Zeit meines Lebens.«

Sie schneidet Patientinnen und Schwestern die Haare, das kann sie gut, sie hat Friseurin gelernt. Sie wird von allen gemocht, niemand kann glauben, dass diese junge, fröhliche Frau nicht mehr leben wollte. Es war ganz einfach: In der Klinik war Yasmin eine unter vielen, niemand erwartete etwas von ihr. Sie musste keine Rolle spielen, keine türkische und keine deutsche.

In der Psychiatrie konnte Yasmin so sein, wie sie war. »Das erste Mal in meinem Leben«, sagt sie. Sie beschließt, ihr Leben von vorn zu beginnen – und zu heiraten. Endlich das zu tun, was ihre Eltern für sie vorgesehen hatten, seit sie ein kleines Mädchen war.

In einer Ehe, glaubt sie, bekommt ihr Leben eine klare Richtung, einen Sinn. Aber so eine Hochzeit, das erfährt sie rasch, die geht nicht so einfach, nicht ohne ihre Familie. Die Familie »bietet« Yasmin drei Cousins als Kandidaten an. Sie »wählt« einen, der nicht in ihrer Stadt wohnt, sondern rund 300 Kilometer entfernt in einer kleineren Stadt. Dort, hofft sie, wird alles gut. Es ging auch gut, am Anfang. Sie machte ein Kosmetikstudio auf und bekam eine Tochter. Sie lebte ein türkisches Leben, sagt sie. Alles war prima. Bis auf die Liebe. Denn mit dem Mann, ihrem Ehemann, ihrem Cousin, mit dem wird sie nicht warm. Und der nicht mit ihr. Eine arrangierte Ehe ohne Leidenschaft, ohne Vertrauen und Verständnis füreinander. Das will sie nicht.

Und es kommt wie in vielen solchen Ehen. Er ist eifersüchtig, er setzt seine Frau unter Druck, er kontrolliert ihr Handy, er verfolgt sie, wenn sie unterwegs ist. Er verbietet ihr, Freundinnen zu treffen, und schreit sie an, wenn sie trotzdem geht. Er schlägt zu, er vergewaltigt sie, er beschimpft sie als »Hure« und als »Schlampe«.

Yasmin will ihren Mann verlassen, gemeinsam mit der Tochter. Doch der Mann sagt: Das Kind bleibt hier. Ich bin der Vater, ich bestimme, was passiert. Yasmin ist eine starke Frau, eine, die weiß, dass sie gehen muss, um nicht kaputtzugehen. Sie zieht aus, in eine Wohnung im Viertel um die Ecke, die Tochter bleibt beim Vater. Mutter und Tochter sehen sich regelmäßig. Doch die türkische Großfamilie, die es auch in der Stadt ihres Mannes gibt, beobachtet Yasmin Tag und Nacht.

»Alle haben sich eingemischt, alles haben irgendwas befohlen und mir gedroht, wenn ich nicht das mache, was sie wollten«, erzählt Yasmin: »Ich war unter ständiger sozialer Kontrolle.«

Von der Gewalt ihres Mannes erzählt Yasmin nichts. Sie weiß, dass ihr niemand glauben wird. Und sie weiß, dass es nichts nutzt, wenn es jemand weiß. Dass ihr niemand helfen wird. Sondern im Gegenteil, dass sie dafür die Schuld zugesprochen bekommt. Das hat sie als Kind erlebt, beim Missbrauch durch den Onkel.

Sie beschließt, »nach Hause« zurückzukehren. Hier hat sie keine Arbeit und keine eigene Wohnung. Bis sie eine eigene findet, wohnt sie bei ihren Eltern. Sie fühlt sich allein und isoliert, sie sehnt sich nach ihrer Tochter, die sie nur einmal im Monat sieht. Dafür fährt sie zurück in die »Ehe-Stadt« und trifft ihre Tochter an einem einzigen Samstagnachmittag. Auf dem Schrank in Yasmins neuem Zimmer stehen Fotos der Tochter, in dicken, silberfarbenen Bilderrahmen, aufgereiht wie auf einem Altar.

Das Einzige, was Yasmin derzeit Spaß macht, ist die türkische Nachtszene. Doch das ist nicht mehr so wie früher. Sie ist nicht mehr der gleiche Mensch, sie ist älter, sie hat eine Tochter. Die will sie jetzt zu sich holen. Damit trifft sie erneut auf die kulturelle Zerrissenheit. Sie will mit ihrer Familie zusammen sein, sie will sich in ihr aufgehoben fühlen. Aber das Kind vom Vater zu sich zu holen und als Alleinerziehende zu leben – so wie viele deutsche Frauen –, »das ist fast unmöglich«, sagt Yasmin.

Sie versucht es trotzdem. Einen Mittelweg, ein Dazwischen, gibt es nicht.

»Nicht für mich.«

Der Fall Malie

Malie, eine Thailänderin, ist 1,55 Meter groß und 50 Kilogramm leicht. Ihre Arme sind so dünn wie Stöckchen und ihre Oberschenkel nicht dicker als ein Tischbein. Ihre Hüftknochen drücken gegen die engen Jeans. Die Wangen in dem feinen, mädchenhaften Gesicht stechen scharf hervor. Man würde ihr am liebsten ein großes Stück Sahnetorte hinstellen und sagen: »Bitte, iss das jetzt auf, alles, bis auf den letzten Krümel. Sonst brichst du womöglich auseinander.«

Solche Sätze hört Malie aber nicht. Stattdessen sagt ihr Mann zu ihr: »Du bist zu fett.«

Ihr Mann kommt aus einer früheren Arbeiterstadt im Ruhrgebiet. Ein Deutscher, groß und kräftig, wie die meisten europäischen Männer. Viele Jahre älter als Malie, Schlosser von Beruf und zurzeit arbeitslos. Im Heimatort des Mannes, den sich Malie, bevor sie herkam, als saubere und geordnete Stadt vorgestellt hatte, lebt das Paar seit gut dreieinhalb Jahren in einer Zweizimmerwohnung zusammen. Das vierstöckige Haus befindet sich in einer Gegend, die Soziologen als sozialen Brennpunkt bezeichnen, an einer lauten Hauptstraße mit Spätverkaufsstellen und Geschäften, die vor allem Tabak, Alkohol und Billiglebensmittel anbieten. Der Migrantenanteil ist hoch, fast jeden Tag gibt es Einbrüche und Schlägereien auf der Straße.

Von dem Treiben draußen auf der Straße bekommt Malie nicht viel mit. Nur hin und wieder geht sie raus. Um ein paar Dinge einzukaufen, von denen ihr Mann keine Ahnung hat. Seit sie hier ist, war sie fünfmal beim Friseur, ein paar Mal bei den Behörden, als klar war, dass sie als Ehefrau eines Deutschen im Land bleiben darf. Den Rest der Zeit verbringt Malie in der Wohnung. Meistens im Schlafzimmer. Ihr Mann sperrt sie dort ein. Und teilt ihr das Essen zu.

Der Deutsche wollte eine zierliche asiatische Frau, deshalb reiste er nach Thailand. Einmal, zweimal, dreimal. Er hatte gehört, dass es für einen Europäer in Asien leicht sein soll, eine Frau zu bekommen. Zudem eine, die seinen Ansprüchen genügt, mit einem Körper, der dem eines Mädchens entspricht. Glatte Haut, lange Haare. Er ekle sich vor Schwimmringen und Zellulitis, hatte er Malie mal erzählt. Und die meisten Frauen in Deutschland und in Europa hätten Schwimmringe und Zellulitis, findet er.

Im Norden Thailands traf er Malie. Das ist gut vier Jahre her. Malie war zu jener Zeit knapp über dreißig und sah aus wie siebzehn. Der deutsche Mann war etwa zwanzig Jahre älter als sie. Das war Malie egal, denn er versprach der jungen Frau das »Paradies auf Erden«, und das liege in Deutschland. So sagte er das.

Und er schmeichelte Malie. »Du bist mein Traum«, »Du bist so schön«, »Du bist süß«, solche Sachen. Das gefiel ihr. Das hatte sie lange nicht gehört. Sie war schon mal verheiratet, mit einem Thailänder. Aber die Ehe brach auseinander, ihr früherer Mann ging viel fremd und hatte mit einer seiner Geliebten ein Kind. Malie und er ließen sich scheiden, und Malie war wieder Single. Aber sie wollte kein Single sein. Sie wollte eine Ehefrau sein, mit einem liebevollen und treuen Ehemann.

Dann kam der Deutsche. Er machte Malie Komplimente, er lud sie zum Essen ein, er ging mit ihr in Bars. Sie verständigten sich mit ein paar Brocken Englisch und mit Händen und Füßen. Sie lachten viel über ihre Kommunikation. Nach einer Woche machte er ihr einen Heiratsantrag. Und sie sagte sofort Ja.

Sie sei sein »Traum«, wiederholte er ständig. So dünn und elfenhaft, so zierlich und federleicht. Genau so solle sie bleiben, egal, wie alt sie sei. Was er genau damit meinte, verstand Malie erst, als sie in Deutschland war.

Das Essen hierzulande ist nahrhafter und mächtiger als die zumeist fett- und kalorienarmen Gerichte in Südostasien. Davon könnte Malie dick werden, fürchtet der deutsche Mann. Er teilt seiner thailändischen Frau die Rationen zu. Manchmal bekomme sie nur einmal am Tag eine kleine Schüssel mit Reis, sagt Malie. Ist auch schön billig. Kosten darf die Frau ja nicht viel. An solchen »Reistagen« nagt sich Malie vor Hunger die Fingernägel und die Nagelhaut ab.

Einmal habe er mit dem Fuß nach ihr getreten, als sie an die Tür geklopft und geschrien habe, sie wolle raus. Vor den Nächten fürchte sie sich am meisten, vor dem Moment, in dem er sich im Doppelbett zu ihr rüberrolle und sein »eheliches Recht« einfordere. Wenn er auf ihr liege und in sie eindringe, ganz gleich, ob sie das wolle oder nicht, ob sie müde sei oder ihre Regel habe. Ist das Laken blutig, müsse sie es sofort abziehen, in die Waschmaschine tun und das Bett frisch machen.

Malie erzählt das alles in einem monotonen Singsang, ohne große Emotion und mit flachen Gesten in den Händen, so als gebe sie die Geschichte einer anderen preis, einer Frau, die mit ihr nicht viel zu tun hat. Malie zu treffen gleicht einem Abenteuer. Sie kann nicht lange von zu Hause wegbleiben, eine halbe Stunde nur, vielleicht vierzig Minuten. Sie sitzt in einem thailändischen Massagesalon auf einem flachen runden Kissen, die Beine zur Seite gelegt. Sie hält einen Becher Orangensaft in ihren Händen und trinkt in kleinen Schlucken.

In den Massagesalon zwei Querstraßen weiter lässt ihr Mann sie manchmal gehen. Von dort muss sie mit exotischen Kräutern und Zutaten heimkommen, mit Thaibasilikum, Zitronengras, Tamarinde oder Pandanusblättern. Diese Dinge braucht Malie, um original thailändisch zu kochen. Die Sachen bekäme sie nur bei ihren Landsleuten im Massagesalon, hat Malie ihrem Mann erzählt. Deshalb müsse sie regelmäßig dorthin.

Malie hat ihren Mann angelogen. Das Grünzeug ist leicht zu kriegen, in fast jedem Asialaden. Malie hat sich die Geschichte mit den raren Originalzutaten und dem heißen Draht ihrer Landsleute zu einem Großmarkt in der Heimat ausgedacht, gemeinsam mit den drei Frauen aus dem Massagesalon. Das weiß ihr Mann aber nicht, er kümmert sich nicht darum, wo es was zu kaufen gibt. Hauptsache, er bekommt etwas zu essen.

Die Notlüge braucht Malie, um rauszukommen aus der Wohnung. Um mit den drei Frauen zusammen zu sein und mit ihnen reden zu können. Die Frauen horten frische Kräuter, Früchte und Gemüse in einem Kühlschrank im Hinterzimmer – für Malie. Damit sie mit vollen Händen nach Hause gehen und bald wieder in den Massagesalon kommen kann. Und damit sie sich satt essen kann, wenn sie bei ihnen ist. Die Frauen haben eine Mikrowelle gekauft. Wenn Malie kommt, machen sie rasch etwas von dem Essen warm, das sie für sich selbst mitgebracht haben.

Malies Mann hat am Kühlschrank zu Hause ein Schloss angebracht. Wenn er die Wohnung verlässt, schließt er den Kühlschrank ab. Selbst dann, wenn er Malie im Schlafzimmer einsperrt.

Malie muss gehen, ihre Zeit ist rum. Sie wird erst in ungefähr einem Monat wieder hier sein. Die Frauen umarmen sich, einmal links, einmal rechts. Sie tuscheln etwas in ihrer Muttersprache, Malie senkt den Kopf und geht. Vorher sagt sie noch, die Frauen wüssten alles über sie und ihren Mann, sie könnten die ganze Geschichte erzählen. Sie könne das jetzt nicht tun, sie darf ja nicht zu spät nach Hause kommen, sonst wird ihr Mann »böse« und dann dürfe sie vielleicht nicht mehr hierher.

Die drei Frauen berichten von weiteren Grausamkeiten des Mannes, von denen Malie ihnen erzählt hat. Von Malies Familie in Nordthailand, und dass sie dorthin nicht zurückkann. Weil sie dort alles aufgegeben habe. Weil es peinlich wäre, ein zweites Mal geschieden zu sein. Weil es schon schlimm genug sei, dass sie kein Geld nach Hause schicke, so wie das viele andere ihrer Landsleute machen.

Die drei Frauen kennen noch ein weiteres Schicksal einer Thailänderin, die es in diese Gegend verschlagen hat. Die Frau hat einen Mann aus einem Dorf in der Nähe geheiratet. Der Mann, ein Bauer, hat sich die Frau in einem Katalog ausgesucht. Sie war ebenfalls geschieden und hatte in Thailand schlechte Chancen auf eine neue Ehe. Den Deutschen heiratete sie per Skype: Sie saß in Thailand vor einem Computer, er saß in Deutschland vor einem Computer, neben ihm ein Standesbeamter. Das Bild war schlecht, aber es reichte für ein Jawort. Als die Thailänderin ein paar Wochen später in Deutschland ankam, fühlte sie sich von dem Mann überrumpelt. Von einem Leben auf dem Land soll nie die Rede gewesen sein. Sie wollte in der Stadt wohnen.

Der Mann hatte in dem Dorf ein Haus, mehr eine Bretterbude als ein festes Gebäude. Alte, zugige Fenster, eine schiefe Tür, die quietschte, wenn man sie öffnete. Das Haus war dreckig und vollgestopft mit Elektroschrott, alten Zeitungen. Überall sollen Essensreste herumgelegen haben. Ein Messiehaushalt. Im ganzen Hof machten freilaufende Hühner ihr Geschäft, ein großer, halbblinder Hund jagte sie. So erzählen es die Frauen.

Sie hätten von der Frau nie etwas erfahren, wenn sie sie nicht zufällig in einem Supermarkt getroffen hätten. Der Mann hatte seine Frau mit zum Einkaufen genommen. Sie sollte ihm tragen helfen. Gewöhnlich erledigte er die Einkäufe allein, die Frau ließ er zu Hause, sie konnte nicht weg, sie hatte kein Auto, nicht einmal einen Führerschein, der Bus fuhr nur jede zweite Stunde.

Als die drei Frauen aus dem Massagesalon die Frau und ihren deutschen Mann im Supermarkt trafen, kamen die Thailänderinnen rasch ins Gespräch, in ihrer Muttersprache. Der Mann verstand kein einziges Wort. Die Frau vom Dorf erzählte rasch von ihrem Leben, von dem Mann, der ein Säufer war, vom Schmutz überall und von den Tieren.

Einmal fuhren zwei der Frauen aus dem Massagesalon ins Dorf, 120 Einwohner, es war leicht, das Haus zu finden. Niemand war zu sehen, nichts war zu hören, sie riefen, keine Antwort.

Später haben sie erfahren, dass der Mann im Vollrausch die Treppe heruntergefallen war und sich das Genick gebrochen hatte. Von der Thailänderin fehlt seitdem jede Spur.

Und Malie? Sie lebt immer noch bei ihrem Mann.

7 Ein bisschen Frieden
oder
Warum geflüchtete Frauen separate Zimmer in Notunterkünften brauchen

Marjan Amiri hatte Glück. Sie war sechzehn Jahre alt, als sie allein aus Kabul, der Hauptstadt Afghanistans, nach Deutschland floh. Ihre Eltern schickten sie auf den Weg. Sie sagten: »Geh Kind, hier hast du keine Zukunft.« Marjan war knapp drei Monate unterwegs, ihre Fluchtroute führte sie über den Iran, die Türkei, Griechenland bis nach Bremen. Die Stadt hat sie sich nicht selbst ausgesucht, Fluchthelfer haben das für sie entschieden. Marjans Eltern haben die Flucht bezahlt.

Marjan ist groß und schlank, sie hat lange, schwarze Haare. Sie läuft schnell, lacht viel und gestikuliert wild mit ihren Händen, wenn sie spricht. Heute ist sie zwanzig, lebt in einer Pflegefamilie in Bremen und hat gerade das Abitur gemacht. Sie schreibt Gedichte und hat viel vor mit ihrem Leben. Wenn sie abends mit ihren drei Schwestern und den Eltern in Kabul telefoniert, erzählt Marjan von ihrem Alltag in Deutschland: was heute in der Schule bei Mathe los war, dass der Schnee auf den Straßen in Deutschland so verdammt schnell grau und matschig wird, dass sie das afghanische Essen vermisst. Solche Sachen. Und sie sagt, dass sie die anderen zu Hause vermisst.

Über ihre Flucht spricht Marjan nur selten. Sie will an die Erlebnisse unterwegs nicht erinnert werden. Sie sagt nur: »Mir ist nichts passiert. Aber ich habe furchtbare Sachen gesehen.«

»Furchtbare Sachen«, damit meint sie Gewalt: Vergewaltigungen, Demütigungen, Angstverbreiten, Androhung von Schlägen und Mord, erkaufter Sex, um dafür Lebensmittel, Kleidung oder Geld für die Weiterreise zu bekommen.

Als im Frühsommer 2015 die großen Flüchtlingsströme nach Europa einsetzten, waren vor allem junge Männer unterwegs. 70 Prozent der Antragstellerinnen und Antragsteller auf Asyl waren laut dem Bundesamt für Migration und Flüchtlinge und der EU-Statistikbehörde Eurostat in jener Zeit männlich und jünger als dreißig Jahre.[1] Die Männer kamen aus Syrien, Afghanistan, Somalia, Eritrea, Irak, dem Balkan.

Das Bild änderte sich, als im darauffolgenden Frühjahr die sogenannte Balkan-Route, der Weg von Griechenland über Südosteuropa nach Deutschland und Österreich, für Flüchtlinge gesperrt wurde.

Plötzlich kamen nicht mehr vor allem junge Männer zu Fuß, in Schlauchbooten und mit anderen Transportmitteln nach Europa, sondern mehr und mehr Frauen und Kinder. Die Rede war von 80 Prozent weiblichen Flüchtenden, Kindern und unbegleiteten Minderjährigen.

»Das Auswärtige Amt bestätigt auf Nachfrage, dass über die Balkan-Route derzeit mehr Frauen und unbegleitete Jugendliche kommen würden. Es handelt sich hierbei um eine Größenordnung von bis zu 80 Prozent. Es wird angenommen, dass dies bereits eine Reaktion auf die in Deutschland vorgesehenen gesetzlichen Änderungen mit Bezug auf Familiennachzug ist«, heißt es in einem internen Protokoll des Bundesinnenministeriums, das der *Spiegel* zitiert.[2]

Geschlechtsspezifische Fluchtgründe

Frauen fliehen aus denselben Gründen wie Männer: Armut, Hunger, Krieg, Folter, mangelnde Bildung, medizinische Unterversorgung. Sie fliehen vor Umweltzerstörung und vor der Zerstörung ihres Lebensraums. Sie fliehen aber auch wegen sogenannter geschlechtsspezifischer Verfolgung und Menschenrechtsverletzungen, die vor allem Frauen betreffen: Steinigung, Witwenverbrennung, Vergewaltigung, Genitalverstümmelung, Zwangsprostitution, Zwangsabtrei-

bung, Zwangssterilisation, Zwangsjungfräulichkeit, Zwangsverheiratung, Zwangsheterosexualität, Zwangsverschleierung.

Nach Angaben des Flüchtlingswerks der Vereinten Nationen
UNHCR (United Nations High Commissioner for Refugees) waren
2015 über 20 Millionen Menschen auf der Flucht, so viele wie nie
zuvor. Hinzu kommen 34 Millionen sogenannte Binnenflücht-
linge. »Aufgrund dieser Zahlen steht zu befürchten, dass 2015
erstmals weltweit mehr als 60 Millionen Menschen auf der Flucht
sein werden. Einer von 122 Menschen weltweit wäre demnach
Flüchtling, Asylsuchender oder innerhalb seines Heimatlandes
auf der Flucht«, schreibt das UN-Hilfswerk auf seiner Homepage.

Knapp die Hälfte der Flüchtenden sind laut UNHCR Frauen und
Mädchen. Die Geschichten über ihre Erlebnisse unterwegs ähneln
sich, egal, ob man Ärztinnen, Therapeutinnen, Psychologinnen
oder Mitarbeiterinnen in Beratungsstellen für Opfer sexueller Gewalt fragt. Ob in Berlin, in München, in Köln, in Leipzig: Alle Expertinnen und Experten bestätigen, dass die meisten Frauen, die
in Deutschland ankommen, schwere Schicksale hinter sich haben.

Kein Schutz im Flüchtlingslager

Die Flüchtlingslager unterwegs bieten selten Schutz. Carola Klein
ist Traumatherapeutin beim Krisen- und Beratungszentrum *Lara*
in Berlin. Sie therapiert seit vielen Jahren Migrantinnen, die Opfer sexueller Gewalt wurden. Im Dezember 2015, zu einer Zeit,
als die Zahl der Geflüchteten, die in Deutschland ankamen, un-
überschaubar wurde, saß plötzlich eine junge Frau bei Klein im
Krisenzentrum. Klein sagt: »Sie wurde auf ihrer Flucht von Fami-
lienmitgliedern vergewaltigt.«

Auch Behshid Najafi hört regelmäßig solche Geschichten. Die
Iranerin arbeitet als Beraterin bei *Agisra*, einem Hilfsprojekt für
Migrantinnen und Flüchtlingsfrauen in Köln. Sie selbst ist Ende
der 1980er Jahre als damals Dreißigjährige aus ihrer Heimat über
Aserbaidschan nach Deutschland gekommen. Hier hat sie Politik-

wissenschaften und Pädagogik studiert und 1993 zusammen mit anderen Frauen *Agisra* mit dem Ziel gegründet, Flüchtlingsfrauen sozial, psychisch und bei der Integration zu unterstützen. Behshid Najafi weiß: »Migrantinnen und Flüchtlingsfrauen sind besonders gefährdet und benachteiligt.«

Vor etwa zwei Jahren sei eine Frau aus Somalia in die Kölner Beratungsstelle gekommen, erzählt Najafi. Die Frau sei sieben Jahre lang auf der Flucht gewesen und habe »so ziemlich alles erlitten, was möglich ist. Sie ist schwer traumatisiert.«

Oder Joy aus Nigeria. Die Dreißigjährige hat ihre Geschichte dem *Deutschlandfunk* erzählt: Joy lebte mit ihrem Mann im Norden Nigerias, als eines Tages die Terrormiliz Boko Haram in ihr Haus einbrach, die Frau verprügelte und verschleppte. So wie viele andere Frauen. Die Terroristen und die Frauen wohnten zusammen auf engstem Raum, die Frauen bekamen wenig zu essen und zu trinken, wurden brutal behandelt, manche zwangsverheiratet.

»Sie vergewaltigen dich, wann immer sie Lust haben, und alle anderen schauen zu. Die Männer lachen über dich, beschimpfen dich, sie sagen, du bist nutzlos, du bist Christin, du solltest sterben. Ich möchte keine weiteren Details erzählen. Es ist so schlimm«, berichtete Joy dem Sender.[3]

Heute lebt Joy in einem Ort in Bayern. Sie ist in Sicherheit, aber die inneren Verletzungen werden noch eine Weile bleiben. Manche Frauen, die auf der Flucht Dramatisches erlebt haben, fühlen sich noch lange nach ihrer Flucht unsicher. »Sie haben Angst, allein auf die Straße zu gehen, manche bekommen Schweißausbrüche, wenn sie mit Männern allein sind«, sagt Behshid Najafi.

Das ist eine große Aufgabe für die Leitungen von Flüchtlingsunterkünften. Arso Gürtekin weiß das. Die Politikwissenschaftlerin und Sozialpädagogin, deren Familie aus Afghanistan nach Deutschland kam, als Gürtekin drei Jahre alt war, leitet das Übergangswohnheim Klinikum Mitte in Bremen. In dem früheren Schwesternwohnheim wohnen momentan über 170 Menschen, zwei Drittel Männer, ein Drittel Frauen. Gürtekin erlebt täglich, was ein Leben auf der Flucht für Menschen bedeuten kann. Und was sie brauchen, wenn sie in Deutschland ankommen.

»Viele Frauen sind verängstigt«, sagt Gürtekin. »Auf ihre Bedürfnisse müssen wir besonders eingehen.«

Was heißt das?

»Zum Beispiel sichere Unterkünfte, in denen Frauen und Männer separat leben, wenn die Frauen das wünschen«, sagt Gürtekin. Nach Geschlechtern getrennte Wasch- und Sanitäranlagen. Abschließbare Zimmer. Häuser oder zumindest Etagen in den Flüchtlingsheimen, in denen ausschließlich Frauen mit ihren Kindern wohnen und zu denen Männer keinen Zutritt haben.

»Es muss getrennten Wohnraum für Männer und Frauen geben«, fordert auch Harald Löhlein, Migrationsexperte beim Paritätischen Wohlfahrtsverband.

Doch wie soll das angesichts der zahlreichen Zelt- und Containerdörfer gehen? Momentan gibt es nicht genügend Wohnraum für alle Geflüchteten. In manchen Einrichtungen wird trotzdem versucht, auf die Bedürfnisse von Frauen einzugehen.

Beispielsweise in der Berliner Notunterkunft in Berlin-Wilmersdorf. In dem ehemaligen Rathaus, ein weißes, kompaktes Gebäude, leben derzeit über tausend Flüchtlinge. Der erste Leiter der Einrichtung, Thomas de Vachroi, erkannte die Not und die Ängste vieler Frauen und sorgte dafür, dass es im Heim ein »Frauenzimmer« gibt. Hierher kommen jeden Tag viele Frauen, allein oder mit ihren Kindern. Hier können sie ungestört unter sich sein, sich unterhalten, mit ihren Töchtern und Söhnen spielen, sich die Haare frisieren, die Augenbrauen zupfen.

Unterkünfte nur für Frauen

Mittlerweile entstehen Heime speziell für weibliche Geflüchtete, zum Beispiel in Darmstadt. In das Haus auf dem Gelände der Starkenburg-Kaserne dürfen nur alleinreisende Frauen und Mütter mit ihren Kindern.

Durchschnittlich sieben Monate leben Flüchtlinge in Notunterkünften zusammen, vielfach auf engstem Raum, wie das Bundesamt für Migration und Flüchtlinge 2014 ermittelt hat.

»In Flüchtlingsunterkünften laufen viele Menschen Gefahr, sexualisierte und häusliche Gewalt durch Partner, Bewohner oder Personal zu erleben«, hat Heike Rabe erforscht. Sie ist Expertin für geschlechtsspezifische Gewalt beim Deutschen Institut für Menschenrechte in Berlin.

Arso Gürtekin hat das in ihrer Zeit als Leiterin von Flüchtlingsheimen in Bremen erlebt. Eine Frau aus dem Iran sei von ihrem Mann immer und immer wieder verprügelt worden. Das Paar hatte zwei Kinder, die häufig mitansehen mussten, wie der Vater die Mutter schlug.

Wie häufig Angriffe auf Flüchtlingsfrauen passieren, von den eigenen Partnern oder auch vom Personal der Unterkünfte, ist nicht bekannt. Es existieren weder valide Zahlen noch aktuelle Erhebungen. Deshalb beziehen sich diejenigen, die mit Gewalt an weiblichen Flüchtlingen zu tun haben, auf die Prävalenzstudie des Bundesfamilienministeriums von 2004. Danach ist jede fünfte bis siebte Frau hierzulande betroffen. Laut Gewaltexpertin Monika Schröttle, die die Studie geleitet hat, sind Frauen mit Migrationshintergrund stärker als deutsche Frauen von häuslicher Gewalt betroffen. Rund 80 Prozent der weiblichen Flüchtenden haben demnach psychische Gewalt erlebt, über die Hälfte körperliche Gewalt. Mehr als die Hälfte der Flüchtlingsfrauen gab an, vom aktuellen Partner sexuell und körperlich misshandelt worden zu sein.[4]

Auch Carola Klein vom Berliner Krisen- und Beratungszentrum *Lara* geht davon aus, dass bei der Zahl zu häuslicher Gewalt zwischen deutschen und migrantischen Frauen unterschieden werden muss. Klein sagt: »Ich vermute, dass die Zahl bei Migrantinnen noch höher liegt.« Ursache hierfür sind laut Prävalenzstudie die »besonderen Lebens- und Abhängigkeitssituationen« sowie »teilweise traditionellere Geschlechterverhältnisse«, die sich für die Flüchtlingsfrauen »in besonderer Schärfe« darstellen[5].

Statistisch sichtbar werden Straftaten in der Polizeistatistik. 2014 gab es in Deutschland über 6 Millionen Delikte: Autodiebstähle, Wohnungseinbrüche, Kreditkartenbetrug, Tierquälerei, Körperverletzung, Mietnomadentum, Kindesmisshandlung. Wie oft die Polizei in Flüchtlingsheime gerufen wurde, ist nicht erfasst. Die Landeskriminalämter, die Politik und Flüchtlingsexpertinnen und -experten sowie Medien wollen das trotzdem wissen. Um ihnen eine Antwort zu geben, hat das Bundeskriminalamt (BKA) 2015 mehr Daten als gewöhnlich ausgewertet. Und dabei folgende Entdeckung gemacht: Mehr als 65 Prozent der Straftaten, die Flüchtlinge verüben, sind sogenannte Eigentums-, Fälschungs- und Vermögensdelikte: schwarzfahren, gefälschte Pässe, geklaute Brieftaschen. Gefolgt von »Rohheitsdelikten«, wie die Polizei Körperverletzungen nennt, in der Regel Schlägereien unter Männern. Sexuelle Übergriffe beziffert das BKA mit knapp einem Prozent.

Die Gewalt in den Zimmern ist unsichtbar

Die Zahlen sind allerdings trügerisch, warnen Flüchtlingsexpertinnen und -experten. »Die Polizei wird in der Regel bei sichtbaren Schlägereien gerufen. Die familiäre Gewalt in den Zimmern ist häufig unsichtbar«, sagt Rabe vom Deutschen Institut für Menschenrechte. Viele Frauen melden sie nicht, weil sie einerseits in ihrer Heimat schlechte Erfahrungen mit der Polizei gemacht haben. »Sie wollen mit der Polizei nichts zu tun haben.« Andererseits befürchteten sie, ihr Asylverfahren zu gefährden, wenn ihr Name mit der Polizei oder mit anderen deutschen Behörden in Verbindung gebracht wird. Zudem wüssten die Frauen vielfach nicht, dass jegliche Gewalt hierzulande verboten ist.

Wenn Asylanträge im Schnellverfahren abgelehnt werden, werde Partnerschaftsgewalt unter Geflüchteten eine noch geringere Rolle spielen, als es jetzt schon der Fall ist, warnt Rabe.

Therapeutin Klein geht davon aus, dass 75 Prozent der Sexualstraftäter aus dem sozialen Nahfeld der geflüchteten Frauen kommen – nicht anders als in Deutschland. Auch die Muster der familiären Gewalt ähneln sich: Carola Klein behandelt eine Syrerin, die vor ihrem gewalttätigen Mann geflohen ist und trotzdem nicht getrennt von ihm untergebracht sein will.

»In manchen Kulturkreisen können Frauen es sich nicht vorstellen, dass sie ohne ihren Mann mit den Kindern leben könnten«, sagt Klein.

Während deutsche Frauen sich zunehmend gegen die Gewalt durch Ehemänner und Partner wehren, zur Polizei gehen und Anzeige erstatten, die Täter aus der Wohnung werfen oder selbst gehen, haben Frauen in Flüchtlingsunterkünften diese Möglichkeiten nicht. Sie sind gezwungen, ihre prügelnden Ehemänner zu ertragen. Die Heime befinden sich in den Momenten, wenn sie davon erfahren, in einer menschlich wie juristisch ambivalenten Situation: Sie müssen sowohl das Opfer schützen, gleichzeitig aber den Täter weiterhin beherbergen.

»Sie können den Mann ja nicht einfach auf die Straße setzen«, sagt Rabe.

Arso Gürtekin macht das mittlerweile: »Da fackle ich nicht lange. Gewalt, Drogen und Waffen haben bei mir nichts zu suchen. Männer, die handgreiflich werden, müssen das Heim verlassen.«

Manchmal befördern deutsche Behörden häusliche Gewalt in den Flüchtlingsunterkünften – unabsichtlich und unwissentlich. Beratungsstellen berichten von Frauen, die mit ihren Kindern vor dem gewalttätigen Ehemann nach Deutschland geflohen sind. Für die Männer stellt das eine nicht hinnehmbare Verletzung ihrer Ehre dar, also folgen sie ihren Frauen, verfolgen sie, bis sie sie gefunden haben. Sie melden sich in der Flüchtlingsunterkunft, in der ihre Frau und Kinder leben. Dem Personal erzählen sie nichts von den Familienverhältnissen. Die Flüchtlingshelferinnen und -helfer freuen sich, dass eine Familie zusammengefunden hat – und bringen den Mann selbstverständlich im Zimmer seiner Frau unter. Für die Frau setzt sich der häusliche Terror fort.

8 Auch wenn der mich mit seiner Krücke verdrischt, kann ich nicht einfach gehen
oder
Warum Partnerschaftsgewalt auch ältere Menschen trifft

Als Marianne ihn zum zweiten Mal heiratet, sind die vier Töchter fassungslos. Auch das halbe Dorf fragt sich: Wie kann die nur? Warum macht sie das? Diesen Typen noch mal zu ehelichen, als sie ihn endlich los war, nach all den Kämpfen, dem Hin und Her, dem schwierigen Loskommen? Hat die nicht bald mal genug? Genug von dem Säufer, dem Schläger, dem Nichtsnutz?

So sehen das die meisten im Dorf. So sehen sie Wilfried, Mariannes Mann, dann Mariannes Exmann und nun wieder Mariannes Mann. Dabei hat er sie fast umgebracht. Damals, vor sechzehn Jahren, im Vollrausch. Stand er mit dem Luftgewehr vor ihr und drückte ab, einmal, zweimal, dreimal. Wenn sich die Frau nicht flink hinter dem dicken Holzschrank im Flur versteckt hätte, wäre sie jetzt tot. Sie wollte ihm das Gewehr aus der Hand nehmen, nachdem er schon eine Weile wild rumgeballert hatte im Hof des Vierseitengehöfts. Er schoss auf alles, was sich bewegte. Ein Huhn musste dran glauben, das hatte er mehrfach erwischt. Und der Hund, den hatte der besoffene Wilfried am Unterbauch getroffen. Das Tier hatte wegen der Schüsse nicht aufgehört zu bellen, Wilfried war außer sich wegen des ohrenbetäubenden Lärms. Der Tierarzt hat den Mischlingsrüden später eingeschläfert. Und dann stand plötzlich Marianne vor Wilfried, und er zielte genau auf ihre Brust.

»Der Wilfried«, wie sie ihn im Dorf nennen, »der Wilfried« ist unberechenbar. Wenn der was getrunken hat, kann alles passieren. Einmal hat er die Scheibe der Dorfkneipe eingedrückt, mit flachen Händen. Dabei hat er sich schwer verletzt, er musste mehrfach genäht werden. Niemand der Nachbarn hat gezählt, wie oft sie ihn aus dem Straßengraben aufgelesen haben, wenn er besoffen mit dem Fahrrad ins Gras gekippt war. Am schlimmsten war es, wenn er nach Marianne rief, lallend, aber unerbittlich: »Mariiiiaaaaanne!« Dann wusste seine Frau, dass es besser war, nicht in Reichweite zu sein.

Warum kehrt eine Frau zu so jemandem zurück? Zu einem, vor dem sie immer nur auf der Hut sein muss?

»Wilfried war meine große Liebe«, sagt Marianne. Der Satz sitzt. So gerade und felsenfest wie die mittlerweile 72-Jährige an dem kahlen Tisch in der langgestreckten Küche ihrer Zweizimmerwohnung in einer kleinen Stadt. Die liegt in der Nähe des Dorfes, wo sich das Drama zwischen Marianne und Wilfried jahrzehntelang abgespielt hatte. Die Sonnenstrahlen spielen Fangen auf den Hängeschränken mit Birkenfurnier.

Marianne ist eine robuste Frau mit walnussbraunen Haaren, in die sich ein paar graue Strähnen schleichen. Rosenfarbene Bluse, Halstuch, wallender Rock. Ihre Finger streichen über das Holz, als wolle sie Krümel vom Tisch wischen. Aber da sind keine Krümel, da ist kein einziges Staubkörnchen, nirgendwo. Mariannes Küche ist so sauber und perfekt, als wolle sie präsentieren, wie aufgeräumt ihr Leben ist. Jetzt, da sie endgültig losgekommen ist von dem Mann, den sie mit 57 zum zweiten Mal geheiratet hatte.

Häusliche Gewalt kennt keine Altersgrenzen. Partnergewalt ist »unabhängig von Alter, Herkunft, sozialem und kulturellem Hintergrund, körperlicher/geistiger Verfassung und dem Lebensstil«, sagen Sandra Kotlenga und Barbara Nägele.[1] Etwa jede zehnte Frau im Alter von sechzig bis 74 hat laut einer Studie des Bundesfamilienministeriums mindestens einmal im Leben körperliche oder sexuelle Gewalt erlebt.[2] Andere Untersuchungen gehen von etwa 7 bis 10 Prozent der Betroffenen aus.[3] Dabei ist es egal, ob die Paare miteinander verheiratet sind, gemeinsam in einem Haushalt leben oder nicht. Opfer sind Frauen wie Männer, wobei

Frauen anderthalbmal so häufig angegriffen werden wie Männer. Täter sind überwiegend Männer,[4] in 88 Prozent der Fälle sind das Partner und Expartner.[5]

Gewaltsymptome mit Altersgebrechen verwechselt

Dass auch ältere Menschen von Partnergewalt betroffen sein können, wird in der öffentlichen Debatte vielfach ausgeblendet. Das hat unter anderem damit zu tun, dass sie sich selten an die Polizei, an Hilfeeinrichtungen und Beratungsstellen wenden.

»Dementsprechend darf vermutet werden, dass bei Gewalt gegen alte Menschen im sozialen Nahbereich ein großes Dunkelfeld besteht«, sagt Katja Grieger vom Bundesverband Frauenberatungsstellen und Frauennotrufe (bff). Lediglich 170 Frauen im Alter von über sechzig Jahren lebten laut Bewohnerinnenstatistik 2012 vorübergehend in einem Frauenhaus. Das sind gerade mal 1,9 Prozent.[6]

Die Gründe dafür sind vielfältig. Einerseits können »die Bandbreite« und die »Grenzen in der Gewaltdefinition«[7] der Betroffenen fließend sein. Selbst kundige Beobachterinnen und Beobachter können Symptome von Misshandlungen oft nicht von Symptomen des Alterns unterscheiden. Darüber hinaus empfinden manche Opfer die Gewalt selbst nicht als solche, weil sie sie seit Jahren erleben und als Teil ihres Daseins akzeptieren. In solchen Fällen würden »private Standards und Verständnisweisen«[8] die staatlichen Rechtsnormen überlagern, wie ein Gewaltforschungsteam aus Dresden, Ingolstadt und Gießen formuliert. Darüber hinaus sind ältere Menschen stärker darauf bedacht, ihre Privatsphäre zu schützen, unannehmbare Vorfälle gilt es zu verschweigen und zu verdecken.

Manchmal könne Fürsorge in Gewalt übergehen, erklärt Verena Bentele, Behindertenbeauftragte der Bundesregierung. Beispielsweise dann, wenn Frauen, die durch ihr Alter oder Krankheit

Pflege benötigen, von den Pflegepersonen an Körperstellen berührt werden, an denen sie nicht mehr angefasst werden möchten. »Das ist eine unzulässige Grenzüberschreitung«, stellt Verena Bentele fest.

Älteren Frauen fällt es besonders schwer, über Gewalt durch den Partner zu sprechen, hat Katja Grieger erfahren: »Viele ältere Frauen haben es nicht gelernt, über sich, ihre Gefühle und erlebte Gewalt zu reden.«

Zudem hätten viele ein traditionelles Rollenverständnis, das Frauen weniger Rechte zuschreibt als Männern. Sie empfinden es als weitgehend normal, dass sich Frauen um den Haushalt und ihren Mann kümmern, so wie sie früher die Kinder umsorgt haben. Eigene Gefühle und einen persönlichen Glücksanspruch versagen sich die meisten.

»Eine frühe Lektion, die in dieser Zeit [Kriegs- und Nachkriegszeit, in der Frauen geboren wurden, d. A.] viele Frauen gelernt haben, ist, dass sie Härten ertragen müssen, durchhalten müssen, um Neues aufzubauen«, sagen Sandra Kotlenga und Barbara Nägele. »Zudem ist das Konzept der Ehe in dieser Generation noch weit mehr als bei jüngeren Frauen das einer lebenslangen Verpflichtung.«[9]

Manche Männer übten selbst dann Gewalt gegen ihre Partnerin aus, wenn sie selbst ein Pflegefall seien und von ihren Frauen betreut würden, berichtet Katja Grieger. »Trotzdem sagen viele Frauen dann: Selbst wenn er mich jeden Tag mit seiner Krücke verdrischt, kann ich nicht einfach so gehen.« Die Frauen fühlten sich für ihren Mann oder den Partner verantwortlich: Er braucht mich doch. Was soll er denn machen ohne mich? Es gibt doch niemand anderen, der sich um ihn kümmert.

»Viele Frauen sind von ihren Männern abhängig – finanziell, emotional, sozial – und auf ihre Ehe- und Lebenspartner angewiesen«, sagt Katja Grieger. »Für siebzigjährige Menschen ist es weitaus schwieriger als für jüngere, ihr Leben von Grund auf zu ändern.« Viele Frauen wollten zwar, dass die Gewalt endet, fürchteten aber, durch eine Trennung die Nähe und die Vertrautheit zum Partner zu verlieren, mit dem sie fast ein ganzes Leben verbindet.

Katja Grieger erinnert sich an den Fall einer Achtzigjährigen, die von ihrem Mann häufig drangsaliert wurde. Sie war körperlich stark beeinträchtigt, trug Stützstrümpfe und eine starke Brille, sie brauchte einen Rollator, um laufen zu können. Als ihr Ehemann mitbekam, dass sie ihn aufgrund der Gewalt, die er ihr antat, verlassen wollte, zertrampelte er ihre Brille. Und machte sie damit komplett handlungsunfähig, sie musste bei ihm bleiben.

Guter Mann, böser Mann

Wenn Wilfried nicht besoffen war, sagt Marianne, sei er der »beste Mann der Welt« gewesen. Er sei mit ihr in die Stadt gefahren und hatte ihr rote Schuhe gekauft. Einmal habe er in einem Katalog ein Kleid bei einem Designer in Paris bestellt. Er erklärte ihr die Welt, das Leben und die Natur, erzählt sie: »Er war schlau und wusste unheimlich viel. Aber das haben die anderen nicht gesehen. Oder nicht sehen wollen.« Die hätten immer nur den Suffkopp vor Augen gehabt. Aber hinter dem Suffkopp steckte eben auch »ein feiner Kerl mit einem weichen Kern«. Und von dem wollte Marianne sich nicht trennen.

»Bei Gewaltverhältnissen kann es sich um eine Weiterführung eines Familienstils handeln, der schon immer durch Aggression gekennzeichnet war«, heißt es in den Ausführungen des Forschungsteams der drei deutschen Universitäten.[10] Oder zugespitzt formuliert: Wo einmal Gewalt drin ist, wird sie als normal empfunden, weil sie alltäglich ist und zum Umgang miteinander gehört.

Und dann gab es ja auch noch die vier Töchter. Als die klein waren, musste Marianne doch da sein. Sie hatte Verantwortung.

»Verantwortung ist für viele Frauen ein Schlüsselaspekt ihres Lebens«, sagen die Präventionsberaterinnen Kotlenga und Nägele. »Sie waren in den Familien für die Versorgung der Familienmitglieder zuständig, für viele war und ist dies wichtiger Teil der Identität.«[11]

Überhaupt: Wohin hätte Marianne gehen sollen? Sie kannte nur das Dorf und die nahegelegene Stadt, selten ist sie weiter gekommen. Einmal war sie in Griechenland, auf Kreta, eine Woche lang mit ihrer Schwester. Das war's. Urlaub kannte Mariannes Familie nicht, da waren der Hof und die Tiere. Ziegen, Hühner, zwei Kühe, die brauchten jeden Tag Futter. Die Gemüsefelder mussten regelmäßig gewässert werden. Und wovon hätte Marianne leben sollen? Sie hat nie einen Beruf gelernt.

Mit sechzehn war sie das erste Mal schwanger, die Schule machte sie noch fertig, dann musste sie auf dem Hof von Wilfrieds Eltern helfen. Wilfried war der einzige Sohn, früher oder später sollte er den Hof übernehmen. Keine Frage, dass Marianne und Wilfried heiraten. So war das üblich in den 1960er Jahren in Norddeutschland: Wenn sich ein Baby ankündigt, wird Hochzeit gefeiert. Ein Kind braucht schließlich eine ordentliche Familie mit Mutter, Vater, Großeltern.

Dann ging es Schlag auf Schlag. Alle zwei Jahre brachte Marianne ein Mädchen zur Welt. Das fünfte Kind war ein Junge, er starb wenige Tage nach der Geburt. Ein paar Jahre später noch eine Fehlgeburt. Weil »der Wilfried« seine Frau immer so fertigmacht, sagten die Leute im Dorf.

»Vielleicht«, sagt Marianne, »vielleicht war ich aber auch schon zu alt für noch ein Kind.«

Die vier Mädchen hatten es schwer. In der Schule waren sie die »Töchter vom Säufer« und »vom Prügler«. Die Älteste hat ihn öfter aus der Kneipe gezerrt. Manchmal, wenn er noch nicht ganz dicht war und am Tresen bleiben wollte, hat er dem Mädchen eine runtergehauen. Vor allen Leuten.

»Keiner hat was gesagt«, erinnert sich Marianne. Häufig war die Backpfeife untergegangen im Kneipengejohle. Sie habe immer versucht, die Kinder »aus der Schusslinie« zu nehmen. Die Mädchen lernten früh, für sich selbst zu sorgen. Schon bald nach dem achtzehnten Geburtstag ist jede von ihnen zu Hause ausgezogen.

Marianne konnte Wilfried nicht jedes Mal, wenn er einen seiner »Anfälle« hatte, aus dem Weg gehen. »Aber ich habe es immer versucht.« Am nächsten Morgen sei dann wieder alles gut gewesen, dann habe sich Wilfried entschuldigt, geweint und beteuert, dass er sofort aufhöre mit der Sauferei. Und dass er Marianne nie, nie, nie wieder angreife. Marianne hatte das geglaubt, viel zu lange. Sie hat sich immer wieder umstimmen lassen von ihm.

»Er war ja nicht nur so«, sagt sie. »Er konnte auch ganz lieb sein.«

Die anderen im Dorf schüttelten nur den Kopf.

Das Dilemma vieler misshandelter Frauen sei, »dass ihre Männer, die äußerst brutal werden können, zu anderen Zeiten verletzlich und hilflos sind«, erklärt die Soziologin Margrit Brückner. »Diesem widersprüchlichen Verhalten der Männer entsprechen die paradox erscheinenden Gefühle der Frauen, die trotz der Misshandlungen ihren Männern gegenüber mütterliche Gefühle hegen.«[12] Für die Frauen sei das gefährlich, weil diese Ambivalenz impliziere, dass die Frauen es selbst in der Hand hätten, ob sie glücklich seien oder nicht. Eine Frau in einer solchen Situation hätte »versagt, wenn sich das Glück nicht einstellt, denn sie ist diejenige, die allein über ausreichende Liebeskraft verfügt, die Beziehung zu gestalten«, erläutert Brückner.[13] Eine Liebeskraft, für die keine »Gegenleistung« gefordert werde, nicht einmal das »Recht auf Anerkennung«.

Irgendwann aber wollte Marianne nicht mehr. Irgendwann hatte sie erkannt, dass sich nie etwas ändern würde. Sie reichte die Scheidung ein, als die Jüngste sechzehn war.

Kurz darauf war das Paar geschieden. Marianne zog aber nicht aus, nicht ins nächste Dorf oder, noch besser, in die Stadt. Sie blieb auf dem Hof wohnen. Sie bezog ein kleines Dachzimmer – und tat das, was sie auch vor der Scheidung jeden Tag tat: Sie arbeitete im Stall, im Obstgarten, auf den Gemüsefeldern.

»Ich kam gar nicht auf die Idee, was anderes zu machen«, sagt sie.

Die meisten Leute im Dorf wunderten sich nicht darüber. Lediglich ein paar Frauen nahmen sie beiseite und fragten: »Warum fängst du kein neues Leben an? Irgendwo weit weg von Wilfried?«

Marianne zuckte mit den Schultern. Sie kannte kein anderes Leben als das im Dorf, auf dem Hof, sie konnte sich nicht mal ein anderes Dasein vorstellen. Und jetzt, da sie unter dem Dach wohnte, war es schon viel besser geworden. Jeder machte sein Ding.

Wilfried ließ sie weitgehend in Ruhe. Wenn er nach ihr brüllte, »Marianne, Mariiiiaaaaanne«, dann schloss sie sich im Zimmer ein. An manchen Abenden saß er davor, hämmerte an die Tür, schmiss sich auf den Boden und heulte. Wenn sie morgens vorsichtig die Tür aufdrückte, war er weg.

So ging das ein paar Jahre. Marianne sagt: »So lebten wir gut.« Es gab Tage, da haben sie sich nicht einmal zu Gesicht bekommen. »Warum sollte ich da weggehen?« Manchmal haben sie sich morgens in der Küche getroffen. Sie hat Kaffee gekocht und ihm eine volle Tasse mit Milch und Zucker hingestellt, so mochte er seinen Kaffee am liebsten. Er brabbelte ein »Danke«, hielt den Blick gesenkt. Wenn sie kochte, kochte sie immer eine Portion für ihn mit. Sie sagte ihm das nicht, schon gar nicht lud sie ihn zum Essen ein. Sie ließ die Töpfe und Pfannen mit den restlichen Kartoffeln, dem Gemüse und dem Fleisch einfach auf dem Herd stehen. Irgendwann war alles aufgegessen.

Auf unscheinbare Weise domestizierte sich das Schicksal von Marianne und Wilfried selbst.

Marianne sagt: »Es wurde wieder normal zwischen uns.« Es kamen Zeiten, an denen sie abends ein bisschen Wein zusammen tranken. Ohne dass Wilfried über die Strenge schlug und sich volllaufen ließ. »Das hat mir gefallen«, erinnert sich Marianne.

Das hat ihr so sehr gefallen, dass sie nicht lange überlegen musste, als ihr Exmann sie fragte, ob sie nicht noch einmal heiraten wollten. Jetzt, da wieder alles in Ordnung sei zwischen ihnen. »Ist eben doch ein Guter«, dachte sie damals.

Sie zog aus der Dachkammer zurück ins Schlafzimmer und rief die älteste Tochter an: »Papa und ich heiraten noch mal. Er hat sich gefangen.«

Sie hatte keine Ahnung, welche Antwort sie von ihrer Tochter erwartet hatte. Alles Mögliche vielleicht, dass sie losprustete, dass sie ihr das ausreden wollte. Aber nicht, dass ihre Tochter gar nichts sagte. Am anderen Ende der Leitung war nichts als Stille. Dieses Schweigen ertrug Marianne nicht, sie legte auf.

Die Hochzeit absolvierten Marianne und Wilfried ohne Fest, wenn auch nicht heimlich. Standesamt ohne Trauzeugen, schlichtes Ja, Ringtausch, kein Brimborium. Die einzige Festlichkeit war der Rotwein beim Italiener, bei dem sie nach der Trauung zu Mittag aßen.

Der Rest der Geschichte ist rasch erzählt. Es dauerte nicht lange, da war es wieder wie ganz früher. Sie kümmerte sich um Haus, Hof, Garten. Und um ihn. Er betrank sich und wurde wütend, sie versteckte sich vor ihm. Er rief nach ihr und warf mit allem um sich, was ihm zwischen die Finger kam. Teller, Blumentöpfe, einmal war eine Gartenschere dabei. Wenn Wilfried seine Frau zu fassen kriegte, steckte sie Prügel ein.

Chronische Gewaltbeziehung

Diesen Kreislauf nennen die Präventionsexpertinnen Sandra Kotlenga und Barbara Nägele eine »chronische Gewaltbeziehung«: Sind die Beteiligten älter, sind das vor allem Beziehungen, in denen die Frauen »über lange Zeiträume massiv und systematisch unterdrückt, gedemütigt und körperlich angegriffen werden«.[14] Die Übergriffe und Auswirkungen der Gewalt könnten im Laufe der Zeit sogar zunehmen. Manche Betroffene berichteten aber »von einem Rückgang von körperlicher Gewalt und von einer Verlagerung hin zu psychischer Gewalt«,[15] vor allem dann, wenn die körperlichen Kräfte durch das Älterwerden nachließen.

Es gebe aber auch Fälle, so die Forscherinnen, bei denen die Gewalt erst im Laufe des Alters einsetze. Insbesondere dann, wenn sich Lebensumstände massiv änderten, zum Beispiel durch den Renteneintritt des Mannes, dem dann vielfach eine Bestätigung von außen fehle. Die Folge können Frustration und Aggression sein. Aber auch eine einsetzende soziale Isolation eines Paares sowie Persönlichkeitsveränderungen durch Krankheiten, Schlaganfälle und Demenz könnten Gewalt bewirken, sagen Kotlenga und Nägele: »Solche Veränderungen können zur Zuspitzung in bereits gewaltbelasteten Beziehungen führen, sie können aber auch ursächlich für Gewaltentstehung sein.«[16]

Wahrscheinlich wäre Marianne noch immer bei Wilfried, wenn die jüngste Tochter das Schicksal ihrer Mutter nicht in die Hand genommen hätte. Sie besorgte die kleine Wohnung in der Stadt, kaufte ein paar Möbel, ein bisschen Geschirr und frische Blumen für den Küchentisch. Dann fuhr sie ins Dorf und stellte die Mutter vor vollendete Tatsachen: »Pack deine Sachen und komm mit, es ist alles vorbereitet.«

Es dauerte einen Moment, bis Marianne begriff, was ihre Tochter meinte. Dann holte sie einen Koffer und eine Reisetasche vom Boden, sammelte Kleider, Wäsche und Papiere zusammen und zog um. Als Wilfried nach Hause kam, so erzählten es Nachbarn, soll er durchs Haus getobt sein und gebrüllt haben: »Mariiiiaaaaanne, komm her! Wo versteckst du dich, verdammt noch mal?«

»Ich schäme mich dafür, dass ich ihn alleingelassen habe«, sagt Marianne. »Ohne mich ist er aufgeschmissen. Ohne mich verlottert der.«

Sie lässt ihren Blick durch ihre lupenreine Küche wandern.

»Das hier ist jetzt mein Zuhause. So wollen das meine Töchter«, sagt sie. »Sie haben ja Recht, das weiß ich. Auch meine Ärztin sagt, meine Blutwerte sind viel besser, seitdem ich weg bin von Wilfried.« Aber heimisch werde sie nicht in der Stadt.

»Mein Leben, das war das Dorf. Und das war Wilfried.«

9 Alles tut weh
oder
Was Gewalt mit dem Körper und der Seele der Opfer macht

Antje Barnick versucht es mit einem jüdischen Witz: Eine Frau kommt zum Rabbiner, sie möchte sich scheiden lassen. Der Mann arbeitet nicht, die Frau jedoch schon. Der Mann nimmt seiner Frau das Geld weg und prügelt sie obendrein. Der Rabbiner aber sagt zur Frau: »Ich kann dir nicht zur Scheidung verhelfen, dein Mann verhält sich nach talmudischem Recht korrekt. Da steht, der Mann müsse der Frau geben, was er verdient. Und das tut der deinige: Er verdient Prügel, und die gibt er dir.«[1]

Antje Barnick lacht nicht, als sie das erzählt. Sie findet es nicht lustig, dass der Witz auf die »verdiente Tracht Prügel für die Frau« abzielt. Sie zieht die Augenbrauen hoch und sagt: »Das habe ich oft in Moabit erlebt.« Damit meint die Psychotherapeutin und Ärztin, dass die Gewalt in den Beziehungen der Patientinnen und Patienten, die sie seit Mitte der 1990er Jahre in einer psychiatrischen Praxis in dem früheren Berliner Arbeiterbezirk behandelt hat, so alltäglich war, dass die Beteiligten sie gar nicht mehr infrage gestellt haben.

Die Ecke, in der die Praxis liegt, bezeichnet man gemeinhin als Schwerpunktkiez. Die Zahl der Menschen in Moabit mit sozialen, kulturellen und finanziellen Problemen ist hoch. Etwa ein Drittel der Bewohnerinnen und Bewohner dort ist arbeitslos oder lebt von Sozialhilfe. Viele von ihnen sind alkohol-, tabak- und/oder medikamentenabhängig. Die, die in die Praxis kommen, haben körperliche, psychosomatische und seelische Beschwerden. Es sind Frauen und Männer mit und ohne Ausbildung, mit und ohne Migrationshintergrund, Alte, Junge, Eheleute, Singles. Für viele

Menschen, die Antje Barnick behandelte, sei es normal gewesen, geschlagen zu werden beziehungsweise zu schlagen, berichtet die Ärztin: »Das war Alltag bei ihnen.« Und sei zudem in traditionellen Männer- und Frauenrollen begründet gewesen.

»Vor allem in migrantischen Familien betrachteten die Männer ihre Frauen als Eigentum, mit dem sie machen durften, was sie wollten. Die Frauen hatten verinnerlicht, dass ihr Mann über sie bestimmen durfte und sie zu gehorchen hatten.«

Eine türkische Patientin erzählte der Ärztin, dass sie während ihrer ersten Ehejahre neben dem Bett ihres Mannes auf einer Fußmatte auf der Erde schlafen musste.

Um kein Vorurteil zu erzeugen: Antje Barnick meint nicht, dass Gewalt vor allem in Familien mit Migrationshintergrund vorkommt. Die Moabiter Arztpraxis jedoch war Anlaufpunkt insbesondere für türkische und arabische Familien. Und bei denen, die kamen, sei die Gewaltrate sehr hoch gewesen. Diese Erfahrung der Medizinerin wird durch eine Untersuchung der Gewaltforscherin Monika Schröttle gestützt, nach der »männliches Dominanzverhalten in Paarbeziehungen durchaus Frauen mit türkischem Migrationshintergrund in besonderer Weise zu betreffen scheint«.[2] Demzufolge verwundert es nicht, dass Frauen mit Migrationshintergrund Schröttles Erkenntnissen zufolge mitunter stärkere Verletzungen aufweisen als deutsche Opfer.

Über fünfzehn Jahre hat Antje Barnick in Moabit gearbeitet. Am Ende eines jeden Tages hatte sie so ziemlich alle Folgen von Gewalt begutachtet. Häufig unsichtbare wie Kopf- und Gelenkschmerzen, chronische Übelkeit, Ess- und Gedächtnisstörungen, Sehbeeinträchtigungen, Schwindel. Seltener sichtbare wie geschwollene Augen, Blutergüsse, aufgeplatzte Lippen, gebrochene Rippen, Verbrennungen. Manche Frauen konnten kein bestimmtes schmerzendes Organ benennen, sie sagten dann nur: »Mein ganzer Körper tut mir weh.«

Das Spektrum der Folgen von Gewalt ist breit: Es reicht laut einer Studie des Bundesfamilienministeriums von »Prellungen und blauen Flecken bis hin zu Verstauchungen, Knochenbrüchen, offenen Wunden und Kopf-/Gesichtsverletzungen«[3] bei etwa 64 Prozent der Gewaltopfer. Rund 36 Prozent der Gewaltbetroffenen beklagt keine Verletzungen. Ein Drittel der verletzten Frauen hat Hilfe in Anspruch genommen.

Gewalt wirkt sich auch finanziell und materiell auf die Opfer aus. Sie geben mitunter ihre Wohnung auf, wenn sie ins Frauenhaus fliehen, und verzichten später häufig auf ihre Ansprüche daran, »um mit dem Täter nichts mehr zu tun haben zu müssen«.[4] Manche Frauen treten von ihrem Anspruch auf Unterhalt, Schadensersatz oder Schmerzensgeld zurück – aus Angst vor neuen Repressalien und weiterer Bedrohung.

In 99 Prozent der Fälle sind Männer die Täter,[5] Gewalt von Frauen gegen Frauen ist die Ausnahme. In der Regel sind die körperlichen Folgen von Gewalt direkt gepaart mit Auswirkungen auf die Seele und die Psyche der Opfer. Entgegen früherer Vorurteile, Männer würden in erster Linie physische Gewalt ausüben und Frauen dafür mehr psychischen Druck, ist mittlerweile nachgewiesen, dass auch für die psychische Gewalt, die Frauen erfahren, mehrheitlich Männer verantwortlich sind. Rund die Hälfte der Betroffenen psychischer Übergriffe benannte Männer als Täter.[6]

Folgen psychischer Gewalt werden unterschätzt

»Gewalt definiert sich nicht nur aus der Aktion, sondern auch aus dem Erlebten«, sagt Antje Barnick. Oder anders formuliert: Jemand kann Gewalt ausgesetzt sein, ohne dass die Person, von der die Gewalt ausgeht, körperlichen Kontakt mit dem Opfer hat oder selbst massiv Kraft aufwendet. »Es ist Gewalt«, sagt Psychotherapeutin Barnick, »wenn jemand einer anderen Person droht. Es ist Gewalt, wenn jemand in einer hilflosen Situation sexuell gefügig gemacht wird. Es ist Gewalt, wenn jemand eingeschüchtert wird. Kontrolle ist Gewalt, das Schnüffeln im Handy ist Gewalt, Hinterherspionieren und Belauern ist Gewalt.«

Alle Formen von Gewalt und Belästigungen, egal ob sie körperlich und/oder psychisch erfolgen, können nicht nur zu direkten körperlichen Beeinträchtigungen führen, sondern »in hohem Maße zu psychischen Folgebeschwerden«.[7] Diese reichen von Schlafstörungen, verstärkten Ängsten und vermindertem Selbstwertgefühl über Niedergeschlagenheit und Depressionen bis hin zu Essstörungen, Selbstverletzungen und Selbstmordgedanken. Je nachdem wie stark die Opfer die Gewalt erleben, sprechen zwischen 56 und 80 Prozent der Betroffenen von erheblichem psychischen Leidensdruck infolge der Übergriffe. Oft beklagen sie nicht nur einzelne Symptome, meist leiden sie unter drei bis vier Beschwerden gleichzeitig.

Psychische Gewalt und ihre Folgen werden in der Regel unterschätzt, ebenso wie sexualisierte Übergriffe und deren Nachwirkungen. So klagen Vergewaltigungsopfer nicht nur über Schlafstörungen und Depressionen, sondern schlagen sich zudem häufig mit Schuld- und Schamgefühlen herum. Das wiederum wirkt sich negativ auf ihr Selbstwertempfinden aus und kann die Beziehungen zu anderen Menschen dauerhaft verschlechtern.

»Häufiger als bei allen anderen Formen von Gewalt wurden von den Befragten, die psychische Gewalt erlebt haben, sowohl psychische, psychosoziale und gesundheitliche Folgen wie Niedergeschlagenheit/Depressionen, dauerndes Grübeln, vermindertes Selbstwertgefühl, erhöhte Krankheitsanfälligkeit sowie Leistungsbeeinträchtigungen und Konzentrationsstörungen genannt«, heißt es dazu in der Studie des Familienministeriums.[8]

Einmal kam eine Frau in Antje Barnicks Sprechstunde, die über Rückenschmerzen klagte. Die Fachleute, die die Frau zuvor aufgesucht hatte, checkten die Patientin von oben bis unten durch. Sie prüften, ob ein Bandscheibenvorfall vorlag, sie ließen den Rücken röntgen, untersuchten Rippenbogen. Sie fanden nichts, die Frau galt als gesund.

»Aber da sind doch diese fürchterlichen Rückenschmerzen«, sagte die Frau, als sie Antje Barnick gegenüber saß.

Die Psychotherapeutin schaute die Patientin an, untersuchte sie gründlich und ahnte, was mit ihr los war. Sie stellte ein paar gezielte Fragen – und hatte die Schmerzursache gefunden: Die Frau erlitt seelische Schmerzen in ihrer Ehe, ihr Mann übte seit Jahrzehnten psychischen Druck auf seine Frau aus. Darunter litt sie so sehr, dass ihr im Grunde gesunder Körper mit chronischen Schmerzen reagierte.

Den meisten Frauen in der Moabiter Praxis konnte Antje Barnick damals nur helfen, indem sie ihnen Psychopharmaka mit schmerzlindernder Wirkung verschrieb.

»Damit wurden die Folgen und nicht die Ursachen therapiert«, sagt die Ärztin. »Mehr konnte ich aber nicht tun. Das war sehr frustrierend.«

Antje Barnick konnte und wollte die Frauen nicht dazu überreden, die Prügler anzuzeigen, sich gar von ihnen zu trennen.

»Das müssen die Frauen von sich aus tun. Werden sie dazu überredet, eine Anzeige zu stellen, ziehen sie sie früher oder später wieder zurück«, weiß die Therapeutin.

Sie sagte den Frauen eher Sätze wie: »Sie haben noch zwanzig, vielleicht dreißig Jahre zu leben. Das ist eine lange Zeit. Aber die kann schön werden, ohne Gewalt. Wenn Sie in Ihrem Leben etwas ändern, anstatt zu versuchen, den anderen anders haben zu wollen.«

Den anderen anders haben zu wollen, also den Mann aufzufordern, nicht mehr zu schlagen und auch nicht mehr verbal übergriffig zu sein, ist nahezu aussichtslos, hat Antje Barnick in den Jahren ihrer Berufspraxis erlebt. »Es ändert sich nichts, wenn die Frau sich nicht wehrt oder sich nicht in Sicherheit bringt. Und es ändert sich auch nichts, wenn sie bis zum Tod bei ihm bleibt.« Kaum eine der Frauen, die die Ärztin in ihrer Moabiter Zeit behandelt hat, hat den Absprung geschafft und sich aus ihrer gewaltgeladenen Ehe gelöst.

Dramatischste Folge: Mord

Es hat Gründe, wenn Frauen sich nicht aus einer Gewaltbeziehung lösen. So wie die meisten von Barnicks damaligen Patientinnen sind viele Frauen von ihren Männern auf unterschiedliche Weise abhängig: finanziell, kulturell, emotional. Für sie kommt es auf dieser Basis gar nicht in Frage, sich zu trennen. Täten sie es, stünden sie vor dem Nichts: kein Job, kein Geld, keine Wohnung, Ächtung durch die Familie. Einsamkeit, Armut, Verlust der Kinder oder des Kontakts zu den Kindern.

Der Ärztin blieb nichts anderes übrig, als den Frauen immer und immer wieder Tabletten, Tropfen, Therapien zu verordnen. »Körperlicher und seelischer Schmerz kodiert sich im Gehirn an ein und derselben Stelle. Dauert der Schmerz länger an oder wiederholt sich, meldet das Gehirn über kurz oder lang chronische Beschwerden«, erklärt die Ärztin. »Durch die Medikamente werden diese erträglich, aber nicht gelöst.«

Für manche Frauen löst sich die Gewaltspirale selbst dann nicht, wenn sie sich getrennt haben. Der Partner verfolgt und stalkt die Expartnerin, terrorisiert sie und die Kinder. »In extremen Fällen drohen die Männer, die Frau umzubringen«, sagt Katja Grieger vom Bundesverband Frauenberatungsstellen und Frauennotrufe in Berlin. »Manche Männer machen das wahr.«

Wie im Fall der Semanur O., die im Juni 2012 in Berlin von ihrem Ehemann bedroht, erstochen und schließlich geköpft wurde. Den abgetrennten Kopf und andere Leichenteile warf der Täter von der Dachterrasse in den Hinterhof des Hauses. Der Fall der Dreißigjährigen ging wegen seiner Brutalität und heftigen Aggressivität durch die Presse. Die Öffentlichkeit fragte sich: »Wie kann so etwas passieren? Hat denn niemand etwas mitbekommen? War der Täter psychisch krank?«

Für den Verein Terre des Femmes ist der Mord, der in der Nähe des Besuchermagnets Potsdamer Platz geschah, ein klarer Fall von häuslicher Gewalt. Christa Stolle, Geschäftsführerin der Menschenrechtsorganisation, sagte damals nach der Tat: »Wir sind geschockt und entsetzt über diesen grausamen Mord.« Der allerdings ein sehr extremes Ausmaß hätte: »Es kommt nicht häufig vor, dass häusliche Gewalt derart grausam endet.«[9]

Was war geschehen? Die Ehe zwischen Semanur O. und ihrem Mann war arrangiert worden, das Paar war vierzehn Jahre miteinander verheiratet und bekam sechs Kinder. Die waren zur Zeit des Mordes zwischen einem und dreizehn Jahre alt. Der Ehemann, zwei Jahre älter als seine Frau, soll diese immer wieder betrogen, verprügelt und seelisch malträtiert haben. Als sie gedroht habe, sich zu trennen, habe er zum Messer gegriffen und sie ermordet.[10]

»Wenn ich jetzt gehe, war alles umsonst«

Mit solch dramatischen Fällen hatte und hat die Ärztin Antje Barnick nie etwas zu tun. Heute führt sie in der Nähe des Regierungsviertels eine eigene Therapiepraxis mit einer komplett anderen Klientel. Zu ihr kommen jetzt vor allem Akademikerinnen und Akademiker, Künstlerinnen und Künstler, Prominente und auch schon mal Politikerinnen und Politiker. Privatpatientinnen und -patienten mit gesicherten, zum Teil hohen Einkommen. Körperliche Gewalt spielt bei ihnen keine Rolle. Aber sie haben psychische Auffälligkeiten, die Antje Barnick an ihre Zeit in Moabit erinnern: Angst- und Essstörungen, Depressionen, Nikotinsucht, Belastungsreaktionen.

Wenn die Frauen in Barnicks hellen Therapieräumen hoch über der Stadt von ihrem Leben erzählen, geht es vor allem um desolate und fragile Beziehungen. Die Ärztin hört von mangelnder gegenseitiger Achtung, von Egoismus und Gefühlskälte, von Geliebten, die die Männer haben, und von psychischer Gewalt. Dinge, die nicht in eine Beziehung gehören.

Trotzdem hört die Ärztin häufig einen Satz, den sie bereits aus der Moabiter Praxis kennt: »Wenn ich jetzt gehe, war alles umsonst.« Umsonst die Mühe, die sich diese Frauen geben, um dem

Mann zu gefallen. Umsonst die Kraft, die sie darauf verwenden, die Kinder großzuziehen und den Haushalt zu schmeißen. Nicht der Rede wert die Tränen, die die Frauen vergießen, weil ihnen ihr Engagement nicht gedankt wird. Und umsonst all die Versuche, den Mann zu ändern. Denn so, wie er ist, ist er ja nicht gut.

»Es ist eine Illusion zu glauben, eine Frau könne einen Mann ändern«, sagt Antje Barnick. Umgekehrt genauso: Kein Mann schafft es, sich seine Frau so hinzubiegen, wie er sie haben will, ohne dass diese Schaden nimmt. Ein Alkoholiker hört nicht auf zu trinken, nur weil er eine neue Frau trifft. Eine schüchterne Frau wird keine Stimmungskanone, auch wenn der Mann versucht, sie dahin zu drängen. »Die Persönlichkeit eines Menschen prägt sich im Erwachsenwerden und ändert sich nur durch Extrembelastungen.« Durch traumatische Erlebnisse etwa, unerwartete Todesfälle, Schockereignisse, massive Gewalt, solche Sachen.

Als »schleichendes Gift« bezeichnet Andrea Buskotte, Kriminologin, Mediatorin und Fachreferentin für Gewaltprävention in der Landesstelle Jugendschutz Niedersachsen, häusliche Gewalt: »Sie unterminiert das Selbstwertgefühl und das Selbstbewusstsein – und zwar umso stärker, je länger sie andauert. Und sie dauert oft sehr lange, weil viele Frauen die Hoffnung nicht aufgeben und ihren Männern immer wieder eine Chance einräumen, sich zu ändern.«[11]

Der Fall Sabine

»Ich nehm' dir Kinder weg.« »Ich hetz dir die Russenmaffia auf den Hals.« »Pass bloß auf, eines Tages wirst du mit deinem Wagen am nächsten Baum parken.«

So in etwa drohte Klaus seiner Noch-Frau Sabine, wenn er mal wieder »gut drauf« war. Das Paar war über zehn Jahre miteinander verheiratet, die beiden Töchter waren sieben und zehn Jahre alt, als Sabine ihrem Mann eröffnete, dass sie sich scheiden lassen wolle.

»Ich hatte die Schnauze voll von seinen Eskapaden, von seinen Affären mit jüngeren Frauen, von der Art, wie er mich ständig in der Öffentlichkeit herunterputzte«, sagt Sabine.

Das Paar war auch beruflich miteinander verbunden, es betrieb eine kleine Baufirma in einem winzigen Ort im Berliner Speckgürtel. Die Rollen waren klar verteilt: Er managte die Kunden, beschaffte das Baumaterial, fuhr auf die Baustellen. Sie organisierte die Verwaltung und die Abrechnungen, beschwichtigte die Kunden, wenn es auf den Baustellen oder mit dem bestellten Material länger dauerte.

Alles lief gut. Eigentlich. Die beiden Mädchen waren Einser- und Zweier-Schülerinnen, fröhliche Kinder mit Sporthobbys und Interesse an Musik. Die Familie wohnte in einem modernen, zweistöckigen Haus mit weißem Anstrich und blauen Fensterrahmen. Zwei Bäder, zwei Kinderzimmer, Gästezimmer unter dem Dach. Gepflegter Garten mit Rosenstöcken und Kräutern, ein Carport für zwei Autos. Hinter dem Haus Swimmingpool und Tischtennisplatte.

»Nach außen hin die perfekte Familie. Glückliche Eltern, gut geratene Kinder«, erzählt Sabine. »So haben wir auf andere gewirkt. Doch das war die Fassade. Dahinter sah es anders aus.«

Klaus ging fremd, seit Jahren schon. Das habe sie gewusst, sagt Sabine. Sie roch es, wenn er später als üblich nach Hause kam. Sie sah es, wenn sie seine Hemden und seine Unterhosen in die Waschmaschine tat. Sie spürte es, wenn sie mit ihm allein war. Sie fragte ihn, doch er stritt es ab.

Sie schluckte ihre Eifersucht herunter, sie verkniff sich spitze Bemerkungen, sie versuchte so zu tun, als sei nichts geschehen. Dabei wusste sie teilweise sogar, wer seine »kleinen Abenteuer« waren: Praktikantinnen in der Firma, Angestellte von Zuliefererbetrieben, einmal die Tochter eines Kunden. So erzählt Sabine es.

Sabine ist mittelgroß, alles an ihr ist rund, ihre froschgrünen Augen, die perfekte Dauerwelle, ihre makellos geschminkten Wangen. Selbst das dezent-frische Parfüm erscheint wie eine Abrundung ihres Outfits. Die 45-Jährige trägt gern kurze Röcke und

Stiefel, die über ihre weichen Knie reichen. Alles ist aufeinander abgestimmt: Der hellblaue Gürtel passt zur Farbe ihrer Schuhe, die rote Bluse flirtet Ton in Ton mit der Strumpfhose, der schwarze Seidenschal harmoniert mit der Handtasche. Sabine ist Perfection à la mode. Eine schöne Frau.

»Aber schauen Sie mich doch an«, sagt sie, »körperlich gesund und akzeptabel ist etwas anderes. In den vergangenen sieben Jahren habe ich fast zwanzig Kilo zugenommen.«

Zuerst habe sie aus Frust gegessen, dann aus Verweigerung und schließlich aus Angst.

»Essen war meine Art, mich gegen Klaus' Psychoterror zu wehren«, sagt Sabine.

Dieser »Psychoterror« hatte nicht nur sichtbare Folgen wie Sabines Gewichtszunahme. Er sorgte dafür, dass Sabine nur mithilfe starker Schlafmittel ruhige Nächte hatte. Trotzdem lag sie mitunter stundenlang wach und horchte auf jedes Geräusch – aus Angst vor Klaus. Sie nahm Tabletten gegen zu hohen Blutdruck, gegen Herzrasen, gegen regelmäßig auftretende Kopfschmerzen. Sie bekam Unterleibsschmerzen und einen unregelmäßigen Zyklus. Ihre Blutwerte verschlechterten sich, ihre Ärztin verordnete ihr Vitaminpillen, Magnesium, Zink. Es gab Tage, da hatte Sabine das Gefühl, nicht mehr atmen zu können. An anderen Tagen versagten ihre Beine.

Einmal stand sie an der Kasse in einem Supermarkt. Früher Abend, lange Schlange, die Leute wollten heim. Davon hielt Sabine die Kunden hinter sich für einen Moment ab. Sie stand in der Reihe, der Mann vor ihr hatte bezahlt. Sabine hätte ihre Einkäufe längst auf das Laufband legen sollen, Brot, Tomaten, Milch.

»Aber das ging nicht«, sagt sie, »ich war wie gelähmt.«

»Nein«, korrigiert sie, »ich war nicht wie gelähmt. Ich war gelähmt.«

Sie konnte ihre Arme nicht dazu bringen, den Wagen weiterzuschieben, dann hineinzugreifen und den Tetra Pak Milch herauszunehmen. Sie konnte ihren Füßen nicht befehlen, zwei, drei Schritte nach vorn zu tun, um in Kassenhöhe zu sein. Sie konnte nicht einmal sagen: »Sorry, ich weiß nicht, was los ist. Aber es geht gerade gar nichts.«

Die Leute hinter ihr wurden unruhig, sie sprachen Sabine an, aber die reagierte nicht. Die Kassiererin rief einen Notfallwagen, mit Blaulicht wurde Sabine ins nächste Krankenhaus gefahren. Die Ärzte dort attestierten ihr eine Art körperliches Blackout: Ihr Körper reagierte mit einem nahezu kompletten Stillstand auf ihre psychische Anspannung, auf ihre Ängste, ihre Verwirrtheit.

»So etwas hatte ich vorher noch nie erlebt«, gesteht Sabine.

Sie kann sich nicht mehr genau erinnern, wann es angefangen hatte, wie Klaus begann, sie fertigzumachen. Da waren so Bemerkungen und Verleumdungen, »die er vom Stapel ließ«, Geringschätzungen, die sich einschlichen. Sätze gegenüber Kunden wie: »Ich muss meiner Frau immer alles aufschreiben, sonst vergisst die alles.« Vor Freunden stellte er sich gern als der »Macher der Firma« dar, ohne ihn würde der Laden nicht laufen, soll er großspurig erklärt haben. Er müsse Sabine immer auf die »Finger schauen«.

Dabei sei es genau andersherum gewesen, sagt Sabine: »Er verschlampte Termine, vergaß Bestellungen aufzugeben und kam zu Verabredungen zu spät.« Sie sei es gewesen, die dann »die Kastanien aus dem Feuer holte«, indem sie mit Kunden Kaffee trank, während die auf Klaus warteten. Mit ihrer guten Laune habe Sabine die Ungeduldigen beruhigt. Aber abends sei sie von Klaus »zusammengestaucht worden«, als »vergessliche Trulla«, als »Schlampe«, als »Nörglerin« beschimpft worden.

Sie zog sich zurück, ging in die innere Emigration, verweigerte sich ihm im Bett. Für Klaus ein Freibrief für seine Affären, er soll gesagt haben: »Was soll ich denn machen, wenn du mich nicht ranlässt?«

Heute weiß sie, dass sie damals mit dem Essen angefangen hat, um ihm nicht mehr zu gefallen. Sie wollte keine körperliche Nähe mehr zu ihm, sie wollte nur noch Ruhe vor ihm. Irgendwann schlief das Paar in getrennten Zimmern.

So wäre es vermutlich ewig weitergegangen, wenn da nicht Sabines alter Schulfreund Knut aufgetaucht wäre. Knut und Sabine hatten sich früher gut verstanden, sie waren das, was man »unzertrennlich« nennt. Als Kinder und Jugendliche hatten sie ihre Ferien miteinander verbracht, waren mit Knuts Moped an den nahegelegenen Baggersee gefahren, mit dem Zelt an die Ostsee. Ein Paar waren sie aber nie. Jetzt war Knut frisch geschieden und nach den Ehejahren, die er tief im Süden der Republik verbracht hatte, zurückgekehrt in die Heimat.

Sabine freute sich, Knut wiederzusehen, seine Anwesenheit, die Gespräche zwischen ihnen taten gut. Fast war es so wie früher. Aber irgendetwas war anders jetzt. War es das Alter? Vergleichbare Erfahrungen mit ihren kaputten Ehen? Das Gefühl bedingungsloser Liebe durch die Kinder?

Sabine wusste es nicht – bis zu jenem Moment, in dem es »Summ« machte. Irgendwann im Frühjahr vor sechs Jahren. Viele Abende zuvor hatten Sabine und Knut schon zusammengehockt. Knut war nach seiner Ausbildung weggezogen, weil seine Frau am anderen Ende des Landes einen gut bezahlten Job hatte. Aber jetzt war Knut wieder da, als Single, und Sabine und er hatten sich viel zu erzählen.

Das Scheitern ihrer beider Ehen wies Parallelen auf, die Irritationen über manches missverständliche Wort, das gefallen war. Ähnlich war auch Sabines und Knuts Ratlosigkeit ob der Angriffe durch den Partner. Manchmal mussten Sabine und Knut lachen, weil in Streits, die sie früher mit ihren Partnern hatten, gleiche Sätze gefallen waren – mehrere 100 Kilometer entfernt voneinander in zwei verschiedenen Häusern zwischen zwei verschiedenen Ehepaaren. Sätze wie: »Ich kriege Pickel, wenn ich dich sehe. Guck dich doch mal an, wie du aussiehst. Wohl schon lange nicht mehr in den Spiegel geschaut, was?«

Sabine und Knut lachten darüber – und küssten sich in der nächsten Minute.

Dieser Kuss war so etwas wie eine Initialzündung, sagt Sabine. »Von da an wussten wir, dass wir zusammen sein wollen.« Übereilt, gewiss, aber beide seien sich sicher gewesen.

Am nächsten Morgen teilte Sabine ihrem Mann kurz und knapp mit, dass sie ausziehen und sich scheiden lassen werde.

»Damit hatte Klaus nicht gerechnet«, sagt Sabine. »Er hat gedacht, ich wage es nicht, mich zu trennen. Und er glaubte, ich kriege allein nichts auf die Reihe.«

Nachdem Sabine und die Kinder zu Knut gezogen waren, »legte Klaus erst richtig los«: Er ließ Sabine über seinen Anwalt für psychisch krank erklären. Sie sei labil und nehme seit Jahren Antidepressiva, schilderte er dem Juristen das Befinden seiner Frau. Tagelang liege sie im Bett, stehe nicht auf, vernachlässige den Haushalt und die Kinder. Alles bliebe an ihm hängen, aber er »meistere das fabelhaft«.

Als Sabine davon erfuhr, war sie außer sich und stellte Klaus zur Rede. Sie schrie ihn an und verlangte, er möge das sofort korrigieren. Doch Klaus soll seelenruhig geblieben sein und nur gesagt haben: »Wie du dich schon wieder aufführst … Was soll ich denn da korrigieren? Du bist halt hysterisch. Das beweist du doch gerade wieder.«

Es stimmte zwar, Sabine nahm Antidepressiva, aber nicht, weil sie labil gewesen wäre, versichert sie, sondern weil »Klaus so war, wie er war«. Weil er sie fertigmachte, gegen sie psychische Gewalt ausübte.

Die Scheidung dauerte über zweieinhalb Jahre. Klaus versuchte mit allen Mitteln, Sabine als unberechenbare, nicht zurechnungsfähige Frau darzustellen, die in die geschlossene Psychiatrie gehöre.

Sabine öffnet eine Tür in ihrem Wohnzimmerschrank, drei dicke grüne Ordner. Einer mit »normalen« Papieren wie Geburtsurkunden, Zeugnissen, Versicherungsverträgen. Die beiden daneben bezeichnet Sabine als die »schwärzeste Akte meines Lebens«. Darin Mails, Briefe, Schreiben an Klaus' Anwalt und Sabines Anwältin. Gerichtsvorladungen, Gutachten, Gedächtnisprotokolle. Ärztliche Atteste, Rentenbescheide, Trennungsvereinbarungen.

Sie klappt einen Ordner auf, lässt einen Finger wahllos zwischen zwei Seiten gleiten und nimmt das obere Blatt heraus.

»Hier«, sagt sie, »eine E-Mail, in der er mich beschimpft.« Darin bezeichnet Klaus Sabine als »geldgeil«, »rachsüchtig«, »realitätsfern«. Es ist schwer zu erkennen, worum es eigentlich geht. Seine Sätze springen von den Kindern zum Auto über einen Kredit, den beide vor einigen Jahren zusammen aufgenommen hatten, bis hin zum Scheidungstermin. In einer anderen Mail schreibt er einen schwerwiegenden Satz: »Die Kinder kriegst du nicht.« Ein Satz, bei dem Sabine noch heute schummrig vor Augen wird.

Sie sagt: »Ich hatte solche Angst, dass er mit seiner Anschuldigung, ich sei psychisch desolat, durchkommt und das Sorgerecht für die Kinder bekommt.«

Die Angst war nicht unberechtigt. Klaus schien nichts unversucht zu lassen, Sabine zu schädigen, sowohl psychisch als auch in ihrer Reputation. Er drohte ihr, ihr »die Russen auf den Hals zu hetzen«, »die Autoreifen zu zerstechen«, »die Bremsschläuche durchzuschneiden«. Aus Angst, dass er das tatsächlich tue, sei sie mit den Kindern zu ihrer Mutter geflüchtet, während der Schulzeit, mitten in der Woche. Klaus erklärte der Polizei und seinem Anwalt, Sabine hätte die Kinder entführt, sie wolle sie ihm wegnehmen. Klaus zeigte Sabine wegen Kindesentzug an.

Als Sabine ihrerseits bei der Polizei um Hilfe bat, hätte sie diese nicht bekommen. Sie sagt: »Die Beamten haben mich nur gefragt, ob Klaus von den Drohungen bereits eine wahrgemacht habe. Falls nicht, könnten sie nichts machen. So seien die Gesetze.«

In Sabines Erinnerung passierte jede Woche etwas Neues, irgendeine Drohung, eine Beleidigung, ein Angriff. Klaus hatte, obwohl er und Sabine mittlerweile seit über drei Jahren getrennt waren und Sabine und die Kinder mit Knut zusammenlebten, einen massiven Einfluss auf seine Exfrau. Vielleicht einen noch stärkeren als in ihrer Ehezeit. Das blieb nicht folgenlos. Sabine fiel in eine tiefe Depression. Nun konnte sie tatsächlich tagelang nicht aufstehen und war teilweise so gelähmt wie seinerzeit im Supermarkt. Wenn Knut abends von der Arbeit nach Hause kam, war Sabine manchmal noch im Schlafanzug. Sie hatte es den ganzen Tag nicht geschafft, sich zu waschen und sich anzuziehen. Die

Kinder machten sich selbst etwas zu essen, hockten viel vor dem Fernseher, vernachlässigten ihre Hausaufgaben. Sabine klagte über Migräne und Zahnschmerzen. Sie bekam Haarausfall und Hautausschlag, gegen den nichts half.

Das hielt Knut nicht lange aus, er forderte sie auf, sie solle sich »endlich« kümmern und sich nicht so hängen lassen. Mit allem anderen gäbe sie Klaus nur Recht. Sabine entgegnete, sie wolle doch, aber sie könne nicht. Sie könne nicht auf die Straße gehen, nicht einkaufen, sie könne sich nicht schminken und sich nicht »zurechtmachen«. So, wie sie es sonst gern tat. Und sie könne sich in »dieser Stimmung« auch keinen Job suchen.

Sabine brauchte zwei Jahre, bis sie wieder »richtig funktionierte«. Bis sie einen festen Job als Buchhalterin fand, mit Knut und den Mädchen in eine andere Stadt zog und ein neues Leben begann.

Heute kann sie über all das reden, lange Zeit wischte sie alle Gedanken an Klaus, die Ehe, die Trennungszeit und »Klaus' Anwandlungen« wie lästige Krümel vom Tisch. Daran zu denken hätte bedeutet, sich erneut der psychischen Gewalt und ihren Folgen auszusetzen. Dann hätte sie wieder Kopfschmerzen und Herzflimmern bekommen, ihr Blutdruck wäre gestiegen, sie wäre in Panik verfallen. Das wollte sie nicht. »Es reicht«, sagt sie, »dass ich immer noch in psychologischer Behandlung bin.«

Der Hautausschlag hält sich hartnäckig. Jedes Mal, wenn sie sich ärgert oder vor irgendetwas Angst bekommt, spürt sie, wie sich auf ihren Armbeugen und Kniekehlen, an ihren Ellenbogen und hinter den Ohren die kleinen Pickel bilden. Dann versucht sie, tief durchzuatmen und an etwas anderes zu denken. Das gelingt ihr nur selten.

10 »Hört endlich auf«
oder
Warum Kinder mitleiden, wenn Erwachsene gewalttätig sind

Das Schlimmste war die Unbeherrschtheit der Eltern auch in der Öffentlichkeit. Dass Mutter und Vater plötzlich anfangen zu streiten, losbrüllen, aufeinander losgehen, ohne Ankündigung und ohne offensichtlichen Grund. Auf dem Elternabend, im Restaurant, im Kino, auf dem Campingplatz. Davor hatte Ronja immer Angst, ihre Eltern haben ihre Unzufriedenheit miteinander nie verheimlicht. »Draußen« versuchte Ronja zu verstecken, wie es bei ihr zu Hause zuging. Sie verschwieg, dass ihre Eltern miteinander rangen, wenn sie aufeinander trafen. Sie lud keine Freundinnen zu sich nach Hause ein, nie durfte eine bei ihr übernachten. Niemand, wirklich niemand sollte erfahren, wie es bei Ronja zu Hause zuging. Sie wollte eine friedliche Familie, und sie wollte, dass das auch von außen so aussah.

Sie verschwieg, dass mal die Polizei vor der Tür stand, weil die Nachbarn das Brüllen und das Scheppern des Porzellans nicht länger ertrugen. Sie erwähnte nicht, dass sie häufig zwischen den Eltern stand und die Mutter ihr zurief: »Komm zu mir, geh nicht zu deinem Vater.« Ebenso wenig erzählte Ronja, dass die Mutter einmal mit ihrer Faust in eine Glasscheibe geschlagen und stark geblutet hatte, es aber später so darstellte, als sei der Vater Schuld daran gewesen.

Was sollte das Mädchen auch anderes tun? Friedliche Eltern zu haben, die sich hingebungsvoll um ihre Kinder kümmern, die mit ihnen Hausaufgaben machen und rumalbern, in einer Familie groß zu werden, die am Wochenende gemeinsam spazieren geht und in der sich alle geborgen und sicher fühlen, das wünscht sich jedes Kind. Außerdem war eine liebevolle Familie damals, in den 1980er Jahren, als Ronja ein Kind war, »total up to date«. Jedenfalls in Ronjas Erinnerung.

Heute ist Ronja Ende dreißig und hat selbst eine Familie: einen Mann, einen Sohn. Eine kleine, zufriedene Gemeinschaft.

»Es war peinlich zu erzählen, dass zu Hause die Hölle los ist«, sagt Ronja. Szenen um Geld, Steuern, Jobs, Haushalt. Das Übliche. Es war peinlich zu erzählen, dass die Mutter trinkt und raucht, den Vater attackiert und ihn als »Waschlappen« beschimpft. Dass der Vater versucht, die Provokationen zu überhören und ruhig zu bleiben, aber irgendwann doch gewalttätig wird. Dass Ronja und ihre kleine Schwester sich dann in ihren Betten verkrochen und sich die Ohren zuhielten, weil sie das Geschrei nicht mehr ertrugen. Manchmal hat sich Ronja zwischen die streitenden Eltern geworfen und versucht zu vermitteln: »Hört auf, hört endlich auf.« Die Eltern hörten aber nicht auf, und Ronja hat auch geschrien, manchmal lauter als die Erwachsenen. Einmal, als Ronja schon ein Teenie und die Stimmung geladen war wie eine Kalaschnikow im Anschlag, versuchte sie, alle zu übertönen: »Wenn das so weitergeht, bringe ich mich um.«

Ronja wollte sich nicht ernsthaft das Leben nehmen, sie wollte »nur ein Zeichen setzen«, sagt sie heute. »Ich wollte vermitteln zwischen den beiden, immer. Aber irgendwann habe ich gemerkt, dass ich das nicht schaffe. Dass ich machen konnte, was ich wollte, es änderte sich nichts.«

Irgendwann hatte sie verstanden, dass ihre Eltern in den Momenten der Eskalation keine Eltern waren, sondern ein streitendes Ehepaar. »Dann spielten wir Kinder keine Rolle.«

Jedes fünfte Kind in Deutschland ist Opfer oder Zeuge von Gewalt im sozialen Nahbereich. Das hat eine Studie der Kinder- und Jugendberatung der Interventionsstelle gegen häusliche Gewalt Schwerin und Rostock ergeben.[1] Statistische Auswertungen von Frauenhäusern ergaben, dass jedes Jahr zwischen 50 000 und 70 000 Mädchen und Jungen körperliche, psychische und/oder soziale Gewalt gegen ihre Mutter oder gegen sich selbst erfahren.[2]

Eine Studie des Bundesfamilienministeriums spricht davon, dass in 60 Prozent der gewaltbelasteten Haushalte Kinder und Jugendliche leben.[3]

Sie hören die Mutter wimmern

Häusliche Gewalt trifft Kinder unmittelbar. Selbst dann, wenn sie, wie die meisten Eltern glauben, nicht direkt dabei sind, wenn sich Mutter und Vater bekriegen.[4] Kinder spüren die bedrohliche Atmosphäre vor und nach einem Ausbruch, die Gereiztheit des einen Elternteils und die Ohnmacht des anderen. Sie fürchten, dass jemand verletzt wird, blutet, gar getötet wird. Sie haben Angst, selbst was abzubekommen. Oft glauben Kinder sogar, am Streit der Erwachsenen Schuld zu sein.[5] Die Berliner Soziologin Barbara Kavemann und die Heilpraktikerin Philomena Strasser aus Roding in Ostbayern haben die Folgen für Kinder in Gewaltsituationen erforscht und kommen zu dem Ergebnis, dass Kinder in jedem Fall die Gewalt unter den Eltern »miterleben«[6].

In ihrem Handbuch über die Gewaltfolgen für Kinder kommen junge Opfer zu Wort: Ein elfjähriger Junge erzählt, dass er seine Eltern »immer auseinandergetan« habe aus Angst, »dass sie sich gegenseitig umbringen«. Ein Siebenjähriger hat gesehen, wie seine Mutter blutete und er Angst hatte, »dass sie sterben muss«. »Es hat mir auch wehgetan, wie er sie geschlagen hat, in meinem Bauch zitterte alles«, erzählt ein elfjähriges Mädchen. Eine Zwölfjährige berichtet von nächtlichen Albträumen: »Da konnte ich nie schlafen.«[7]

Die Kinder sehen, wie Geschirr und Blumenvasen durchs Zimmer fliegen, wie der Vater die Mutter einschüchtert, wie er nach ihr tritt, wenn sie auf dem Boden liegt, wie er ihr droht: »Wenn du das noch einmal machst, bringe ich dich um.« Sie hören die Mutter wimmern. Sie erleben, wie die Mutter Nachbarn und Freunde belügt, wenn diese nach der aufgeplatzten Lippe fragen: »Ach, das ist nichts weiter, da bin ich gestürzt.«

In den meisten Fällen erleben die Kinder, wie der Vater die Mutter fertigmacht. Selten ist es umgekehrt. Für die Kinder indes ist es egal, welcher der Elternteile gegen den anderen gewalttätig ist oder ob sie sich beide gegenseitig bekämpfen, für das Kindeswohl stellt das Geschehen in jedem Fall eine »Bedrohung«[8] dar.

»Diesen Eindrücken und Bedrohungsgefühlen sind Kinder in der Regel schutzlos ausgeliefert«, sagt die Gewaltexpertin Andrea Buskotte.[9] Gewalt zwischen den Eltern sei für Kinder ein »richtiger Schock«. »Die aggressive Atmosphäre oder der Angriff untergräbt die emotionale Geborgenheit und die ›innere Sicherheit‹.«[10] Kinder sind das schwächste Glied in einer Kette von Gewalt. Entgegen der Annahme, dass sich Kinder an Gewalt- und Stresssituationen gewöhnen, zeigen psychologische Studien, dass Mädchen und Jungen umso heftiger leiden, je häufiger sie solchen Erlebnissen ausgesetzt sind. Die Folgen können Bettnässen, Kopfschmerzen, Konzentrationsschwierigkeiten, Schulversagen, Ess- und Schlafstörungen, Depression, Selbstmordgedanken, Drogen, Alkohol, exzessive Gewalt sein.[11]

Ronja sitzt in einem Bistro in einer Stadt im Osten Deutschlands, früher verlief hier die Grenze zur Bundesrepublik. Das Kuchenbuffet ist wohlsortiert: Erdbeertorte, American Cheese Cake, Baiser-Gebäck, dunkler Schokokuchen mit Rum. Seichter Elektropop rieselt aus den Lautsprechern an der Decke, an den Wänden Fotografien der Stadt vor und nach dem Mauerfall. Ronja bestellt eine Zitronenlimonade. Ihre Stimme ist warm und voll, beim Sprechen rollt sie leicht das R, so als wolle sie es zurückholen, bevor es aus ihrem Mund fällt. Ronja ist groß und gerade, mit einem offenen, klaren Blick und Haaren, die wie ein Bienenkorb oben auf ihrem Kopf festgesteckt sind. Eine selbstsichere, souveräne Frau. Sie hat einen kreativen Beruf, was mit Mode und Schreiben.

Sie sagt: »Früher konnte ich mir nicht vorstellen, dass mal was aus mir wird. Ich war schlecht in der Schule, ich musste die neunte Klasse wiederholen.«

Pubertät? Ronja sagt, sie weiß nicht, was das ist: »Ich konnte sie nicht ausleben. Meine Jugend war anstrengend.«

»Kinder, die Gewalt erfahren oder miterleben, sind in ihrer gesamten Entwicklung belastet«, sagt Barbara von Kalckreuth. Die Kinderärztin und Psychotherapeutin betreibt mit mehreren Kolleginnen in Freiburg im Breisgau die *Babyambulanz*, eine Praxis für Mütter und Väter, die sich mit der Elternschaft überfordert fühlen. Eine ruhige Straße in einem bürgerlichen Wohnviertel, Hochparterre in einer weißen Gründerzeitvilla mit Fensterläden in italienischem Design. Die Eltern berichten von unterschiedlichen Nöten: Manche können nur schwer eine emotionale Bindung zu ihren Kindern herstellen. Andere verzweifeln, weil ihr Baby so viel weint, schlecht trinkt oder sich nicht ablegen lässt. Die Symptome der Babys, sagt die Ärztin, seien so etwas wie ein »Familienwecker«: Da stimmt etwas nicht.

Mädchen und Jungen mit Gewalterlebnissen werde eine lebenswichtige Erfahrung geraubt, hat die Medizinerin erfahren: das Erlebnis einer sicheren Bindung. »Sie ist ein natürlicher Schutz und der Humus, aus dem sich die komplexe psychomotorische Entwicklung speist«, erklärt Barbara von Kalckreuth. Kinder seien auch an gewaltbereite Eltern gebunden und würden durch deren Verhalten belastet. »Angeborene Schutzreflexe in dieser angespannten Atmosphäre sind: fight, flight oder freeze.« Flucht oder Einfrieren. »Unsicher gebundene Kinder sind viel mit ihrer Sicherheit beschäftigt und können nur eingeschränkt ihrer Neugier und der Erkundung der Welt folgen.«

Essstörungen, Kopf- und Bauchschmerzen

Entgegen der allgemeinen Annahme, ältere Kinder könnten Gewalterfahrungen besser verarbeiten als jüngere, zeigen Untersuchungen, dass das nicht stimmt.

»Jedes Alter ist empfindlich«, sagt Barbara von Kalckreuth. In allen Altersstufen könnten Abwehrversuche beobachtet werden: Babys schreien oder erstarren, Kleinkinder können trotzig oder ängstlich sein, Schulkinder haben Schwierigkeiten, sich zu konzentrieren, manche ziehen sich zurück, sind schreckhaft, unsicher, hyperaktiv oder verträumt. Sie können Essstörungen, Kopf- und Bauchschmerzen bekommen.

Die Ärztin hat erlebt, dass es schon im Mutterleib losgeht. Sie erinnert sich an eine Familie, bei der der Mann den Bauch seiner schwangeren Frau heftig attackiert hatte. Körperlich war dem Baby, als es geboren wurde, nichts passiert, aber es war auffallend schreckhaft und konnte sich nur verzögert von der Mutter lösen.

»Durch die Gewalt werden bei der Schwangeren Stresshormone ausgeschüttet«, sagt von Kalckreuth. »Die gehen auf das Kind über und prägen dessen Stressantwort.«

Die moderne Stressforschung geht davon aus, dass durch solche Erlebnisse eine Empfindlichkeit für Stress bleibt.

In der Pubertät verhalten sich Mädchen und Jungen häufig unterschiedlich. Mädchen neigen zu Depressionen und Schulversagen, sie klagen über Kopfschmerzen. Jungen werden häufig tyrannisch, sie würgen und treten andere, schwänzen die Schule, quälen Tiere. Als Jugendliche und junge Erwachsene leiden Mädchen verstärkt unter Minderwertigkeitsgefühlen, sie wechseln oft den Sexualpartner und können leicht Opfer sexueller Gewalt werden. Jungen werden häufig kriminell, alkohol- und drogenabhängig, vergewaltigen.[12]

Seit es in Deutschland das Gewaltschutzgesetz gibt, können sich Opfer erfolgreich gegen häusliche Gewalt wehren. Wenn es um Kinder in dem Gewaltkreislauf geht, versagt das Gesetz.

»Kinderlose Frauen sind heute gut geschützt«, sagt Psychologin Katja Grieger. »Mütter sind es nicht.« Die Leiterin des Bundesverbands Frauenberatungsstellen und Frauennotrufe (bff) in Berlin kennt Fälle, bei denen Frauen aus Angst um ihre Kinder die Gewalt ertragen oder – wenn sie den Täter angezeigt haben – der Brutalität dennoch nicht entkommen können.

In vielen Fällen torpediert das Umgangsrecht den Gewaltschutz. Im Gegensatz zu kinderlosen Frauen, die jeden Kontakt zu ihrem Peiniger gerichtlich verbieten lassen können, sind Mütter gezwungen, immer wieder mit dem prügelnden Expartner Kontakt zu haben – um den Umgang mit den Kindern zu regeln. »Auf diese Weise wird das Gewaltschutzgesetz ausgehöhlt«, sagt Sibylle Stotz vom Frauenhaus München.

Wie bei einem Fall vor einem Supermarkt in Bonn. Das Jahr 2013 ist noch jung, eine Frau übergibt ihrem Exmann vor dem belebten Einkaufscenter das gemeinsame Kind für einen Papa-Nachmittag. Der Mann will nicht nur das Kind übernehmen, er verfolgt einen Plan: Als er seiner Exfrau gegenübersteht, schlägt er zu. Ins Gesicht, in den Bauch, auf ihre Arme. Passanten rufen die Polizei.

Studien zufolge werden 70 Prozent der Frauen, die sich von ihrem gewalttätigen Mann getrennt haben, von ihm erneut geschlagen, wenn sie ihm die Kinder übergeben. Über die Hälfte der Kinder werden in solchen Situationen misshandelt.[13]

In 80 Prozent der Fälle habe es bereits Morddrohungen gegen die Frau gegeben, wenn die Polizei zu solchen und ähnlichen Vorfällen gerufen werde, sagt Stotz: »Die Strafandrohungen sind nicht allzu groß, wenn sich Männer nicht an das Gewaltschutzgesetz halten.«

Oder wie bei einem Fall in Wedel im Herbst 2016. Ein Vater ertränkt zunächst seine beiden fünf- und zweijährigen Kinder und springt danach selbst von einem Hochhaus in den Tod. Das Motiv, so erklärt es später die Polizei, sei vermutlich Rache gewesen, weil sich die Mutter der Kinder von ihm getrennt hatte. Fachleute sprechen in solchen Fällen von einem erweiterten Suizid. Sophia Marie Hömberg, Autorin einer Dissertation über Kindstötungen durch die eigenen Eltern, sieht einen geschlechtsspezifischen Unterschied bei den Motiven: Mütter sehen ihre Kinder häufig als Teil ihres eigenen Schicksals und töten sie aus Angst, sie möchten sie nicht allein zurücklassen. Väter hingegen töten häufig aus Vergeltungsdrang.

Die Trennungsphase sei für die Betroffenen gefährlicher als die Zeit davor oder danach, sagt Sibylle Stotz: »Dann weiß der Täter: Jetzt geht sie wirklich.« Und schlage daher umso kräftiger und umso häufiger zu. Von den 313 Frauen, die 2011 in Deutschland getötet worden waren, wurden laut Polizeilicher Kriminalstatistik 154 vom eigenen aktuellen oder ehemaligen Lebenspartner umgebracht – meistens in der Trennungsphase.[14] Knapp die Hälfte der Frauen, die 2015 von ihrem Partner ermordet wurden, lebte mit ihm zum Tatzeitpunkt zusammen.[15]

Expertinnen und Experten fordern daher, das Gewaltschutzgesetz zu ändern, so dass Mütter beispielsweise im Namen ihrer Kinder beantragen können, dass sich der Vater ihnen nicht mehr nähern darf. Außerdem sollen sogenannte beschleunigte Verfahren, in denen Sorgerechtsfälle in der Regel verhandelt werden, in Gewaltbeziehungen nicht mehr gelten. Gewöhnlich sollen Familiengerichte etwa einen Monat nach einem Umgangs- oder Sorgerechtsantrag eine Entscheidung treffen. Das geschieht häufig, ohne die Eltern angehört zu haben.

Familienministerin Manuela Schwesig hat die Gesetzeslücke erkannt. Sie sagt: »Da, wo Partner gewalttätig sind, muss der Umgang ausgesetzt werden.« Ihr Haus sei mit dem Justizministerium im Gespräch, das Umgangsrecht dahingehend zu ändern.

Ich halte es zu Hause nicht mehr aus

Irgendwann haben sich Ronjas Eltern getrennt. Da war Ronja längst von zu Hause ausgezogen. Mit siebzehn ging das Mädchen zum Jugendamt und sagte: »Ich halte es zu Hause nicht mehr aus.« Sie ließ sich in eine betreute Wohngemeinschaft für Jugendliche einweisen, so rettete sie sich selbst. Ihr Glück: Sie war alt genug für diese Entscheidung. Für 95 Prozent aller Kinder in Gewaltfamilien endet der Terror erst mit der Trennung der Eltern.

Ein halbes Jahr lebte Ronja in der WG. In dieser Zeit machte sie Abitur, in der WG kam sie ein wenig zur Ruhe. Dort plante sie ihr Leben, soweit das geht mit siebzehn. Sie schwor sich: Nie will ich so werden wie meine Eltern. Nie will ich jemanden bewusst demütigen, erniedrigen, dem Gespött der Leute aussetzen. Nie will ich jemanden anschreien, einfach nur, um ihn zu provozieren. Nie jemanden schlagen. Und niemals werde ich meine Kinder solchen Gefahren aussetzen, wie meine Schwester und ich sie erleben mussten.

Das hat Ronja alles geschafft. Sie stellt fest: »Das hat ganz gut geklappt.« Die Aggressionen ihrer Kindheit und Jugend aber, die trage sie bis heute in sich, sagt sie. Sie habe viel Wut und öfter Stimmungsschwankungen. Dann könnte sie sonst was anstellen, ihren Mann anschreien, ihren Sohn zurechtweisen. Aber das macht sie nicht. In solchen Momenten ruft sie ihre Erinnerung an früher auf, dann weiß sie: »Ich darf meine Aggressionen nicht zulassen.«

Das gelingt ihr. Fast immer.

11 Mehr als ein Dach über dem Kopf
oder
Warum Frauenhäuser nötig und fast immer überfüllt sind

»Fahren Sie mit dem Bus bis zur Endhaltestelle und warten Sie dort.«

»Am besten nehmen Sie den Zug bis zur vorletzten Station, überqueren die Straße, biegen in den Waldweg links ein. Dort holen wir Sie ab.«

»Lassen Sie sich von einem Taxi bis zum Platz mit der Verkehrsinsel bringen, dann laufen Sie noch 200 Meter geradeaus, bleiben an der Laterne stehen und rufen uns an.«

So oder ähnlich klingen die Wegbeschreibungen von Mitarbeiterinnen in Frauenhäusern, wenn sie erklären, wie Frauen zu ihnen finden. Zu den Orten, an denen die Frauen und ihre Kinder sicher sein sollen vor ihren prügelnden Ehemännern und Expartnern, vor Zuhältern aus dem Rotlichtmilieu, vor angeheuerten kriminellen Banden. Deshalb sind die Adressen aller Frauenhäuser und Zufluchtswohnungen in Deutschland nicht öffentlich, manche sind streng geheim. Deshalb sind in diesem Text die äußeren Beschreibungen der Unterkünfte sowie Details zur Einrichtung und zum Mobiliar in den Häusern eine Mischung aus allen Frauenhäusern, die die Autorin besucht hat.

Die Häuser sind versteckt hinter hohen Büschen und Sträuchern, sie sind umzäunt und mit sicheren Schließsystemen ausgestattet. In manche kommt man nur mit einem Code und beobachtet durch eine Überwachungskamera hinein.

Manchmal kriegt ein Mann trotzdem heraus, wohin seine Frau geflüchtet ist. Für jemanden, der seine Frau unbedingt finden will, ist es durch Smartphones und Facebook leicht, sie zu orten. Es kommt aber auch vor, dass eine Frau dem Mann die Adresse verraten hat, obwohl das streng verboten ist. Oder die Kinder haben es ihm gesagt. Mitunter schicken Familien andere Frauen unter dem Vorwand von häuslicher Gewalt in Frauenhäuser, um eine Frau zu suchen. Früher oder später steht der Mann dann am Zaun des Frauenhauses und klingelt Sturm, manche Männer randalieren, brüllen herum, schmeißen Fensterscheiben ein und versuchen, über die Absperrung zu klettern.

»In einem solchen Fall muss die Frau das Frauenhaus sofort verlassen, sie wird in ein anderes Haus gebracht, bestenfalls in ein anderes Bundesland«, sagt Ingrid Schellhorn, die in einem Berliner Frauenhaus für die Öffentlichkeitsarbeit zuständig ist.

Manche Frauenhäuser liegen mitten in einem Wohngebiet. Dann wüssten in der Regel die Nachbarn Bescheid, die meisten seien sensibilisiert und nähmen Rücksicht auf die Bewohnerinnen und deren Kinder, sagt Heike Ritterbusch, Mitarbeiterin in einer anderen Schutzeinrichtung in Berlin. Die Sozialwissenschaftlerin berichtet aber auch von einem Nachbarn, der sich seit zwanzig Jahren immer wieder beschwert, wenn Kinder beim Spielen einen Ball über den Zaun in seinen Garten schießen.

Mittwoch, 16 Uhr, in einem Frauenhaus irgendwo in der Republik. Draußen regnet es, an der Wäschespinne im Hof baumeln T-Shirts, Hosen, Babystrampler. Sachen, die schon trocken waren und jetzt wieder nass werden. Das ist im Moment egal, muss egal sein. Es ist Hausversammlung, immer an diesem Wochentag, immer um 16 Uhr. Ein Termin, den jede hier kennt, Pflicht für alle. Nur wer um diese Zeit arbeitet oder beim Arzt sein muss, darf fehlen.

Frauen strömen in den Gemeinschaftsraum im Erdgeschoss. Manche tragen Leggings und Hoodies, andere Babys auf dem Arm. Einige sehen müde aus, zwei junge Frauen sind perfekt geschminkt, eine andere ist schwanger. Kinder laufen herum. Es gibt Frauen mit Kopftuch und Frauen, die kein Deutsch sprechen. Neben sie setzt sich eine, die ins Arabische übersetzen wird. Auf einem langen, flachen Tisch stehen Kaffeekannen, Tassen, Teller. Platten mit Kuchenbergen und Schalen mit Bananen, Äpfeln, Pfirsichen.

»Die Tafel hat heute wieder geliefert«, sagt eine Mitarbeiterin der Unterkunft. Einmal in der Woche bringt die Tafel, ein Sozialverein, der überall im Land übrig gebliebene einwandfreie Lebensmittel bei Händlern und Herstellern einsammelt, diese zu jenen Menschen, die sie brauchen können: Arbeitslose, Alleinerziehende, Geringverdienerinnen und -verdiener, kinderreiche Familien, Obdachlose, Rentnerinnen und Rentner. Dann fahren die spendenfinanzierten Kühltransporter in Obdachlosen- und Flüchtlingsheime sowie in Frauenhäuser.

Bis zu 17 000 Frauen und rund 15 000 Kinder finden jedes Jahr Zuflucht in den 353 Frauenhäusern und 41 Zufluchtswohnungen in allen Ecken der Bundesrepublik.[1] »Die Zahlen steigen wieder leicht an«, sagt Heike Herold, Geschäftsführerin vom Verein Frauenhauskoordinierung in Berlin.[2]

Die Frauen liefern ein heterogenes Bild: Mehr als die Hälfte der Frauen hat einen Migrationshintergrund, sie kommen aus allen Regionen der Welt, aus der Türkei, Afghanistan, Bulgarien, Eritrea, Thailand, Russland. Aus Australien und Ozeanien, Albanien, Somalia, Syrien, Amerika. Die Jüngsten sind achtzehn Jahre alt, die Ältesten über sechzig. Es gibt Frauen mit und ohne Schulabschluss, etwa jede Zwölfte hat Abitur. Ein Viertel der Betroffenen hat einen Beruf gelernt, mehr als jede Dritte hat nie eine Ausbildung absolviert.[3]

Die Frauen versinken in Sofas und in Sesseln. Eine Anwesenheitsliste geht herum. An einer Wand steht ein Bücherregal mit Märchenbüchern, Geschichten von Wilhelm Busch, Ratgebern zu häuslicher Gewalt. An der anderen Wand hängen ein Erste-Hilfe-Kasten, Fotos mit gut gelaunten Frauen und eine Informationstafel mit Telefonnummern: Polizei, Notarzt, Handynummern vom Bereitschaftsdienst. In der Ecke steht ein »Notfallschrank«: Tampons, Tütensuppen, Zahnbürsten, für den Fall, dass eine Frau nur mit dem kommt, was sie auf dem Leib trägt.

»Das vorab«, sagt eine Mitarbeiterin des Frauenhauses, »wir möchten von euch nicht als Betreuerinnen angesprochen werden, sondern als Beraterinnen. Wir beraten euch, wir betreuen euch nicht.«

Das ist der Ansatz der Frauenhäuser in Deutschland: Die Bewohnerinnen und ihre Kinder sind hier sicher, hier sollen sie Ruhe und zu sich selbst finden. Dabei helfen ihnen die Beraterinnen. Sie hören zu, erklären, raten. Manchmal gehen sie mit ihnen zum Arzt, zur Polizei, zur Schule, zur Ausländerbehörde. Irgendwann aber müssen das die Frauen selbst können. Die Beraterinnen nennen es »Hilfe zur Selbsthilfe«. Die autonomen Frauenhäuser in Köln werben für sich mit dem Slogan »Mehr als ein Dach über dem Kopf«.

Kaffeetassen klappern, ein zweijähriges Mädchen weint, zwei Frauen sprechen Englisch miteinander, der Regen klatscht an die Fensterscheiben. Es geht es um Normen im Haus, Notfälle, Essen. Die Bewohnerinnen wechseln ständig die Themen, die in der Hausversammlung besprochen werden, wiederholen sich: Hygiene, Putzdienst, Musik, Rauchen.

»Toaster, Sandwichmaker und Wasserkocher bleiben in der Gemeinschaftsküche, die sind für alle da«, sagt eine Beraterin. »Jede wäscht ihr Geschirr selbst ab und überlässt das nicht derjenigen, die Putzdienst hat.«

Alkohol und Drogen sind verboten, geraucht wird nicht im Haus, sondern auf dem Balkon oder im Hof in der Raucherecke, die von nirgendwo einsehbar ist. Kinder sollen nicht allein draußen spielen und nicht allein zur Schule gehen.

Die Beraterin sagt: »Ihr müsst eure Kinder in der ersten und zweiten Klasse zur Schule bringen, das dürfen nicht größere Geschwister oder Kinder aus dem Nachbarzimmer machen. Kinder passen nicht auf Kinder auf, klar?«

Es habe mal einen Fall gegeben, schiebt sie hinterher, da habe ein Vater das Kind auf dem Schulweg entführt.

Im Frauenhaus geht es zu wie in jeder großen WG: klare Regeln für alle. Hält sich eine nicht daran, sind andere sauer, es gibt Zoff, Schuldzuweisungen, Ausflüchte – ich hatte Kopfschmerzen, keine Zeit, musste zum Amt – kennt man. Manche Frauen freunden sich an, andere können sich nicht leiden. Ein paar fegen ihr Zimmer zweimal am Tag aus, andere einmal in der Woche.

»Nehmt Rücksicht aufeinander«, fordert die Beraterin.

Und: Manche Neue sind verwirrt, wenn sie hier ankommen, sie stehen unter Schock und wissen nicht, was sie zu tun haben. Sie brauchen Zeit, hier klarzukommen. Tasse zerschmissen? Kein Problem. Jeder kann mal ein Missgeschick passieren, davon geht die Welt nicht unter.

Manche Häuser haben weniger als zwanzig Plätze, viele etwa Raum für sechzig Frauen und ihre Kinder, einige Häuser bieten mehr Betten. Es gibt Einzelzimmer und welche mit Doppelstockbetten. In fast jedem Raum stehen Kinderbetten.

Die Frauen leben hier zwischen drei und sechs Monaten, manche bleiben länger, andere verlassen das Frauenhaus nach einer Woche. In einigen Fällen bleiben Frauen nur eine Nacht. Wegen der angespannten Lage auf dem Wohnungsmarkt bleiben viele Frauen mittlerweile durchschnittlich ein halbes Jahr, manche schon mal bis zu zwölf Monaten.

Das Telefon klingelt. Eine neue Frau soll aufgenommen werden. Ein Notfall, es muss schnell gehen. Wer holt die Neue ab? Spricht sie Deutsch? Sie kommt mit mehreren Taschen und kleinen Kindern. Wer geht mit?

Eine halbe Stunde später ist die Frau da, eine Serbin, an der Hand zwei kleine Jungen, drei und vier Jahre alt. Eine Beraterin weist sie ein: Du musst die SIM-Karte deines Handys abgeben, Mobiltelefone sind verboten in unserem Frauenhaus, wegen der Sicherheit.[4] Hast du deinen Pass dabei, die Krankenversicherungskarte? Je mehr Papiere, umso besser. Dann musst du erst mal nicht nach Hause zurück. Geburtsurkunden für dich und die Kinder, eine Heiratsurkunde vielleicht, Impfpässe, eine Bescheinigung vom Jobcenter?

Die Beraterin versucht, an alles zu denken: Brauchst du bestimmte Medikamente? Hast du die mit? Hast du das Lieblingsspielzeug der Kinder eingepackt? Nicht alles, okay, in der Eile nur das Nötigste mitgenommen. Blöd, aber das kriegen wir schon hin.

Meistens wird sich geduzt, das ist einfacher für die Kommunikation und schafft rasch Nähe. Die Beraterinnen werden mit ihren Vornamen angesprochen, ihren Nachnamen verraten sie nicht, aus Sicherheitsgründen.

Ein Frauenhaus ist kein Hotel

Der Aufenthalt im Frauenhaus kostet zwischen 39 und 120 Euro,[5] pro Person pro Tag. Geld, das die wenigsten Frauen haben. Selbst Frauen, die aus Haushalten mit einem hohen Einkommen kommen, stehen oft mittellos vor der Tür einer Einrichtung, weil ihnen der Mann den Zugang zu den Konten gesperrt hat. Nur etwa jede Vierte, die in ein Frauenhaus flieht, hat ein eigenes Einkommen. Rund die Hälfte lebt von Sozialhilfe, Unterhalt, Unterhaltsvorschuss und Kindergeld. Asylbewerberinnen bekommen in der Regel staatliche Leistungen nach dem Asylbewerberleistungsgesetz. Ein Drittel der Frauen lebt vom Unterhalt des Ehemannes oder Partners.[6]

Viele der Frauen haben Schulden. Zu teure Handyverträge, unbezahlte Mieten, Kredite für ein gemeinsames Haus, unnötige Versicherungen, unwirtschaftliche Haushaltsführung. Häufig müssen die Frauen Bürgschaften für Aktivitäten ihrer Ehemänner oder Partner abzahlen.[7]

»Es ist eher die Ausnahme, dass eine Frau keine Schulden hat, oft in beträchtlicher Höhe«, sagt Heike Ritterbusch. »Ohne eigenes Einkommen ist das Abtragen eine große Hürde und erschwert zusätzlich den Zugang zum Wohnungsmarkt.«

Unabhängig davon, ob eine Frau einen Job und damit ein eigenes Einkommen hat, ob eine Frau Sozialleistungen bekommt, Studentin oder Asylbewerberin ist – die meisten Frauenhäuser versuchen, die Betroffenen aufzunehmen. In der Regel müssen die Frauen für jeden Tag, den sie im Frauenhaus verbringen, eine Benutzungsgebühr bezahlen. Das können 10 Euro sein, mancherorts weniger, anderenorts mehr. Haben die Frauen kein Geld, übernehmen Jobcenter und Sozialämter diese Summen. Für Essen, Hygiene- und Kosmetikartikel, Spielzeug für die Kinder müssen die Frauen selbst sorgen. Die meisten Frauenhäuser haben Spendenfonds, viele Frauen sind darauf angewiesen.

Die Frauen müssen selbst einkaufen und kochen, Wäsche waschen und putzen. Ein Frauenhaus ist kein Hotel, es ist ein Ort, der sich selbst organisiert. Es ist aber auch kein Gefängnis, die Frauen können kommen und gehen, wann sie wollen. Für manche, die besonders gefährdet sind, gibt es Vorsichtsmaßnahmen: Zum Einkaufen sollten sie nicht allein gehen. Wer zur Arbeit muss, sollte umsichtig sein. Es könnte sein, dass eine Frau von ihrem Peiniger verfolgt wird. Einige Frauen müssen ihre Jobs oder ihre Ausbildung aufgeben, weil der Mann ihr vor der Arbeits- oder Ausbildungsstätte auflauert und sie erneut bedroht. Kinder sollten generell überallhin von Erwachsenen begleitet werden.

Seit es Frauenhäuser gibt, klagen diese über zu wenig Geld. Die Finanzierung ist »ungeregelt und unzureichend«, sagt Stefanie Föhring von der Zentralen Informationsstelle Autonomer Frauenhäuser (ZIF) in Bonn: »Wie ein Frauenhaus personell und räumlich ausgestattet ist, hängt vor allem vom politischen Willen der Kommune und des jeweiligen Bundeslandes ab. Es gib kein Gesetz, das die Finanzierung sichert.«

Manche Häuser erhalten eine Pauschalfinanzierung vom Land oder der Kommune, andere werden über einen Passus im Sozialgesetzbuch finanziert, die meisten erhalten eine Mischfinanzierung. Ideal wäre eine Pauschalfinanzierung, sagt Heike Herold von der Frauenhauskoordinierung in Berlin: »Dann könnten alle betroffenen Frauen unproblematisch aufgenommen werden. Unabhängig davon, ob sie ein Einkommen haben oder nicht, und unabhängig davon, ob sie Studentin, Asylbewerberin oder Hartz-IV-Empfängerin ist.«

Der *Bericht der Bundesregierung zur Situation der Frauenhäuser, Fachberatungsstellen und anderer Unterstützungsangebote für gewaltbetroffene Frauen und deren Kinder*, den das Bundesfamilienministerium 2012 veröffentlicht hat, zeigt einen unüberschaubaren Flickenteppich mit verschiedenen Finanzierungsarten. Die unterscheiden sich von Bundesland zu Bundesland, von Kommune zu Kommune, selbst innerhalb einer Kommune kann es unterschiedliche Varianten geben, nach denen ein Frauenhaus, eine Zufluchtswohnung und eine Beratungsstelle finanziert werden.

Manche Frauen kehren zu ihrem Mann zurück

Seit über dreißig Jahren fordern Frauenhäuser und Beratungsstellen eine gesicherte, transparente und klar verständliche Finanzierung.

»Es muss ein eigenes Finanzierungsgesetz für Frauenhäuser und Fachberatungsstellen mit einem Rechtsanspruch für gewaltbetroffene Frauen geben«, fordert Heike Herold von der Frauenhauskoordinierung. Der Rechtsanspruch sollte in den Sozialgesetzen verankert werden.

Der erste Entwurf des Koalitionsvertrags zwischen Union und SPD 2013 sah ursprünglich »eine verlässliche Grundlage«[8] für Hilfseinrichtungen von 50 Millionen Euro vor. Die Passage wurde dann aber gestrichen. Jetzt bekennt sich die schwarzrote Koalition lediglich dazu, die »Lücken im Hilfesystem schließen«[9].

»Auf eine Frau, die Hilfe findet, kommen zwei Frauen, die Hilfe suchen, aber keine finden«, sagt die Soziologin Barbara Kavemann, die seit Jahrzehnten zu Gewalt und deren Folgen forscht. Sie beklagt: »Diese Frauen bleiben sich selbst überlassen. Das ist ein Skandal.«

»Eine personelle Unterausstattung [in den Frauenhäusern, d. A.] erschwert nicht nur den von Gewalt betroffenen Frauen und ihren Kindern den schnellen und unbürokratischen Zugang zu Schutz und Hilfe, sondern schmälert zwangsläufig insbesondere den Erfolg der nur langfristig wirksamen Leistungen der Autonomen Frauenhäuser«, heißt es 2013 in einer sogenannten Zufriedenheitsstudie von Bewohnerinnen in Einrichtungen in Nordrhein-Westfalen.[10]

Oder anders ausgedrückt: Nur wenn Frauenhäuser finanziell abgesichert und gut ausgestattet sind, können sich Beraterinnen und Bewohnerinnen vollständig darauf konzentrieren, den Gewaltkreislauf zu beenden. Dann sind sie nicht gezwungen, den Aufenthalt schneller als nötig zu beenden.

»Je länger eine Frau im Frauenhaus ist, desto stabiler ist sie und damit ihre Zukunft«, weiß Stefanie Föhring von der ZIF in Bonn.

Die meisten Frauen ziehen aus dem Frauenhaus in eine neue, sichere Unterkunft. Das kann eine Zufluchtswohnung sein oder eine eigene Wohnung – ohne den gewalttätigen Ehemann oder Partner. Manche ziehen zurück in ihre alte Wohnung, aus der der Peiniger mittlerweile ausgezogen ist. Andere kommen zeitweilig bei Freunden und Verwandten unter, einige ziehen um in ein anderes Frauenhaus.[11]

Es gibt aber auch Frauen, die zu ihrem gewalttätigen Mann zurückkehren. Heike Ritterbusch, zuständig für die Öffentlichkeitsarbeit in einem Berliner Frauenhaus, erinnert sich an einen »besonders heftigen Fall«: Eine schwer kranke Frau mit zwei Kindern lebte ein Jahr in einer Schutzeinrichtung und sollte in eine eigene Wohnung umziehen. Die wurde nach mühsamer Suche für die Frau und ihren beiden Kinder gefunden. Überraschend und über Nacht aber ging die Frau alsbald zu ihrem gewalttätigen Mann zurück, der vermutlich auch die Kinder geschlagen hat.

»So was kommt vor«, sagt Heike Ritterbusch, »auch wenn es für viele Außenstehende nicht nachvollziehbar sein mag. Trotzdem kann jede Frau ein zweites oder drittes Mal ins Frauenhaus kommen.«

Warum gehen Frauen dorthin zurück, wo es ihnen nicht gut geht, wo sie und ihre Kinder nicht sicher sind?

»Für viele ist es schwer, sich aus der Gewaltspirale und den festen Familienformen zu lösen«, erklärt Ritterbusch. »Die meisten leben jahrelang unter dem Druck des Mannes, meist in einer Community, die streng darauf achtet, dass nach außen hin alles seine Ordnung hat, und die das Verhalten der Frauen kontrolliert.«

Auf der anderen Seite biete die Gemeinschaft aber auch Zugehörigkeit. Für jene Frauen stelle es eine sehr hohe Hürde dar, sich zu trennen und nach der Trennung »standhaft« zu bleiben.

Heike Ritterbusch sagt: »Manche Frauen brauchen länger für eine solch schwierige Entscheidung. Genau dabei bieten wir Hilfe und versuchen, Mut zu machen.«

Der Regen lässt nach, die Sonne arbeitet sich mühsam durch die noch am Himmel stehenden Wolken. Es wird unruhig im Gemeinschaftsraum des Frauenhauses. Der Kaffee ist ausgetrunken, Obst und Kuchen sind aufgegessen, alles scheint gesagt. Ein paar Kinder rennen herum und quengeln, sie wollen raus in den Hof. Ein kleiner Junge schmiegt sich ans Bein seiner Mutter.

»Okay«, sagt eine Beraterin, »ist so weit alles klar?«

Die Frauen nicken.

»Dann sehen wir uns in einer Woche wieder hier.«

Eine Frau springt aus ihrem Sessel auf, läuft in den Hof zur Wäschespinne und wringt ein T-Shirt aus. Dann stellt sie sich in die sichtgeschützte Ecke und zündet sie sich eine Zigarette an.

12 Sie beißt ihm ins Ohr
oder
Männer sind öfter Opfer von häuslicher Gewalt, als gemeinhin bekannt ist

Thomas bringt nichts so schnell in Wallung. Ein Fels in der Brandung, so könnte man ihn beschreiben. Wenn er spricht, brauchen die Wörter eine Weile, bis sie sich formuliert haben. Wenn er sich im Sessel in der Lobby eines Großstadthotels zurechtrückt, schiebt er seinen Körper bedächtig von einer Ecke in die andere.

»Ich bin eher introvertiert«, sagt er. Zurückgezogen in sich selbst, vorsichtig. Rational kühl statt überschwänglich emotional. Und doch macht sich Thomas Vorwürfe. Vorwürfe, die ihn selbst zehn Jahre nach dem Ereignis nicht loslassen.

Ein Abend im Frühjahr. Die Luft ist mild, die Straßenlaternen werfen behagliches Licht auf das Kopfsteinpflaster, es ist friedlich, eine Nacht für Rosé und Romantik. Aber Thomas und seine Freundin Elisa streiten – wie so häufig. Es geht um Liebe, um Aufmerksamkeit, um Präsenz und Zuhören. Es gehe immer darum, sagt Thomas: »Das ist unser Thema.« Ihre Beziehung ist ein verwirrendes Geflecht aus Nähe und Distanz.

Elisa redet auf Thomas ein, sie sagt: »Hör mir zu.«

»Mach ich doch.«

»Machst du nicht.«

»Was soll ich deiner Meinung nach tun?«

»Bleib da sitzen und rühr dich nicht vom Fleck.«

»Ich will aber nicht sitzen bleiben.«

»Genau das meine ich. Wenn ich was mit dir besprechen will, weichst du aus. Du hörst mir nicht zu, du hörst mir nie zu. Du machst nur, was du willst.«

Obwohl Elisa befiehlt, Thomas solle nicht aufstehen, drückt er sich vom Küchenstuhl hoch. Er erträgt es nicht mehr. Tausende Male schon hatte das Paar solche Diskussionen. Doch die bringen nichts, alles bleibt, wie es ist. Thomas will raus aus der Küche, ins Bett, Elisa versperrt ihm den Weg. Breitbeinig, die Arme nach oben gestreckt, wie ein Warnkreuz, steht sie im Türrahmen.

Sie sagt: »Du kommst hier nicht raus.«

Thomas weicht zurück, lässt sich rückwärts auf den Stuhl fallen, er will keinen Streit. Widerstand ist zwecklos, weiß er. Das macht sie nur noch wütender. Was bleibt ihm anderes übrig, als seiner Freundin zuzuhören?

Elisa redet schnell, schneller, sie wird lauter.

Thomas denkt: »Was soll das? Ich bin so müde.«

Er steht auf, drückt sich an seiner Freundin, die den Türrahmen noch immer blockiert, vorbei ins Schlafzimmer. Er legt sich ins Bett, in Sekundenschnelle nickt er ein.

Plötzlich spürt er einen heftigen Schmerz in seinem Rücken, so als sei der Schlafzimmerschrank umgekippt und auf ihn gefallen. Aber da liegt nicht das Möbelstück auf seinem Rücken, es ist Elisa. Sie war von hinten auf ihn draufgesprungen. Nun hockt sie auf ihm, ihr Gewicht drückt auf seine Wirbelsäule, ihre Hände krallen sich in seine Schulterblätter, sie beißt ihm ins linke Ohr. Der Schreck und ein stechender Schmerz lassen Thomas herumfahren, er schüttelt Elisa ab und schlägt seiner Freundin mit der flachen Hand mitten ins Gesicht.

Elisa erschrickt, steigt von ihm ab und sagt: »Du hast mich geschlagen, das darfst du nicht.«

Thomas sitzt im Bett und starrt auf seine Hände. Er denkt: »Ich habe eine Frau geschlagen, das darf ich nicht. Wie konnte das passieren? Ich bin Mitte dreißig und Sozialwissenschaftler, ich weiß, dass Gewalt keine Lösung ist. Ich lehne jegliche Übergriffe ab. Und nun das.«

»Ich habe total rotgesehen«, sagt Thomas.

Er schaut sein Gegenüber selten an, als er davon erzählt. Er nippt an einer Tasse Tee vor ihm auf dem flachen Hotellobbytisch.

Sein Blick heraus aus der Hotellobby scheint irgendetwas im diesigen Oktoberhimmel zu suchen. Vor dem Fenster hasten Menschen vorbei, es nieselt, keine schöne Stimmung.

»Ich fühle mich nicht nur schuldig, weil ich zurückgeschlagen habe. Sondern auch, weil ich andere körperliche Voraussetzungen habe«, sagt er.

Er ist fast 2 Meter groß, ein 100-Kilo-Mann. Elisa ist nicht mal 1,60 groß, sie wiegt die Hälfte von ihm.

»Wenn ich das jemandem erzähle, wirke ich sofort unglaubwürdig«, sagt er. »Starker Mann, zierliche Frau, da steht die Täter-Opfer-Konstellation sofort fest.« Mann gleich Täter, Frau gleich Opfer.

Es scheint logisch: Wie soll diese Frau Gewalt gegen den übermächtigen Mann ausüben? Sie ist kleiner und schwächer, physiologisch in jeder Hinsicht unterlegen. Er könnte ihr allein mit einem einzigen Handgriff die Knochen brechen.

Aber so einfach ist das nicht. Nicht bei Elisa und Thomas. Und nicht bei anderen Paaren, die Ähnliches erleben.

»Frauen wenden ähnlich viel Gewalt gegen Männer an wie umgekehrt«, erkannte der Familienanwalt Jürgen Gemünden aus Ingelheim am Rhein vor rund fünfzehn Jahren.[1] Jedenfalls dann, so hat es der Soziologe erlebt, wenn man nicht die Kriminalstatistik befrage, sondern Paare direkt. Wenn Gewalt sich manifestiert, sich die Spirale aus Beschimpfungen, Beleidigungen und Bedrohungen nach oben schraubt, dann werden auch Frauen gewalttätig, bestätigt der Berliner Familientherapeut Peter Thiel: »Mitunter schlagen Frauen sogar früher zu als Männer.«

2015 ermittelte das Bundeskriminalamt rund 130 000 Fälle von Partnerschaftsgewalt. 18 Prozent der Opfer waren Männer. Zwei Jahre zuvor ermittelte das Landeskriminalamt Berlin, dass bei den damals 14 300 gemeldeten Fällen häuslicher Gewalt knapp 24 Prozent Frauen die Täterinnen waren. Die Männer zeigten die Frauen an, weil diese sie geschlagen, geschubst, bedroht oder mit Gegenständen beworfen haben.

Allerdings unterscheiden sich die Gewaltarten und deren Heftigkeit laut Gemünden: Frauen werfen eher mit Gegenständen und verwenden Waffen. Männer benutzen ihre Hände, Füße, Beine.

Für die Opfer hat das unterschiedliche Folgen. Gemünden sagt: »Männer werden wahrscheinlich seltener schwer verletzt, als das bei Frauen der Fall ist.«[2]

Auch andere Juristinnen und Juristen, die sich auf Fälle von Partnerschaftsgewalt spezialisiert haben, berichten über Attacken von Frauen gegen Männer. »Meistens passiert das im Affekt«, sagt ein Anwalt für Familienrecht einer renommierten Kanzlei in Berlin. Er möchte anonym bleiben, um sich und seine Mandantinnen und Mandanten zu schützen. »Die Verletzungen sind höchst unterschiedlich. Männer haben manchmal einen blauen Fleck am Oberarm, Frauen wird dagegen schon mal das Nasenbein gebrochen.«

Thomas und Elisa lernen sich bei Freunden kennen. Elisa ist impulsiv, witzig, schlagfertig, extrovertiert, das ganze Gegenteil von Thomas.

»Ich fühlte mich stark von ihr angezogen«, sagt er.

Nach wenigen Wochen ziehen sie zusammen, ein Jahr später bekommen sie ein Kind. Es ist eine intensive Beziehung. So intensiv, dass es nur zwei Extreme gibt: ein Hochgefühl mit Ausgelassenheit, Freude, Sex. Oder eine hochexplosive Stimmung mit Streit, Verletzungen, endlosen Debatten. So zumindest erlebt es Thomas. Einen normalen Alltag, sagt er, den gebe es nicht. Keine Verlässlichkeit, keine Gefühlskontinuität.

Elisa kenne keine Grenzen, sagt der Mann. Wenn sie Sex will, haben die beiden Sex. Wenn sie reden will, reden die beiden. Selbst nachts um 3 Uhr.

»Manchmal weckte sie mich mitten in der Nacht, weil sie irgendwas mit mir besprechen wollte.« Nichts Wichtiges, das dringend in dieser Stunde geklärt werden musste. Es geht um Belanglosigkeiten. Der Abwasch vom Abendessen, das Treffen am nächsten Tag mit einem Freund, so was. Sie will hören, dass er sie liebt: Los, sag das jetzt, sofort. Warum reagierst du nicht?

Häufig endeten die Streits in einem »fürchterlichen Tumult«, erklärt Thomas. Geschirr kracht auf den Boden, Gabeln fliegen durch die Küche. Einmal drückt Elisa dem Mann eine Weinflasche gegen Brust und Oberarm. Er wehrt seine Freundin ab und nimmt sie in den Schwitzkasten. Am Ende sind seine Arme übersät mit blauen Flecken, sie trägt ein blaues Auge davon.

Zur Polizei gehen sie nicht, keiner von beiden. Elisa drohte damit, es zu tun, sagt Thomas: »Sie droht heute noch.« Das setzt ihn unter Druck, macht ihm Angst.

Gewalt gegen Männer wird belächelt

Über Männer, die Gewalt erfahren, gibt es viele Vorurteile: Das sind keine »richtigen« Männer. Stimmt es überhaupt, wenn die erzählen, dass sie von einer Frau angegriffen worden sind? Männer können sich schließlich wehren, sie sind stärker und größer als Frauen. Männer können sich durchsetzen, das müssen sie im Job, vor dem Chef, gegenüber Kolleginnen und Kollegen. Warum soll das zu Hause anders sein? Und überhaupt: Männergewalt ist physisch, Frauengewalt psychisch.

»Gewalt gegen Männer wird belächelt«, sagt Rolf Weinert vom Verein Männerwohnhilfe in Oldenburg in Niedersachsen. Von den Behörden, der Polizei, aber auch von manchen Frauen und Männern. »Ich kenne keinen einzigen Fall, bei dem die Staatsanwaltschaft ein Verfahren gegen eine Frau eröffnet hat.«

»Männer, die körperliche oder seelische Gewalt von ihren Partnerinnen erfahren, sind häufig genauso geschockt davon wie Frauen, die das umgekehrt erleben«, stellt Familientherapeut Peter Thiel fest. Unter dem Dach im Hinterhof eines Berliner Miethauses betreibt er seine Beratungspraxis. Kleiner, karger Raum, abgezogene Dielen, tiefe, schwingende Sessel. Zu ihm kommen Paare, die ihre Liebe wiederfinden, und Paare, die sich trennen wollen oder schon getrennt sind und nicht wissen, wie sie am besten den Umgang mit den Kindern regeln. Zu ihm kommen aber auch Männer, die von ihren Ehefrauen und Freundinnen geschlagen und gedemütigt werden.

Thiel resümiert: »Manche Männer sind völlig hilflos, sie wissen weder ein noch aus und schon gar nicht, was sie tun können.« Mit dem Therapeuten können sie wenigstens darüber reden.

Es kommen Bauarbeiter, Polizisten, Lehrer, Ingenieure, Architekten, Professoren. Es sind junge, mittelalte und ältere Männer. Die meisten haben Jobs, manche sind arbeitslos. Sie kommen aus Deutschland und aus anderen Ländern der Welt. Sie bilden eine ebenso heterogene Gruppe wie Frauen, die von ihren Partnern geschlagen werden. Und sie sind ebenso rat- und wehrlos wie die Frauen.

Peter Thiel erinnert sich an einen Mann, der von seiner Frau beschimpft und emotional verletzt worden war. Sie habe ihn mit Worten und Gesten bedroht. Er habe nicht verstanden, warum sie das tat. Ebenso wenig hätte er eine Lösung für die Auseinandersetzungen, sagt Thiel: »Er war wütend und aufgeregt und dadurch handlungsunfähig.« Wenn es »mal wieder so weit war«, wenn sie ihn verbal angriff und sich der Mann bedrängt fühlte, habe er sich in die S-Bahn gesetzt, sei durch die Nacht gefahren und erst am Morgen nach Hause zurückgekehrt.

Warum hat der Mann nicht bei Freunden übernachtet? Sich von ihnen in den Arm nehmen lassen? Der Mann hatte keinen Vertrauten, dem er so etwas erzählen konnte. Thiel sagt: »Viele Männer haben keine Freunde, weder männliche noch weibliche, denen sie solche Erlebnisse anvertrauen können. Das ist ein Problem.« Der einzige und beste Freund vieler Männer sei deren Frau, weiß Thiel.

Sprachlosigkeit der Männer behindert Forschung

Manchmal kommt Thomas betrunken nach Hause. Elisa »bombardierte« ihn vorher mit SMS, »terrorisierte« ihn am Handy. Der Alkohol betäubt ihn, er lässt sich wegtragen vom Wein und vom Whisky. Nachdem er die Wohnung betreten hat, steuert er direkt sein Arbeitszimmer an, dort verkriecht er sich unter dem Schreibtisch. Der ist groß und schwer, wie ein Dach, der bietet mir Schutz, glaubte Thomas. Dort liegt er zusammengekauert und wartet darauf, rauskommen zu können, ohne dass ihm etwas geschieht. Manchmal schläft er die ganze Nacht unter dem Holztisch.

Seinen Freunden erzählt er nichts. Nichts von Elisas Beschimpfungen und Herabwürdigungen, nichts von ihrem Biss in sein Ohr, nichts von seiner Gegenwehr. Manche ahnen, dass bei Thomas und Elisa etwas nicht stimmt. Keiner stellt Fragen.

»Unter Männern ist es ein Tabu zu erzählen, dass die Frau tyrannisch ist. Es ist ein Tabu, sich als Opfer zu outen«, erklärt Thomas. Man laufe Gefahr, sich lächerlich zu machen und sich in seiner Männlichkeit zu reduzieren. »So möchte man vor anderen nicht dastehen.«

Die Sprachlosigkeit vieler Männer, ihre Sorge, gesellschaftliches Prestige einzubüßen, wenn sie ihre Opfererfahrung öffentlich machen, behindert nicht nur die wissenschaftliche Forschung zum Thema. Sie ist vor allem ein Problem für Betroffene selbst.

»Über Gewalt zu sprechen, fällt niemandem leicht«, sagt Familientherapeut Peter Thiel. »Männern fällt es in der Regel noch schwerer als Frauen.« Thiel sieht den Grund dafür in einem archaischen Männerbild, das auf Stärke, Dominanz und Unabhängigkeit gründe. Wer das nicht bediene, sei in den Augen mancher anderer kein »richtiger Mann«. Dahinter steckten Klischees wie: Ein Mann weint nicht. Ein Mann muss tun, was ein Mann tun muss. Ein Mann hat seine Frau im Griff.

Männer, die nach diesen Leitsätzen lebten, trügen einen »inneren Panzer«, sagt Thiel. Sie glauben, dadurch geschützt und wehrhaft zu sein, mehr Selbstsicherheit auszustrahlen, indem sie ihre Seele und ihre Emotionen verbarrikadieren. Sie denken, solch ein »Panzer« mache sie unangreifbar für Sentimentalitäten und Gefühlsduseleien.

»Das ist falsch«, meint Thiel, »das Gegenteil ist der Fall.« »Panzermänner« scheinen nur nach außen stark, nach innen sind sie verletzlich und instabil.

Auch die Wissenschaft beklagt die Sprachlosigkeit der Männer: Ohne ausreichende Erkenntnisse über Gewalt gegen Männer, die insbesondere Opfer vermitteln könnten, sei es unmöglich, Konfliktlösungen zu entwickeln.

»Viele Männer wagen es nicht, sich zu offenbaren«, hat Heike Hölling, Gesundheitswissenschaftlerin am Robert-Koch-Institut (RKI) in Berlin, erfahren.[3] Die Scham darüber, insbesondere dann, wenn sie von einer Frau geprügelt und gedemütigt worden sind, wiege »sehr schwer«. Hölling sagt: »Schwäche oder Angst zu zeigen, sozial nicht integriert zu sein, vielleicht sogar zu weinen, passt nach wie vor nicht zum Männerbild in der Gesellschaft.«[4]

Der Fall Jürgen

In seinem Männerbild verunsichert fühlte sich auch Jürgen, groß, schlank, grauhaarig, randlose Brille. Ein Mann, der sich im Alter bewusst nur mit wenigen Gegenständen umgibt und in einer WG lebt. Über dreißig Jahre habe er gebraucht, sagt er heute, bis er verstanden habe, was er als junger Mann mit einer früheren Freundin erlebt hatte. Beide Mitte dreißig damals und schon ein paar Lieben hinter sich, jetzt waren sie sehr verknallt ineinander. Wegen der Kinder, die sie mit anderen Partnern hatten, pendelte das Paar zwischen ihrer und seiner Wohnung hin und her. Montags trafen sie sich bei Birgit, dienstags bei Jürgen. Das sei wunderbar gewesen, sagt Jürgen: »Für Erwachsene und Kinder die perfekte Situation.« Für ein paar Monate, vielleicht auch ein paar Jahre. So genau kann Jürgen das nicht mehr sagen. Er versucht sich nur für das Gespräch mit der Reporterin daran zu erinnern. Ansonsten will er die Frau aus seiner Erinnerung streichen.

»Weichei«, habe sie ihn eines Tages genannt. Und: »Schlappschwanz«.

Jürgen glaubte, sich verhört zu haben, als sie ihn das erste Mal so titulierte. Meint sie das im Ernst? Das war nur ein Scherz, tröstet er sich: Birgit ist genervt von meiner Exfrau, der Mutter meiner Kinder. Die will häufig was repariert haben in ihrer Wohnung, und immer fragt sie mich. Hat die keine Freunde, die das übernehmen können?

Jürgen und seine Exfrau waren schon eine Weile getrennt, wegen der Kinder aber mussten sie regelmäßig miteinander telefonieren, sich treffen. Jürgen half ihr außerdem viel im Garten und im Haus. Regale anschrauben, Rasenmähen, Waschmaschine anschließen.

»Das ging Birgit irgendwann auf die Nerven«, erzählt Jürgen. »Zu Recht. Meine Ex rief meistens am Wochenende an. Oder am Tag, an dem wir in den Urlaub fahren wollten.«

Jedes Mal das gleiche Spiel: Nachdem Jürgen aufgelegt hatte, marschierte er um die Ecke der Eigenheimsiedlung und tat das, was seine Exfrau ihm aufgetragen hatte.

Birgit war das bald zu viel, sie forderte: »Hör auf, dieser Frau wie ein Köter hinterherzurennen. Lass dich von der nicht am Nasenring durch die Arena schleifen. Wann spielen wir – ich und meine Kinder – in deinem Leben endlich die Rolle, die deine Exfrau noch immer besetzt?«

Jürgen war überfordert: Die eine will dies, die andere das. Dazwischen Job, Sport, Kinder. »Ich wollte hundert Prozent bieten, in jeder meiner Rollen.«

Sein Perfektionismus brachte ihn fast um den Verstand und an den Rand seiner Kräfte. Schließlich brachte er seine neue Beziehung zu Fall. Und jetzt nannte ihn Birgit auch noch »Weichei«.

Am Ende habe sie ihn nur noch beschimpft: Versager, Wichskrüppel, Arschgesicht. So jedenfalls erinnert sich Jürgen an die letzten Wochen ihrer Beziehung. Sätze wie »Du bist selbst zum Ficken zu blöd« und »Kriegst wohl keinen mehr hoch, was?« haben sich in sein Gedächtnis eingebrannt wie ein Feuermal, diese Sätze kriegt er von der Festplatte in seinem Kopf nicht gelöscht.

Diese Sätze »zielten direkt auf mein Mannsein«, sagt Jürgen. »Sie wollte mich in meiner Sexualität, in meiner Männlichkeit treffen und verletzen. Das ist ihr gelungen.«

Auf die Abwertung reagierte Jürgens Körper mit einer erektilen Dysfunktion, jetzt kriegte er tatsächlich keinen mehr hoch: »Sie hatte mich schachmatt gesetzt.«

These von der Frau als häufige Täterin

2013 kam eine vom Berliner Robert-Koch-Institut veröffentlichte Studie zur Gesundheit Erwachsener zu dem Ergebnis, dass Frauen und Männer in gleichem Maße von Partnergewalt betroffen sind. »Männer berichteten tendenziell häufiger als Frauen von körperlichen Angriffen sonstiger, ihnen bekannter Personen«, heißt es in der Untersuchung.[5] Danach gaben Frauen »tendenziell häufiger an, Ausübende psychischer Gewalt gegenüber ihrem Partner«[6] zu sein.

An anderer Stelle fassen die Autorinnen und Autoren zusammen: »Etwa 20 Prozent der Teilnehmenden[7] berichteten über Opfererfahrungen durch psychische Gewalt, jeder zehnte Teilnehmende berichtete, psychische Gewalt ausgeübt zu haben. Männer waren insgesamt häufiger sowohl unter den Opfern als auch unter den Tätern körperlicher Gewalt, während sich die Raten für psychische Gewalt hinsichtlich des Geschlechts jeweils nicht unterschieden.«[8]

Kurz nach der Veröffentlichung ging ein Aufschrei durchs Land. Ergebnisse und Befragungsmodule seien stark gekürzt und verallgemeinert worden, dadurch sei es zu falschen Rückschlüssen gekommen. Frauenberatungsstellung und -netzwerke schrieben Gegendarstellungen. Die Gewaltforscherin Monika Schröttle bezeichnete die Studie als »Lehrstück für die Notwendigkeit einer methodisch versierten Erfassung, Auswertung und Interpretation geschlechtsvergleichender Daten«.[9] Schröttle, die an der Umfrage zunächst beteiligt war, distanzierte sich später von den Ergebnissen und Schlussfolgerungen. Das von ihr erarbeitete »differenzierte Befragungsmodul« sei bis »zur Unkenntlichkeit (und Unbrauchbarkeit) heruntergekürzt«[10] worden.

Schröttle kritisiert, dass nicht mehr erkennbar sei, welche Gewalt Opfer konkret erfahren haben. Waren es leichte Ohrfeigen, Verprügeln oder Waffengewalt? Kam das einmal vor, oder spielten sich gewalttätige Szenen regelmäßig ab? Schröttle merkt ebenso an, dass nicht mehr klar sei, ob die Gewalt nur von einer Person ausgeübt werde oder von beiden Partnern. Sexuelle Gewalt sei komplett ausgeblendet worden. Sie verweist zudem darauf, dass durch andere Studien belegt sei, dass Männer vor allem durch Männer Gewalt erfahren, sich aber selbst seltener als Täter identifizieren. Frauen hingegen würden eine eigene Täterinnenschaft sensibler wahrnehmen als Männer und deshalb häufiger angeben, als das Männer tun.[11]

Eine These, die Männerberater Peter Thiel bestätigt. Männer, die sich einen »Panzer« um ihre Seele gelegt haben, seien »unempfindlicher für Bedrohungen«, sagt er: »Sie erleben Gewalt anders als Frauen, Frauen sind da sensibler.« Dafür hat der Therapeut eine Erklärung: Männer seien körperlicher und im Umgang mit Geschlechtsgenossen robuster. Hier mal kleinere Rangeleien, dort mal ein Schubsen, da mal ein leichter Boxhieb – das sei für sie keine Gewalt, sondern eine Art physischer Kontaktaufnahme. Das hätten sie trainiert, als Jungs, als Jugendliche, als junge Männer. Viele Frauen würden solche Berührungen bereits als Gewalt definieren.

»Männer messen Gewalt weniger Bedeutung zu«, sagt Thiel. Immer wieder erlebt er, dass Männer in seiner Praxis von ihren komplizierten Trennungen und Scheidungen berichten, dass sie Angst haben, ihre Kinder zu verlieren. »Das treibt sie am meisten um«, erklärt er. Eher en passant erzählen sie, dass sie von ihren Frauen schon mal geschlagen, beleidigt und angeschrien wurden. Taten, die Männer nicht als Gewalt erkennen.

Das ändert sich allmählich. »Das Männerbild ist im Wandel begriffen«, stellt Thiel fest. Weg vom Klischee des harten, wehrhaften Typen, der Schmerz runterschluckt, seine Gefühle unter Kontrolle hat und einen Burn-out rechtfertigt als Heldentat durch Arbeitsüberlastung.

»Viele Männer sind heute im Aufbruch«, weiß der Therapeut. In seiner Männergruppe, die sich alle vierzehn Tage trifft, rollen die Teilnehmer schon mal ihre Seele auf dem hellen Holzfußboden aus: Schaut her, so sieht es in mir aus. Zerrüttet, schutzlos, bedürftig. Da weint auch mal einer, und alle sind emphatisch. Schwäche zeigen bedeutet unter diesen Männern nicht, Männlichkeit einzubüßen. »Im Gegenteil«, erklärt Thiel, »Männer, die das können, sind flexibler in ihren Rollen und dadurch stärker.«

Wie aus dem Opfer ein Täter wird

Das sehen nicht alle so. Als Thomas in eine Beratungsstelle ging, um sich als Opfer Hilfe zu holen, wurde er im Gespräch recht schnell gefragt, was er denn getan hätte, dass die Situation so eskaliert sei. Ob er nicht angefangen und sie sich lediglich gewehrt hätte?

»Plötzlich ging es darum, dass ich Täter bin und nicht Opfer«, berichtet Thomas. »Das empfand ich als ungerecht.«

Diese Sichtweise der Beraterinnen und Berater ist nicht grundsätzlich falsch. Manche Männer, die ihre Frauen oder Partnerinnen aufgrund von Schlägen und Drohungen anzeigen, verschweigen, dass die ursprüngliche Gewalt von ihnen, den Männern, ausging und die Frauen sich nur gewehrt haben. So berichten das Polizei, Beratungsstellen, Frauenhäuser. Die Polizei nennt solche Meldungen »taktische Gegenanzeigen«.

Ja, es gibt Männer, die so etwas machen. Auch das hat Berater Peter Thiel erlebt. Aber Männer per se als Täter zu klassifizieren, zeuge von einer Voreingenommenheit, die zu falschen Urteilen führe, erklärt der Männerberater. Unabhängig davon, bringe es nichts, »Gewalt gegen Gewalt aufzurechnen«, meint Opfer Thomas.

Im Gegensatz zu Frauen, die Gewalt erfahren, finden Männer, die Opfer werden, wenig Hilfe. In großen Städten gibt es zwar Männergruppen und Beratungsstellen, aber selten Zufluchtshäuser und -wohnungen. Das sei unzureichend, kritisiert Dirk Siebernik von der Landesarbeitsgemeinschaft Jungen-Männer-Väter Mecklenburg-Vorpommern in Schwerin. Seit über zehn Jahren engagiert sich der Sozialpädagoge im Norden der Republik für Gleichstellungspolitik. Er erzählt in Schulklassen, wie das ist mit den Klischees über Frauen und Männer, wie Stereotype reproduziert werden und was man dagegen tun kann. Er arbeitet mit Jugendlichen, die sich für Geschichte interessieren. Er berät Männer in schwierigen Lebens- und in Gewaltsituationen. Für all das entwickelt er zudem PR-Kampagnen und reist damit durch Mecklenburg-Vorpommern.

Im vergangenen Jahr wollte er mit seinen Kollegen eine Zufluchtswohnung für männliche Gewaltopfer einrichten. »Gewalt in der Familie ist ein gesamtgesellschaftliches Problem und keins, das nur Frauen und ihre Kinder betrifft«, sagt Siebernik. Doch die Verhandlungen mit den Behörden in Schwerin scheiterten: kein Interesse, so etwas sei nicht nötig.

Siebernik sagt: »Der Blick ist eher auf Männer als Täter und die Arbeit mit ihnen gerichtet als auf Männer, die Opfer geworden sind.« Das sei falsch, warnt er: Männer als Opfer müssten aus der Tabuzone geholt werden.

Männliche Opfer finden nur in wenigen Orten in Deutschland Unterschlupf in einer Zufluchtswohnung.[12] Sie sind unterschiedlich groß und meist sparsam eingerichtet. Die Adressen sind – wie bei den Frauenhäusern – nicht öffentlich bekannt. Männer, die dorthin flüchten, sollen für die gewalttätige Frau nicht erreichbar sein, sagt Tristan Rosenkranz, Projektkoordinator des Vereins *Gleichmaß*, der die Wohnung betreibt. In einer Berliner Wohnung der Männerberatung von Peter Thiel findet ein Mann Platz. In der Oldenburger Dreizimmerwohnung, die der Verein *Männerwohnhilfe* unterhält, können zwei Personen bis zu drei Monate wohnen: zwei Männer oder ein Vater mit seinem Kind. Beide Einrichtungen finanzieren sich über Spenden und die Nutzungsgebühren der Bewohner. In Oldenburg beträgt die wöchentliche Nutzungsgebühr 90 Euro, die Miete übernimmt der Vermieter, eine gemeinnützige Wohnungsbaugesellschaft.

»Die Wohnung ist immer voll«, sagt Rolf Weinert vom Vereins-vorstand. Seit 2002 kamen dort rund achtzig Männer jedes Alters unter. Das Durchschnittsalter liegt bei vierzig Jahren.

Anfragen aus allen Teilen der Republik müsse der Verein ablehnen, im Oldenburger »Männerhaus« könnten nur Betroffene aus Oldenburg und der Umgebung unterkommen, erklärt Weinert. Der Verein arbeitet präventiv: Jeder Mann in einer »häuslichen Krisensituation« findet bei Weinert und seinen Kollegen Hilfe. Er sagt: »Er muss nicht von Gewalt betroffen sein, viele sind es aber.«

Störmomente im neuen Leben

Irgendwann trennt sich Thomas von Elisa. Er zieht aus, lernt eine andere Frau kennen, die beiden heiraten. Thomas hat ein neues Leben, ohne verbale und körperliche Attacken, ohne Angst, ohne Demütigungen – bis auf die Momente, in denen Elisa in Thomas' neues Leben eindringt. Wenn sie bei Thomas anruft und wissen will, welche Ferienwoche Thomas mit dem gemeinsamen Sohn verbringen will. Wenn sie an seiner Wohnungstür klingelt, weil das Kind nach dem Papa-Wochenende nicht auf die Minute pünktlich unten auf der Straße steht. Wenn sie ihm in einem Restaurant ein Glas Wasser über dem Kopf ausschüttet.

In den Momenten, in denen Thomas und Elisa in der Öffentlichkeit aufeinandertreffen und es lauter wird zwischen ihnen beiden, glaubt Thomas, die Gedanken der umstehenden Leute lesen zu können: Was für ein Typ! Die arme Frau! Er groß, sie klein. Es wird schon einen Grund haben, warum sie ihn anschreit. Sie muss sich ja schließlich wehren gegen seine Übermacht. Wer weiß, was der vorher mit ihr gemacht hat …

13 Im Zweifel für den Angeklagten
oder
Wie schwer es sein kann zu beweisen, ob zwei Menschen freiwillig miteinander Sex hatten

Der 20. März 2010 ist ein schöner Tag. Frühlingshaft, sonnig, leicht windig. Ein Hoch zieht über Deutschland hinweg. Später wird das Tief »Gisela« folgen. Aber das macht nichts, die Temperaturen bleiben angenehm. Im Norden messen die Meteorologen zwischen 11 und 13 Grad, 18 Grad sind es im Süden der Republik.

Am späten Vormittag dieses 20. März steigt Jörg Kachelmann in Frankfurt am Main aus dem Flugzeug. Der Schweizer Wettermoderator wird von Millionen Zuschauerinnen und Zuschauern geliebt für Sätze wie »Da krachen die Wolken aneinander« und »Mir ist wirklich egal, wie das Wetter wird. Hauptsache es wird so, wie wir es vorausgesagt haben«. Kachelmann will zu seinem Auto gehen, er kommt gerade von den Olympischen Winterspielen in Vancouver. Dort hat er für die ARD das Wetter angesagt. Ein harter Job, ein langer Flug. Jetzt will er Ruhe haben. Miriam K., seine Freundin, will ihn am Flughafen abholen. Sie ist 24 Jahre alt und studiert Psychologie, Kachelmann, ihr Geliebter, ist 52.

Doch die beiden werden sich nicht treffen, zumindest nicht so, wie sie sich das vorgestellt haben. Jörg Kachelmann wird vor den Augen der jungen Frau festgenommen. Auf dem Parkdeck des Flughafens spricht ihn die Frankfurter Polizei an und nimmt ihn mit. Er soll Claudia D., eine andere Geliebte, mit einem Messer bedroht und vergewaltigt haben. So lautet der Vorwurf. Die Polizisten sind diskret, außer Miriam K. bekommt kaum jemand die Festnahme des großen Mannes mit dem verschmitzten Lächeln mit.

Der Wettermoderator widersetzt sich seiner Verhaftung nicht, er sagt nichts zu den Vorwürfen, er hüllt sich in Schweigen. Er nennt nur den Namen seines Anwalts. Am Abend wird Jörg Kachelmann in die Justizvollzugsanstalt Mannheim gebracht.

Der Prozess, der Kachelmanns Verhaftung folgt, wird das Gericht, die Medien und die Öffentlichkeit jahrelang beschäftigen. Manche Zeitungen sprechen von einem der »spektakulärsten Prozesse in der Geschichte der Bundesrepublik«[1]. Als »Prozess-Marathon« bezeichnet der *Spiegel* die Verhandlung. Die *Zeit* nennt ihn einen »Kriminalfall«, der Strafverteidiger und Schriftsteller Ferdinand von Schirach einen »Indizienprozess«[2].

Minutiös verfolgen Fernsehen, Hörfunk und Printmedien die Prozesstage, sie vergleichen Aussagen, wägen ab, spekulieren über Wahrheit und Lüge, Schuld und Unschuld. Die Journalistinnen und Journalisten sind zwar meist nie direkt dabei – die Öffentlichkeit ist vom Prozess weitgehend ausgeschlossen –, aber es werden Gutachten und Akten geleakt, die die Medien erreichen. Es entsteht eine Debatte über häusliche Gewalt, die mehr Beachtung findet als sonst. Denn jetzt geht es nicht um einen unbekannten Täter und ein namenloses Opfer – wie meistens, wenn Männer vor Gericht stehen, die ihre Frauen verprügelt, misshandelt, vergewaltigt oder sogar getötet haben sollen. Es geht um Jörg Kachelmann, einen Prominenten, um jemanden, an dem die Gesellschaft Interesse hat. Und es geht um Kachelmanns Privatleben, das in der Öffentlichkeit ausgebreitet wird, häufig detailreicher und schillernder, als es für die Klärung des Sachverhalts notwendig ist.

Es bilden sich Fronten, sowohl in den Medien als auch in der Gesellschaft, die »Causa Kachelmann« wird am Frühstückstisch diskutiert. Einige Menschen neigen dazu, der Klägerin Claudia D., einer 37-jährigen Radiomoderatorin, und ihren Ausführungen Recht zu geben. Kachelmann habe sie ernsthaft bedroht und vergewaltigt, glauben sie. Warum auch nicht? So manche Männer neigen zu Gewalt, wenn sie nicht das bekommen, was sie wollen. Andere Menschen stellen sich auf die Seite des Mannes, der die Vorwürfe stets zurückweist und seine Unschuld beteuert.

Kann man sich vorstellen, dass dieser Jörg Kachelmann brutal ist? Ein Vergewaltiger? Könnte doch sein, dass sie lügt, weil sie eifersüchtig war wegen anderer Frauen.

Fragen, Spekulationen, Mutmaßungen.

Die sich nach über einem Jahr und einem erstaunlichen wie überraschenden Prozessende nicht vollständig auflösen werden. Nach fast neun Verhandlungsmonaten mit 43 Verhandlungstagen verkündet das Landgericht Mannheim am 31. Mail 2011 sein Urteil. Über hundert Menschen wollen live im Gerichtssaal dabei sein, wenn die Richter mitteilen, ob sie den Wettermann für schuldig oder unschuldig halten. Manche haben sich morgens um 5 Uhr vor dem kastenförmigen Gerichtsgebäude postiert, für achtzig Personen ist der Saal zugelassen.

Der Vorsitzende Richter Michael Seidling gibt bekannt, wie das Gericht entschieden hat: Freispruch.

Am 31. Mai 2011 verlässt Jörg Kachelmann den Gerichtssaal als freier Mann.

»Die 5. Große Strafkammer des Landgerichts Mannheim hat den Angeklagten Jörg Kachelmann heute vom Vorwurf der schweren Vergewaltigung und der gefährlichen Körperverletzung freigesprochen«, heißt es in der Presseerklärung des Gerichts.[3] Die Staatsanwaltschaft hatte eine Freiheitsstrafe von vier Jahren und drei Monaten gefordert.

Was war vorher eigentlich passiert?

Am späten Abend des 8. Februar 2010 waren Jörg Kachelmann und Claudia D. in ihrer Wohnung in Schwetzingen, einer kleinen Stadt im Nordwesten Baden-Württembergs, miteinander verabredet. Die beiden sollen seit etwa zehn Jahren ein Verhältnis miteinander haben. Dass Claudia D. zu jener Zeit nicht die einzige Frau in Kachelmanns Leben war, mit der er mehr oder weniger liiert war, wusste die Frau damals nicht. Im Laufe des Prozesses werden sich noch weitere Frauen zu Wort melden, die Jörg Kachelmann in dem Glauben ließ, mit ihnen eine exklusive Beziehung zu führen.

Kachelmann wollte spätestens gegen 23 Uhr bei Claudia D. vorbeikommen. Es sollte ein romantischer Abend werden – mit Essen, Wein, Gesprächen, Sex. Wie das so ist, wenn man sich länger nicht gesehen hat und sich aufeinander freut. Kachelmann war viel unterwegs damals, als Moderator und Wetterexperte war er gefragt, sein Job brachte ihn um die ganze Welt. Sein damaliges Unternehmen, der Wetterdienst Meteomedia, den er Ende 1990 gegründet hatte, hatte seinen Sitz in der Schweiz. Eine Meldeadresse irgendwo in Deutschland, also einen festen Wohnsitz, hatte Kachelmann zu jener Zeit nicht.

Kachelmann und seine Geliebte verabreden sich im Laufe des Tages per SMS. Wenn er komme, werde die Wohnungstür angelehnt sein, habe sie ihn wissen lassen. Sie erwarte ihn leicht bekleidet.[4]

Bis hierhin stimmen die Aussagen des Angeklagten und der Klägerin, die im Prozess später eine Nebenklägerin sein wird, überein. Im weiteren Ablauf der Geschichte, in den Details des Abends jedoch unterscheiden sie sich eklatant.

Nachdem sich die beiden verabredet hatten, soll Claudia D. zu ihrem Briefkasten gegangen sein. Dort soll sie die Kopien zweier Flugtickets herausgezogen haben: für Jörg Kachelmann und eine Isabella M. Die Lufthansa sollte die beiden in der nächsten Zeit nach Kanada fliegen. Außerdem soll im Brief noch ein Zettel gelegen haben, darauf ein Satz: »Er schläft mit ihr.«[5]

Als Kachelmann am Abend bei Claudia D. erschienen war, soll sie ihren Geliebten sofort mit den Flugtickets und mit der Existenz von Isabella M. konfrontiert haben. Es soll zum Streit gekommen sein, Kachelmann soll schließlich zugegeben haben, nicht immer treu gewesen zu sein. Woraufhin Claudia M. die Beziehung beendet haben soll. Kachelmann jedoch soll erwidert haben, er entscheide, wann Schluss sei. Daraufhin soll er in die Küche gegangen und nach einem Tomatenmesser gegriffen haben, das er ihr an den Hals gehalten haben soll. Dann soll er sie ins Schlafzimmer gedrängt und dort vergewaltigt haben. Im Anschluss daran soll er aufgestanden und verschwunden sein. Claudia D. sei verwirrt gewesen, sie habe nicht fassen können, was da passiert war, gibt sie später zu Protokoll. Sie habe weder nachdenken noch schlafen können. Also habe sie einen Teil des Geschirrs abgewaschen, von dem sie und ihr Geliebter gegessen hatten, und CDs sortiert, alphabetisch. Irgendwann in der Nacht habe sie noch den Staubsauger zur Hand genommen.[6]

Das ist die Version von Claudia D.

Jörg Kachelmann erzählt eine andere Geschichte.

Zur verabredeten Zeit gegen 23 Uhr habe er an der Haustür von Claudia D.s Wohnung geklingelt. Er habe die Tür geöffnet und sei die Treppe hochgestiegen. Die Wohnungstür soll offen gestanden haben, Claudia D. soll im Schlafzimmer gewartet haben. Dort sollen die beiden Sex gehabt haben. Einvernehmlich, wie Kachelmann später sagen wird. Danach sollen sie zusammen auf dem Sofa gesessen, ferngesehen und gegessen haben, was Claudia D. vorgekocht hatte. Dazu sollen sie Wein getrunken haben. Dann soll Claudia D. den ominösen Brief, die Flugtickets und Isabella M. erwähnt haben. Ja, er sei ihr nicht treu gewesen, soll Kachelmann zugegeben haben. Er habe aber akzeptiert, dass Claudia D. verletzt gewesen sei und die Beziehung beendet habe. Weil nun halt Schluss war, soll er die Wohnung rasch verlassen haben. Für die Nacht soll er sich ein Hotelzimmer gesucht haben, in Mörfelden, einem Ort rund 75 Kilometer entfernt von Schwetzingen, eine Dreiviertelstunde mit dem Auto über die Autobahn. Am nächsten Tag sei er, sagt Kachelmann, von Frankfurt aus nach Vancouver in Kanada zu den Olympischen Winterspielen geflogen.[7]

Am 6. September 2010 beginnt die Hauptverhandlung. Und damit das, was manche als »Schlacht der Gutachter«[8] bezeichnen: Es gibt eine Vielzahl von Gutachten, die meisten werden von Kachelmanns Verteidigung in Auftrag gegeben, nicht alle werden öffentlich. Die Expertisen der einen Seite, manche bis zu hundert Seiten dick, werden gegen die Stellungnahmen der anderen Seite gesetzt. Stets soll versucht werden zu widerlegen, was der Gegenpart im Gerichtssaal behauptet.

So beschreibt ein Gutachten, dass Claudia D. Rötungen am Hals hatte, die von einem Messer stammen könnten. Sie könnten aber auch durch Kratzen entstanden sein. Außerdem habe die Frau starke Blutergüsse an den Innenseiten ihrer Oberschenkel gehabt, Folgen heftiger Gewalt, möglicherweise seien die Beine mit Kraft auseinandergedrückt worden. Claudia D. habe auch Kratzer an den Oberschenkeln, am Bauch und am Unterarm gehabt, möglicherweise verursacht von einer Messerspitze. Das Gutachten stellte zwar auch fest, dass es sein könnte, dass sich Claudia D. selbst verletzt habe. Dagegen sprächen allerdings die großen Hämatome.[9]

Gutachten, die Kachelmanns Verteidigung ins Spiel bringt, bezweifeln diese Darstellung. Die kratzerartigen Hautverletzungen am Bauch des mutmaßlichen Opfers und die Kratzspuren an Arm und Bein könnte sich Claudia D. durchaus selbst zugefügt haben. Die Spuren am Hals, die von einem Messer stammen sollen, seien zu geradlinig und zu parallel für das Handgemenge, das stattgefunden haben soll. Keine der dokumentierten Verletzungen, meint eine Gutachterin, erkläre den Tatverlauf.[10]

Im Laufe des Verfahrens werden viele Expertinnen und Experten angehört: Psychiater, Therapeuten, Neuropsychologen, Traumatologen, Forensiker. Selbst die Eltern des mutmaßlichen Opfers werden als Zeugen geladen. Es geht um Erinnerungen und Erinnerungslücken, um Traumatisierung und Wahrheit. Es geht um E-Mails und SMS, Aussagen stehen gegen Aussagen, manches wird unter Ausschluss der Öffentlichkeit verhandelt. In den Akten finden sich 1 400 Seiten Chat-Protokolle. Der Strafrechtler und Autor von Schirach findet sie »abscheulich«[11].

Jörg Kachelmann lehnt zwischenzeitlich Richter »wegen der Besorgnis der Befangenheit«[12] ab, er wechselt seinen Verteidiger. Gerichtsakten werden an die Presse »durchgestochen«, so heißt das im Journalistenjargon, wenn (vorerst) geheimes Material an Zeitungen und Sender weitergegeben wird. Im Kachelmann-Prozess war das häufig unangebracht für die Prozessbeteiligten und nicht in jedem Fall förderlich für den Verlauf des Verfahrens. Unabhängig davon vermuten manche, dass die Prozessbeteiligten die Unterlagen selbst in Umlauf gebracht haben.

Ohnehin sollen Kachelmann, Claudia D. und andere Frauen Auskunft über ihr Intimleben geben. Sie sollen sexuelle Phantasien und körperliche Befinden offenbaren, über Gefühle reden. Wer möchte das schon? Vor fremden Menschen, gegenüber einem Gericht?

Nicht immer sind alle Beteiligten ehrlich. Kachelmann und Claudia D. verstricken sich teilweise in Widersprüche, es bleiben Fragen offen. Kachelmann gibt nicht in jedem Fall vollständig Auskunft über sein Verhalten den zahlreichen Frauen gegenüber, es kommt heraus, dass er »schon öfters und gegenüber verschiedenen Personen absurd Anmutendes erzählt hat«[13]. Mit erfundenen Krankheiten zum Beispiel habe Kachelmann sich Freiräume geschaffen, schreibt der Autor und Prozessbeobachter Thomas Knellwolf in seinem Buch *Die Akte Kachelmann*.

Claudia D. kann sich an den genauen Tathergang nicht exakt erinnern und wirkt daher zum Teil unglaubwürdig. Später kommt heraus, dass Claudia D. vielfach gelogen hat. Sie hat sich die Tickets selbst geschickt und auch den Zettel im Umschlag selbst geschrieben. Damals bescheinigt das Gericht beiden, nicht in jedem Fall die Wahrheit gesagt zu haben.[14]

Es ist ein verworrenes Verfahren und ein Lehrstück darüber, wie schwierig es ist aufzuklären, ob zwei Menschen freiwillig miteinander Sex hatten oder eine Seite die andere Seite dazu gezwungen hat. Und es ist eine Geschichte über einen Mann, der viele Frauen in dem Glauben lässt, jede Einzelne genieße Exklusivität, jede Einzelne sei die einzig Auserwählte an seiner Seite. Viele Frauen müssen erkennen, dass Jörg Kachelmann ein anderer ist als der, den sie in ihm gesehen haben.

Manche dieser Frauen ziehen in der Boulevardpresse süffisant über ihren Exgeliebten her, nicht ohne sich dafür bezahlen zu lassen. Mitunter fließen hohe fünfstellige Summen. Eine Frau soll Kachelmann Kondome ins Gefängnis geschickt haben, als Zeichen ihrer Verachtung ihm gegenüber. Claudia D. wird später ihre Version der Geschichte der *Bunten* erzählen. »Jetzt redet sie«[15] titelt das Blatt aus dem Burda-Verlag.

Während des Prozesses schweigt der Angeklagte, er lässt seine Anwälte für sich reden. Erst später wird er sagen: »Ich habe Frauen belogen und ihnen Räubergeschichten erzählt. Und ich bin nicht stolz drauf. Aber dass ich deswegen nicht mehr alle auf dem Zaun habe, glaube ich nicht.«[16]

Die *Welt* wird den Kachelmann-Prozess als »absurdes Theater«[17] bezeichnen. Und fragen, ob er gar ein Justizskandal sei. Normalerweise dauerten Vergewaltigungsprozesse, so das Springer-Blatt, nur wenige Tage. Hier wurde monatelang verhandelt.

Trotzdem steht am Ende die Erkenntnis, dass es keine eindeutigen Beweise gibt. Weder für die Darstellung der Claudia D., dass alles genauso stattfand, wie sie es geschildert hat. Noch gibt es klare Belege für die Aussagen des Wettermoderators. Das Landgericht Mannheim sieht keine andere Möglichkeit, als Jörg Kachelmann freizusprechen.

Aber das Gericht ist nicht vollständig von seiner Unschuld überzeugt. Der Vorsitzende Richter Michael Seidling scheint nicht glücklich mit dem Urteil zu sein. Er sagt: »Wir sind überzeugt, dass wir die juristisch richtige Entscheidung getroffen haben. Befriedigung verspüren wir dadurch jedoch nicht. Wir entlassen den Angeklagten und die Nebenklägerin [Claudia D., d. A.] mit einem möglicherweise nie mehr aus der Welt zu schaffenden Verdacht, ihn als potenziellen Vergewaltiger, sie als potenzielle rachsüchtige Lügnerin.«[18]

Auf der Homepage des Landgerichts Mannheim kann man die Urteilsbegründung nachlesen: »Der heutige Freispruch beruht nicht darauf, dass die Kammer von der Unschuld von Herrn Kachelmann und damit im Gegenzug von einer Falschbeschuldigung der Nebenklägerin überzeugt ist. Es bestehen aber nach dem Ergebnis der Beweisaufnahme begründete Zweifel an der Schuld von Herrn Kachelmann. Er war deshalb nach dem Grundsatz ›in dubio pro reo‹ freizusprechen.«

Claudia D.s Anwalt spricht gegenüber der Illustrierten *Die Bunte* von einem »Freispruch dritter Klasse«.[19] Alice Schwarzer, Journalistin und Herausgeberin des Frauenmagazins *Emma*, die den Prozess für *Bild* verfolgte und sich auf die Seite der Frau schlug, kommentiert: »Kein Freispruch, auf den er stolz sein könnte.«[20]

»Juristisch gibt es keinen Freispruch erster und zweiter Klasse. Die Rechtswirkung eines Freispruchs ist immer dieselbe«, erklärt Christian Rath, der rechtspolitische Korrespondent der *taz*. »Für die öffentliche Wahrnehmung macht es aber einen großen Unterschied, ob das Gericht die erwiesene Unschuld des Angeklagten feststellt oder nur wegen verbliebener Zweifel freispricht.«[21]

Ferdinand von Schirach versucht es mit einer weiteren Sicht: »Kachelmanns moralische Schuld wiegt schwer.«[22] Claudia D. sei »über Jahre seelisch zugrunde gerichtet« worden: »Sie tat nach und nach, was von ihr sexuell verlangt wurde.«[23]

Von Claudia D. wird man nach dem Prozess nicht mehr viel hören. Von Jörg Kachelmann schon. Er und seine Frau – seine frühere Geliebte Miriam und er haben im März 2011 geheiratet – schreiben gemeinsam ein Buch. Es heißt *Recht und Gerechtigkeit*[24]. Darin erzählen die beiden, was aus ihrer Sicht zwischen März 2010 und Juni 2011 passiert ist. Das Buch soll Jörg Kachelmann rehabilitieren.

»Jörg und Miriam Kachelmann haben sich entschlossen, aufzudecken, was sich hinter den Kulissen abgespielt hat, und geben erschütternde Einblicke in eine Welt, in der Grenzen zwischen Recht und Unrecht nicht mehr existieren«,[25] bewirbt Amazon das *Märchen aus der Provinz*, wie das Werk im Untertitel heißt.

Das Paar gibt viele Interviews, im Fernsehen, im Radio, in den Printmedien. Die Kachelmanns gewinnen einen Großteil der Deutungsmacht über den Vergewaltigungsvorwurf, den Prozess und das Gerichtsurteil. In einem *Spiegel*-Interview rechnen sie ab mit »schlecht ausgebildeten« Polizisten, Staatsanwälten, Gutachtern, Richtern und der »schärfsten Waffe heutiger Frauen: deren Opferrolle«.[26] Sie sprechen von einer »gewohnheitsmäßig männerverurteilenden Justiz«. Jörg Kachelmann sagt: »Im Bereich Missbrauch und Vergewaltigung sind Falschbeschuldigungen ein Massenphänomen geworden.«[27]

Im Gespräch mit dem Nachrichtenmagazin prägt Kachelmann den Begriff »Opfer-Abo«, der 2012 Unwort des Jahres wird. »Das von Jörg Kachelmann in mehreren Interviews verwendete Wort Opfer-Abo stellt Frauen pauschal und in inakzeptabler Weise unter den Verdacht, sexuelle Gewalt zu erfinden und somit selbst Täterinnen zu sein (...) Sie kritisiert (...) einen Wortgebrauch, der gängige Vorurteile in Bezug auf eine Vortäuschung von Vergewaltigung oder eine Mitschuld der Frauen bestätigt«, begründet die Sprachjury ihre Wahl.[28]

Kachelmanns Frau Miriam scheint die Kritik an dem Begriff nicht zu stören, sie nennt ihren Twitter-Account @opferabo. Im Oktober 2016 hat sie 1 393 Follower.

Auf der anderen Seite mahnen Menschenrechts-, Frauen- und Opferorganisationen vor der Macht des Urteils, das in ihren Augen Geschädigte schwächt. So sieht die Menschenrechtsorganisation Terre des Femmes in dem Prozessergebnis eine »fatale Signalwirkung« für Opfer von sexualisierter Gewalt. Christa Stolle, Geschäftsführerin des Vereins in Berlin, befürchtet, dass sich künftig noch weniger Opfer trauen würden, eine Vergewaltigung anzuzeigen. »Außerdem wird gewalttätigen Männern nicht das Gefühl vermittelt, dass übergriffiges Verhalten gegenüber Frauen verwerflich ist«, sagt Christa Stolle. »Selbst eine moralische Ächtung durch die Öffentlichkeit ist kaum noch vorhanden, wenn sich Prominente für beschuldigte Männer öffentlich einsetzen.«[29]

Horst Cerny, hessischer Landesvorsitzender der Opferberatungsstelle Weißer Ring, mutmaßt, dass »künftige Opfer sich in der Frage beeinflussen lassen, ob sie überhaupt Anzeige erstatten. Sie müssen ja damit rechnen, dass jedes Detail des Erlittenen öffentlich ausgebreitet wird.« Der Kriminaloberrat a. D. rät: »Unabhängig davon, wer in dem konkreten Fall nun recht hatte, ermutigen wir die Opfer immer dazu, die Straftat anzuzeigen.«[30]

Die Soziologin Ilse Lenz macht eine »Kachelpanik« aus und erkennt dahinter einen Antifeminismus, der Männer als Opfer inszeniert. Dahinter verberge sich, schreibt sie in der *taz*, die Vorstellung, »dass die Falschbezichtigung jeden Mann treffen kann und die Justiz heute keine Sicherheit mehr davor bietet«. Zugleich werde »ein neues Frauenbild konstruiert: das Feindbild der rachsüchtigen Lügnerin, die Männer aus Eigennutz nach Herzenslust anzeigt und der eine heimliche Macht über die Justiz zugesprochen wird«.[31]

Diese konträren Positionen sind wirkmächtig. Und für beide Perspektiven gibt es Belege sowie Fakten, die dagegen sprechen.

Was wirklich passiert ist an diesem 8. Februar 2010 in der Schwetzinger Wohnung zwischen Claudia D. und Jörg Kachelmann, wissen bis heute nur die beiden Beteiligten. Jörg Kachelmann hat seine Wahrheit über den Abend, Claudia D. ihre. Diese unterschiedliche, oft sogar diametral entgegengesetzte Wahrnehmung ein und desselben Ereignisses durch verschiedene Personen nennt man *Rashomon Effect* – nach dem gleichnamigen japanischen Film aus dem Jahr 1950. In dem Werk geht es um die Vergewaltigung einer Frau und die Tötung deren Ehemanns. Das Ereignis wird aus verschiedenen Perspektiven erzählt, herauskommen komplett unterschiedliche Geschichten.

Den *Rashomon Effect* könnte man auf den »Fall Kachelmann« übertragen. Das hat das Theater Felina-Areal in Mannheim schließlich gemacht. Am 14. April 2012 hat das Stück *Kachelmanns Rashomon* Premiere. Eine Zuschauerin wird nach dem Schlussapplaus sagen: »Ich brauche nicht unbedingt das Stück. Das Thema ist eigentlich vorbei.«[32]

Ist es vorbei?

Der Zeitschrift *Bunte* erzählt Claudia D., wie es ihr nach Kachelmanns Freispruch geht.

»Ich war fassungslos, völlig fassungslos. Ich konnte es nicht glauben, dass dieses Gericht nicht die Wahrheit sehen wollte. Das habe ich nicht verstanden. Und ich verstehe es bis heute nicht«, sagt sie. Sie nennt ihr Leben einen »Albtraum«, während des Prozesses sei sie am Rande ihrer Kräfte gewesen, sogar an Selbstmord habe sie gedacht.[33]

Seit dem 28. September 2016 ist es tatsächlich vorbei. Zumindest für Jörg Kachelmann. An diesem Tag wird der Wettermann rehabilitiert. Das Oberlandesgericht (OLG) Frankfurt am Main stellt an dem sonnigen, warmen Herbsttag fest, dass Claudia D. vorsätzlich gelogen hatte – in der Absicht, ihren damaligen Geliebten hinter Gitter zu bringen.

»Ihr Motiv sei vermutlich Rache gewesen, weil Kachelmann heimlich Parallelbeziehungen zu anderen Frauen geführt hatte«, schreibt der rechtspolitische Korrespondent der *taz* Christian Rath.[34] »Sie handelte mit direktem Vorsatz«, zitiert die *Zeit* die Richter. Sie bescheinigen ihr ein »beachtliches Fantasie- und Beharrungsvermögen«.[35]

Das OLG stützte sich insbesondere auf das Gutachten eines Rechtsmediziners, der in einer »Gesamtschau« davon ausging, dass Claudia D. sich absichtlich selbst verletzt hatte. »Die Kratzer und blauen Flecken an Hals, Bauch und Oberschenkel seien relativ oberflächlich und einheitlich gewesen und hätten sich jeweils an Orten befunden, die die Rechtshänderin D. mit ihrer ›Arbeitshand‹ gut erreichen konnte«, erläutert Rath die Begründung. Damit seien die typischen Merkmale für Selbstverletzungen erfüllt, habe der Gutachter gemeint. Darüber hinaus hätten die Verletzungen teilweise nicht dazu gepasst, wie Claudia D. die angebliche Vergewaltigung geschildert hatte.

Claudia D. muss Kachelmann nun 7 096,51 Euro Schadenersatz zahlen.[36] Die Summe ergibt sich aus den Kosten für drei Gutachten, die Kachelmann während seiner Untersuchungshaft in Auftrag gegeben hatte.

»Der tatsächliche Schaden war viel größer«, wird eine Anwältin Kachelmanns später sagen.[37] Der Moderator dürfe nicht mehr bei der ARD arbeiten, habe Werbeverträge verloren und musste seine frühere Produktionsfirma verkaufen. Auf eine Strafanzeige gegen seine Exgeliebte wolle Kachelmann indes verzichten.

Doch ganz so schlecht ist es in der jüngeren Vergangenheit für Jörg Kachelmann nicht gelaufen. Seit 2015 gibt es seine neue Wetterfirma *Kachelmannwetter.com* im Internet. Miriam und Jörg Kachelmann wohnen in der Schweiz. Ihr Leben scheint sich geordnet zu haben.

Unabhängig davon hatte Kachelmann mehrfach geklagt, unter anderen gegen *Bild*, *Bunte*, *Focus*. Vor dem Landgericht Mannheim hatte er mit dem Urteil am 31. Mai 2011 – mehr oder weniger – zwar Gerechtigkeit erfahren. Mit den Klagen gegen verschiedene Medien wollte er Genugtuung für das Leid, das er durch die aus seiner Sicht vorverurteilende Berichterstattung während der Untersuchungshaft und des Prozesses ertragen musste. Für all die Texte und Bilder, die über ihn veröffentlicht worden sind. Für all die kleinen schmutzigen Details seines Privatlebens, die vor Leuten ausgebreitet worden sind, die das alles nichts angeht.

Kachelmann gewann häufig, in einem Fall aber spektakulär.

Im September 2015 sprach ihm das Landgericht Köln eine Entschädigungssumme in Höhe von 635 000 Euro zu. Die sollte der Springer-Verlag an den Meteorologen zahlen, weil dieser »durch die Preisgabe von Informationen über sein Sexualleben, durch die teilweise wörtliche Veröffentlichung seines SMS- und E-Mail-Verkehrs und durch die Veröffentlichung von Fotos, die ihn zum Beispiel beim Hofgang in der Justizvollzugsanstalt zeigten, in seiner Intimsphäre, seinem informellen Selbstbestimmungsrecht und seinem Recht am eigenen Bild verletzt worden« sei.[38]

Das Oberlandesgericht Köln verringerte die Summe am 12. Juli 2016 allerdings noch einmal, danach musste Springer nur noch 395 000 Euro[39] wegen der Berichterstattung über den Prozess an den Kläger zahlen. In 26 Fällen sei das Persönlichkeitsrecht schwerwiegend verletzt worden, heißt es im Urteil.[40] Eine »zielgerichtete Prozesskampagne«[41] sei indes nicht geführt worden, urteilt das Gericht.

Mit dem Burda-Verlag einigte sich Kachelmann außergerichtlich. Über die Summe, die geflossen sein soll, war Stillschweigen vereinbart worden.

Am 28. September 2016 tritt Jörg Kachelmann aus dem Gerichtssaal vor die Kameras und erklärt, dass der auf ihm lastende »Restzweifel« nun endlich weg wäre und er »Opfer eines Verbrechens«[42] geworden sei. Er sagt auch, dass er sein »Vertrauen in die deutsche Justiz zurückgewonnen«[43] habe.

Auch Claudia D. ist an dem Tag vor Ort. Sie erscheint mit Perücke, Cowboyhut und Sonnenbrille, sie will nicht erkannt werden. Später wird sie von einem »Justizskandal«[44] und einem »katastrophalen Fehlurteil«[45] sprechen und den drei männlichen Richtern vorwerfen, sie seien »armselige, feige Frauenverächter«[46]. Das Gericht wollte ein Exempel statuieren: »Man will uns Frauen stumm schalten.«[47]

In den meisten Medien findet die letzte Wendung in der Causa Kachelmann bis auf die knappe Meldung des Urteils kaum Widerhall. Zumindest für die Medien scheint der Fall abgeschlossen zu sein.

14 Es gibt ein Leben danach
oder
Wie Opfer den Weg aus der Gewalt finden

Das Paar sitzt am Frühstückstisch. Alles ist rein und weiß in der Wohnung: Wände, Couch, Stehlampe, Geschirr. Er trägt ein weißes Hemd, sie einen weißen Bademantel. Aber nichts ist rein und weiß in der Beziehung des Paares. Als sie Kaffee verschüttet, schlägt er zu. Mitten in ihr Gesicht. Sie springt auf, läuft vor ihm weg durch die schöne, weiße Wohnung. Er rennt ihr hinterher, packt sie, würgt sie, drückt sie an die Wand. Am Ende sitzen beide wieder am Küchentisch. Sie hat ein blaues Auge.

Es ist ein kurzer Kinospot, produziert vom Bundesfamilienministerium, gerade mal 35 Sekunden lang. Heftig, brutal, zerstörerisch: Wegen einer Nichtigkeit prügelt ein Mann seine Frau. Doch der Spot hat eine positive Wendung: Als der Prügler die Wohnungstür hinter sich zuzieht, greift das Opfer zum Telefon und wählt 08000 116 016, die Nummer des Hilfetelefons Gewalt gegen Frauen. Die Botschaft dahinter: Es gibt Hilfe, für jede und jeden Betroffenen. Es gibt ein Leben danach.

Für die meisten Opfer ist es nicht leicht, aus der Gewalt herauszufinden, in der Regel benötigen sie dazu professionelle Unterstützung. Das Hilfetelefon, das seit über drei Jahren rund um die Uhr bundesweit geschaltet ist, kann ein Anfang sein. Die psychologisch und sozialpädagogisch geschulten Beraterinnen der Hotline hören zu, fragen nach, erklären, was Frauen in einer schwierigen Situation tun können. Sie vermitteln Kontakte zu Frauenhäusern, Beratungs- und Polizeidienststellen. Sie helfen mit Telefonnummern und Adressen weiter. Kostenfrei am Telefon, online, per Mail, barrierefrei und in sechzehn verschiedenen Sprachen.

Durchschnittlich sieben Jahre braucht eine Frau, um sich aus der Gewaltspirale zu lösen. Der Ablösungsprozess vom Täter, der zugleich Partner ist, erweist sich für die meisten Frauen als kompliziert. Die Opfer sind häufig und auf vielfältige Weise von ihren Peinigern abhängig: sozial, emotional, finanziell. Viele Opfer glauben zudem, die erlebte Gewalt sei ein privates Problem, mit dem sie allein seien. Die Täter setzen einiges daran, dem Opfer genau dieses Gefühl zu vermitteln. So behalten sie die Kontrolle über das Opfer, bauen sie weiter aus. Die Täter versuchen, das Opfer zu isolieren, zu verängstigen, handlungsunfähig zu machen. Häufig erfolgreich. Am Ende sind die misshandelten Frauen verunsichert und oft sprachunfähig.

Trotzdem gelingt es nicht wenigen Frauen, sich aus der Gewalt zu befreien. Beispielsweise Leyla, die ihre Geschichte in diesem Buch erzählt. Eines Morgens packte sie eine Tasche und meldete sich in einem Frauenhaus. Oder Dilara, deren Geschichte ebenfalls im Buch steht. Eine Ärztin hat ihr geholfen, sich von ihrem Mann zu trennen. Lydia und Marianne, zwei weitere Protagonistinnen im Buch, haben länger gebraucht, um sich aus ihren Ehen zu lösen. Über zwei Jahrzehnte. Aber auch sie haben es geschafft.

Tasche packen für den Umzug ins Frauenhaus

Was können Opfer tun, um auszubrechen aus dem Gewaltkreislauf? Was sollten sie dabei beachten? Wann und wo müssen sie vorsichtig sein?

Das ist von Fall zu Fall unterschiedlich, sagen Expertinnen in Beratungsstellen und in Frauenhäusern: Was für eine Frau sinnvoll ist, muss einer anderen nicht nützen. Aber es gibt grundsätzliche »Handlungs- und Verhaltenstipps« für Opfer.

Ein erster Schritt kann sein, das gut gehütete Gewaltgeheimnis zu lüften – auch wenn das schwerfällt und es viele Gründe dafür gibt, über die Gewalt des Partners nicht zu reden. Viele Frauen wollen ihren Mann nicht bloßstellen – könnte ja sein, dass er sich bald »wieder fängt« und die Ohrfeige, der Tritt in den Bauch, das Rumbrüllen »Ausrutscher« sind. Die meisten Menschen scheuen zudem das Gerede der Nachbarn: Was sollen die nur denken? Möglicherweise droht der Partner damit, alles zu leugnen und die Frau als Lügnerin darzustellen. Doch weiter zu schweigen ist die falsche Strategie, wissen Beraterinnen: Schweigen schützt den Täter und schadet dem Opfer.

Betroffene sollten sich einer Freundin oder anderen Vertrauenspersonen offenbaren, sagt Katja Grieger vom Bundesverband Frauenberatungsstellen und Frauennotrufe (bff). Sie sollten Telefonnummern und Adressen von Hilfseinrichtungen und Beratungsstellen sammeln und sich später dort melden, rät Heike Herold von der Frauenhauskoordinierung. Die Gewaltexpertin Andrea Buskotte empfiehlt, bei Freunden oder anderen Vertrauten eine Tasche mit wichtigen Unterlagen und Kleidung für sich und die Kinder unterzustellen, um notfalls fliehen zu können. Opfer sollten Strafanzeige erstatten und die Verletzungen entweder selbst fotografieren oder medizinisch dokumentieren lassen, fordert Jürgen Thiele, Dezernatsleiter für Sexualdelikte beim Landeskriminalamt (LKA) Berlin.

Andrea Buskotte schlägt eine Art Strategieplan vor: Egal, was der Mann tut und womit er droht, Betroffene sollten Kontakt zu Nachbarn, Freunden, Verwandten Kolleginnen und Kollegen halten und sich nicht isolieren lassen. Sie sollten wichtige Telefonnummern – Hilfetelefon, Frauennotruf, Beratungsstellen – auswendig lernen oder auf dem Handy speichern. Und sich in der Wohnung einen sicheren, abschließbaren Raum suchen, in den sie bei einem Angriff fliehen können. In dem Raum sollte es keine Gegenstände geben, die man als Waffe verwenden kann. Günstig sei, einen Notfallplan zu erarbeiten, welche helfende(n) Person(en) im Fall neuer Gewalt angerufen werden kann (können). Diese Person(en) muss (müssen) vorher in die Situation eingeweiht werden. Wichtig: Die Polizei alarmieren. Die kann den Täter aus der Wohnung weisen, so dass Opfer (und Kinder) erst mal zur Ruhe kommen können. Grundlage hierfür ist das Gewaltschutzgesetz, das seit 2002 gilt und Opfer von häuslicher und Partnerschaftsgewalt schützen soll. Danach muss die Gewalt ausübende Person die Wohnung verlassen.

In der Regel wiederholt sich die Gewalt, und die Wohnung wird für das Opfer zu einem gefährlichen Ort, an dem es nicht dauerhaft bleiben kann. Deshalb bleibt für viele eine Flucht in ein Frauenhaus unausweichlich. Die Telefonnummern für eine Schutzeinrichtung in der Nähe kennen die Beraterinnen des Frauennotrufs, ebenso die Polizei und viele Ärztinnen und Ärzte. In einem Frauenhaus können Betroffene und ihre Kinder auch über Nacht aufgenommen werden. Einige Frauenhäuser nehmen mittlerweile auch Transfrauen auf.

Entgegen der häufigen Annahme, die Beraterinnen in den Schutzeinrichtungen würden die Bewohnerinnen dazu bringen, sich von ihren Ehemännern oder Partnern zu trennen, tun sie das nicht. Die Not und das Leiden der Betroffenen und deren Kinder stehen im Mittelpunkt der Fürsorge – nicht die Taten des Mannes.

Gleichwohl ist eine Trennung vom Prügler häufig die einzige Lösung, der Gewalt dieses Täters dauerhaft zu entkommen. Die Berliner Ärztin Antje Barnick hat das häufig erlebt. Sie sagt: »Anders ist die Gewaltspirale oft nicht zu durchbrechen.« Sie würde einer Patientin allerdings nie direkt zu einer Trennung raten, diese Entscheidung überlässt sie den Patientinnen. Sie sagt eher Sätze wie: »Sie werden noch viele Jahre leben. Sie selbst haben es in der Hand, wie die aussehen.«

Manchmal kehren Frauen nach einer bereits geglückten Trennung zu ihrem Mann zurück. Das erscheint Außenstehenden in der Regel irrational und unverständlich. Aber das muss man akzeptieren, meint die Berliner Sozialwissenschaftlerin Heike Ritterbusch: Was Paare zusammenhält und warum es eine misshandelte Frau zum Täter zurückzieht, könnten andere Menschen in der Regel nur schwer einschätzen.

Trennungen sind nicht immer einfach, erlebt Katja Grieger vom bff immer wieder: »Wer sagt denn, dass Gehen in jedem Fall die richtige Lösung ist?« Viele Opfer haben Kinder und können daher die Beziehung nicht ohne weiteres beenden. Andere sind finanziell abhängig und nach einer Trennung sozial isoliert. Manche Frauen müssen um ihr Leben fürchten, wenn sie den Partner verlassen, weil er droht, sie umzubringen. Grieger sagt: »Die Zahl der Beziehungsmorde von Männern an ihren Partnerinnen oder Expartnerinnen steigt.« 331 Frauen wurden im Jahr 2015 laut Polizeilicher Kriminalstatistik von ihren Ehemännern und Partnern getötet.

Und was tun, wenn eine Trennung vom Partner unmöglich ist, der aber immer wieder zuschlägt?

»Die Polizei rufen«, kann Jürgen Thiele vom LKA Berlin nur mantraartig wiederholen: »Das verhindert nicht nur eine weitere Viktimisierung des Opfers, sondern löst auch Therapiedruck auf den Täter aus.«

Meist erhalten gewalttätige Männer Auflagen, sich in sogenannten Täterprogrammen zu melden. Dort sollen sie lernen, ihre Aggressionen unter Kontrolle zu behalten. Solche Trainingsprogramme sind nicht nur hilfreich für Männer, sondern auch gut für Frauen: als Schutzmaßnahme und Prävention.

»Männer können sich ändern«

Im Gegensatz zu früher nimmt die Arbeit mit den Tätern heute einen großen Raum ein. In der Europäischen Union gibt es rund 200 Täterprogramme, in Deutschland findet man Beratungs- und Anlaufstellen für Gewalttäter vor allem in Großstädten wie Berlin, München, Hamburg, Düsseldorf. Hierzulande arbeiten Therapeuten und Antigewalttrainer seit Mitte der 1980er Jahre mit Männern, die in Partnerschaften gewalttätig werden.

Manche dieser Täter landen bei Günter Reif im Hamburger Gewaltschutzzentrum. Der Antigewalttrainer sitzt im sechsten Stock in einem kleinen Raum eines unauffälligen Bürogebäudes in der Nähe des Hauptbahnhofs. Graue Auslegware, flacher Couchtisch, bequeme Sessel. Ein großer Mann mit grauen Schläfen, der einnehmend lächelt. Wohlfühlstimmung.

Einige Männer kommen freiwillig. Das sind die sogenannten »Selbstmelder«. Sie fühlen sich überfordert, vom Alltag, vom Job, vom Stress mit den Kindern, häufig vom eigenen Anspruch: Familie und Job müssen mir gleichzeitig gelingen, andere schaffen das doch auch.

Aber was, wenn das nicht gelingt? Wenn es schiefgeht und die Männer das Gefühl haben zu versagen?

»Dann kann für manche Gewalt ein Ventil sein«, sagt Reif.

Andere Männer werden von der Polizei, vom Jugendamt, vom Staatsanwalt, vom Familiengericht geschickt. Wenn sie vor Günter Reif sitzen, sagen sie Sätze wie: »Ich soll mich hier melden.« Oder: »Der Richter will das so.«

Erst neulich hatte er wieder so einen Fall: Ein Mann mit einem tollen Job, einer wunderbaren Frau und entzückenden Kindern. Eine Familie, die sich erst vor Kurzem neu gefunden hat. Der Mann brachte ein Kind aus einer früheren Partnerschaft mit in die Ehe, die Frau zwei Kinder aus einer vergangenen Beziehung. Beide Erwachsene arbeiten, die Kinderbetreuung mit Kita und Hort ist geregelt. Eine Bilderbuchfamilie. Eine, die versucht, alles mustergültig zu gestalten. Es gibt nur ein Problem: Bei dem Perfektionsanspruch bleibt die Beziehung des Paares auf der Strecke, die Liebe schwindet. Der Mann leidet darunter, er sehnt sich zurück nach der Leidenschaft und der Zärtlichkeit, die das Paar hatte, bevor aus ihm eine Patchwork-Familie wurde. Aber der Mann kann seine Wünsche nicht formulieren. Er kann nicht sagen: »Ich fühle mich überfordert, ich schaff das nicht.« Also schweigt er und schluckt seinen Kummer hinunter.

Außerdem hat er Angst, von seiner Frau zurückgewiesen zu werden, wenn er ihr gesteht, dass er sich gestresst fühlt. Schon oft hat sie Sätze gesagt wie: »Was bist du nur für ein Schlappschwanz.« In solchen Momenten fühlt er sich von ihr entwertet, heruntergeputzt, in seiner Männlichkeit getroffen – und schlägt zu. Mehrfach. Anders kann er seine Emotionen und die Verletzung über die gefühlte Abwertung nicht artikulieren.

Die Frau zeigt ihn an. Die Polizei kommt und nimmt ihn mit, mehrere Tage darf er nicht zurück in die Wohnung. Der Staatsanwalt schickt ihn zu Günter Reif. Bei ihm soll der Mann lernen, seine Aggressionen zu beherrschen.

Der Berater sagt: »Die gute Nachricht lautet: Männer können sich ändern.«

Die schlechte: Das dauert lange. Ein Antigewaltkurs geht über Wochen, Monate. Eine Erfolgsgarantie kann Günter Reif nicht geben.

Und manchmal klappt es auch nicht. Etwa die Hälfte der Männer bei Reifs Antigewalttraining durchlaufen bis zum Schluss das volle Programm: Einzelgespräche, Gruppenrunden, Hausaufgaben. Die andere Hälfte bricht schon am Anfang oder mittendrin ab. Männer mit Alkohol- und anderen Suchterkrankungen werden erst gar nicht zum Verhaltenstraining zugelassen.

Alarmierend ist die Rückfallquote: Etwa ein Drittel der Gewalttäter übt wieder Gewalt aus, hat der Rechtswissenschaftler Stefan Harrendorf herausgefunden. Die Rückfallquote der »Körperverletzer«, wie der Professor an der Ernst-Moritz-Arndt-Universität Greifswald Prügler bezeichnet, ist dabei besonders hoch. Das ist irritierend. Denn die meisten gewalttätigen Männer, hat Reif erfahren, haben ein »Problembewusstsein: Gewalt ist gesellschaftlich nicht gestattet.« Unabhängig davon, ob die Männer freiwillig zur Beratung gehen oder von den Behörden geschickt werden. Ob sie Hochschullehrer sind, Medizintechniker oder Gabelstaplerfahrer.

Wieso schlägt jemand zu, obwohl er weiß, dass das nicht legitim ist?

»Viele Männer haben nicht gelernt, auf sich zu achten«, erklärt Gerhard Hafner von der Berliner Beratung für Männer gegen Gewalt. »Sie können mit Wut, Eifersucht und Ärger nicht umgehen.« Im Büro und in der Werkhalle hätten sie sich noch im Griff, dort rasteten sie nicht aus. Zu Hause aber, wenn die »Ressourcen« für ein friedliches Miteinander aufgebraucht seien, knallt's dann.

Hafner hat einen Begriff für sie gefunden: »Männer im Tunnel«. Sie empfinden die Gewalt nicht als solche, sondern sagen: »Es ist doch gar nichts passiert.«

Anders ausgedrückt: Die von ihnen ausgeübte Gewalt nehmen sie nicht wahr.

Christoph Liel, Sozialpädagoge und wissenschaftlicher Referent am Deutschen Jugendinstitut, beschreibt die Diskrepanz zwischen Fremd- und Selbstwahrnehmung solcher Täter so: Wenn der Mann objektiv mehr Stärke und Macht habe als die Frau, empfinde er sich als gleichberechtigt. Sei das Kräfteverhältnis ausgewogen, sehe sich der Mann in der schwächeren Position. Für diese Männer sei Gewalt »weniger ein Problem als eine Lösung, um aus ihrer Sicht den gleichberechtigen Zustand wiederherzustellen«, sagt Liel, der früher in der Täterarbeit engagiert war.

Manchen Männern bereitet es Freude, ihre Partnerin zu unterwerfen. Ihnen geht es um »Versklavung des Opfers«, wie Hans Jörgen Wevers, Psychologe aus Mönchengladbach, das ausdrückt. Die Täter verhielten sich despotisch, kontrollierten sämtliche Lebensbereiche des Opfers, verlangten totalen Gehorsam, sagt Wevers. Das Opfer soll glauben, dass der Täter allmächtig und somit jegliche Gegenwehr sinnlos sei. Hat der Täter die Herrschaft über das Opfer (zurück)erlangt, kann er wieder anders agieren, diesmal mit Zuwendung und Nachsichtigkeit, als Trostspender. Nach einem Zerwürfnis und Gewalteskapaden kann für das Opfer die Aussicht auf Aussöhnung und neue Einigkeit verführerisch sein. In solchen Momenten scheint für den Täter das Gleichgewicht der Macht in der Beziehung wiederhergestellt zu sein.

In Täterprogrammen wie denen von Günter Reif in Hamburg und Gerhard Hafner in Berlin sollen anfällige Männer lernen zu erkennen, wie sich Wut körperlich ausdrückt und was mit dem Opfer passiert, wenn der Täter zuschlägt. Um Tätern ihre eigene Gewalt »vorzuführen«, macht Gerhard Hafner mit ihnen Rollenspiele: Eine Tat wird rekonstruiert, mit all den Worten, die gefallen, und all den Handgreiflichkeiten, die passiert sind.

Manchmal steht ein Täter ratlos da, wenn es heftig zur Sache geht. Gerhard Hafner fragt dann: »An welcher Stelle hätten Sie Ihre Aggressionen beenden können?« Oder er sagt: »Sie haben eine Tochter. Was wäre, würde Ihr Schwiegersohn das mit ihr tun, was Sie mit Ihrer Frau machen?«

Es gibt noch einen Spot im Internet, einen siebenminütigen Kurzfilm des Schauspielers und Regisseurs Philipp Hallenberger. Eine Familie sitzt beim Abendessen: Vater, Mutter, zwei Söhne. Der Vater trinkt ein Bier, einem Jungen fällt das Messer auf den Boden. Der Vater brüllt ihn an: »Heb das Messer auf.« Das macht der Junge, aber offenbar nicht schnell genug. Der Vater schlägt zu. Die Situation eskaliert, auch der Bruder und die Mutter bekommen Schläge.

Als die beiden Jungs allein in ihrem Zimmer sind, telefoniert der große Sohn mit einem Freund. Der jüngere Sohn geht Kaffee kaufen, vor der Haustür wird er gekidnappt. Kurz darauf fordern die »Entführer« den Vater auf, zu einem alten Schrottplatz zu kommen, dort würde er seinen Sohn wiederbekommen.

Was der Vater nicht weiß: Die Entführung ist fingiert, organisiert von den Söhnen und der Mutter. Die drei haben Freunde, die ihnen helfen, den Vater und Ehemann zu verlassen. Der Schläger wird aus der Wohnung gelockt, die Mutter und der große Sohn packen rasch ein paar Sachen zusammen. Die Sache ist von langer Hand geplant.

Als der Vater unverrichteter Dinge nach Hause zurückkommt, findet er eine leere Wohnung vor und auf dem Tisch einen Zettel: »Wir haben dich verlassen. Sieh zu, wie du allein zurechtkommst. Und versuch' gar nicht erst, uns zu suchen. Wir wollen dich nie wieder sehen.«

Der Film zeigt, wie es gehen kann. Er heißt: »Flucht aus dem Elend«.

Hilfreiche Adressen und Telefonnummern

Hilfetelefon Gewalt gegen Frauen

Unter der kostenlosen und bundesweiten Telefonnummer **0800 116 016** und unter www.hilfetelefon.de finden Betroffene Unterstützung, entweder direkt am Telefon oder über E-Mail und Chat. Das Telefon ist 365 Tage im Jahr und rund um die Uhr geschaltet. Die Beratung ist anonym, für Betroffene aller Nationalitäten, mit und ohne Behinderungen. Auch Angehörige und Freundinnen und Freunde werden dort beraten.

Frauenhauskoordinierung
Tucholskystraße 11, 10117 Berlin
(030) 338 43 42-0
Auf der Internetseite des Vereins www.frauenhauskoordinierung. de kann man bundesweit nach Beratungsstellen und Frauenhäusern suchen: Postleitzahl eingeben, Suche nach einer Entfernung von 20, 50 oder 100 Kilometer eingrenzen, anklicken. Die Seite verzeichnet alle Einrichtungen in allen Bundesländern. Darüber hinaus sind Abfragen nach behindertengerechten Einrichtungen möglich sowie die Frage, ob beispielsweise ältere Söhne in ein Frauenhaus mitgebracht werden dürfen.

Bundesverband Frauenberatungsstellen und Frauennotrufe (bff)

Petersburger Straße 94, 10247 Berlin

(030) 322 99 500

Zum bff gehören mehr als 170 Frauennotrufe und Frauenberatungsstellen. Auf der Internetseite des Vereins www.frauen-gegen-gewalt.de finden sich unter »Hilfe & Beratung« ebenfalls Beratungsstellen und Frauennotrufe.

Bundesweiter Koordinierungskreis gegen Menschenhandel

Kurfürstenstraße 33, 10785 Berlin

(030) 263 911 76

Auf der Internetseite https://www.kok-gegen-menschenhandel.de des Vereins, der sich national und international gegen Menschenhandel und für die Durchsetzung der Menschenrechte von Migrantinnen engagiert, findet man deutschlandweit Beratungsstellen.

Women against Violence Europe (WAVE)

Bacherplatz 10/6, 1050 Wien, Österreich

0043-0-154 827 20

Auf der Seite des Netzwerks Frauen gegen Gewalt in Europa www.wave-network.org finden sich Adressen von Beratungsstellen und Frauenhäuern in ganz Europa. Eine Suche nach Ländern und Städten ist möglich.

Zentrale Informationsstelle autonomer Frauenhäuser (ZIF)

Markt 4, 53111 Bonn

(0228) 684 695 04 / -05

Auf der ZIF-Internetseite www.autonome-frauenhaeuser-zif.de finden sich Kontaktdaten der autonomen Frauenhäuser und Koordinationsstellen in den einzelnen Bundesländern.

Deutsches Institut für Menschenrechte

Zimmerstraße 26/27, 10969 Berlin

(030) 259 359-0

Auf www.institut-fuer-menschenrechte.de/startseite, der Internetseite des Instituts, das die Öffentlichkeit über die Lage der Menschenrechte informieren und zur Prävention beitragen soll, findet sich eine Fülle von Informationsmaterial.

Terre des Femmes (TdF)

Brunnenstraße 128, 13355 Berlin

(030) 40 50 46 99-0

Auf der Internetseite der Organisation www.frauenrechte.de gibt es Adressen für medizinische Beratungs- und Anlaufstellen, Medibüros, Medinetze und Medizinische Flüchtlingshilfen und spezielle Kontaktadressen bei Fälle von Genitalverstümmelungen. TdF betreibt die Beratungsstelle *LANA* für Fälle von Zwangsheirat und Gewalt im Namen der Ehre.

Gewaltlos

Mauritiussteinweg 77–79, 50676 Köln

Der Sozialdienst katholischer Frauen bietet unter www.gewaltlos. de eine Internetberatung für Opfer von häuslicher Gewalt und Stalking. Per Chat gibt es Hilfe an vier Tagen in der Woche zu festen Zeiten (nachzulesen in den Chat News).

Berliner Initiative gegen Gewalt an Frauen (BIG)

Durlacher Straße 11 a, 10715 Berlin

(030) 61 70 91 00

Unter der rund um die Uhr geschalteten BIG-Hotline **(030) 611 03 00** für Opfer von häuslicher Gewalt können Anruferinnen gezielt an freie Plätze in Frauenhäusern und Zufluchtswohnungen vermittelt werden. BIG (www.big-berlin.info) wird von den Hilfseinrichtungen über deren aktuelle Aufnahmekapazitäten informiert. Wer akut keinen Platz in Berlin findet, kann in andere Orte vermittelt werden. Unter www.anlaufstellen-berlin.de sind alle

Berliner Beratungsstellen, Krisenzentren, interkulturelle Initiativen, medizinische Hilfen sowie ein Wegweiser für von Gewalt betroffene Migrantinnen aufgelistet.

BIG bietet auch Hilfe für Männer, sowohl für Opfer als auch für Täter: Adressen von Opfer-Beratungsstellen und für Täterprogramme in Berlin.

Männerberatungsnetzwerk

Arminiusstraße 65, 07548 Gera

(0365) 22 77 31 10

Das Männerberatungsnetzwerk ist ein Zusammenschluss aller in Deutschland existierenden Beratungseinrichtungen, Schutzwohnungen und Notrufe für Männer, die von Gewalt betroffen sind. Man findet sie unter www.maennerberatungsnetz.de.

Bundesarbeitsgemeinschaft Täterarbeit Häusliche Gewalt

Nordring 15 c, 76829 Landau

(06341) 557 58-21

Der Verein ist ein überregionaler, interinstitutioneller und interkultureller Dachverband von Tätereinrichtungen. Unter www.taeterarbeit.com findet man sämtliche Beratungsstellen.

Weißer Ring

Weberstraße 16, 55130 Mainz

(06131) 83 03-0

Der Weiße Ring ist eine Opferberatungsstelle für verschiedene Fälle von Gewalt und Kriminalität. Unter der bundesweiten Hotline 116 006 ist das sogenannte Opfertelefon geschaltet. Auf der Internetseite www.weisser.ring.de findet man alle Beratungsstellen vor Ort.

Wichtige Gesetze

Gewaltschutzgesetz

Das Gewaltschutzgesetz (GewSchG) gilt seit 2002 und soll Opfer häuslicher und Partnerschaftsgewalt schützen und Täterinnen und Täter von den Opfern entfernen. Wenn der Täter (oder die Täterin) das Opfer massiv körperlich und seelisch angreift und bedroht, kann der Täter/die Täterin aus der Wohnung verwiesen werden. Früher sind in der Regel die Opfer aus der gemeinsamen Wohnung in ein Frauenhaus, eine Zufluchtswohnung, ins Hotel, zu Freunden und Verwandten oder woandershin geflohen. Manche, die diese Möglichkeiten nicht hatten, sind obdachlos geworden – auch mit Kindern. Das GewSchG ermöglicht, dass die Nutzung der Wohnung dem Opfer dauerhaft zugesprochen werden kann – vor allem dann, wenn Kinder im Haushalt leben, die ebenfalls gefährdet sind. Um sicherzugehen, dass der Täter/die Täterin die Wohnung nach Wegweisung nicht widerrechtlich betritt, kann die Polizei dem Täter/der Täterin den Wohnungsschlüssel abnehmen.

Bei häuslicher Gewalt muss die Polizei eine Anzeige aufnehmen und ermitteln. Sie ermittelt auch, wenn das Opfer selbst keine Anzeige erstattet hat. Es genügt, dass die Beamten von der Gewalt erfahren, den Tatort besichtigt sowie Opfer und Täter (möglicherweise auch Zeugen) befragt haben. Die Anzeige wird an die Staatsanwaltschaft weitergeleitet, die über eine Anklageerhebung entscheidet.

Ebenso kann dem Täter/der Täterin jeder Kontakt mit dem Opfer untersagt werden. Das gilt für persönliche Treffen wie für Telefonate, Briefe, E-Mails, SMS.

Darüber hinaus können Opfer zivilrechtliche Schutzmaßnahmen in Anspruch nehmen, zum Beispiel Schadenersatz und Schmerzensgeld, die gerichtliche Regelung des Sorgerechts für gemeinsame Kinder und die zeitweilige und gänzliche Aussetzung des Umgangsrechts – wenn das Kindeswohl schwer beeinträchtigt ist. Zuständig ist das Familiengericht. Beim Sorge- und Umgangsrecht erweist sich das GewSchG allerdings als lückenhaft: Vielfach behalten die Täter/Täterinnen sowohl das Sorge- als auch das Umgangsrecht. Begründung: Das Recht der Kinder auf weiteren Umgang mit dem »entfernten« Elternteil soll bestehen bleiben, Eltern und Kinder sollen sich gegenseitig nicht entfremden.

Diesen Passus beklagen Frauen-, Gewaltschutz- und Opferverbände, weil es bei Begegnungen zwischen Opfer und Täter/Täterin – beispielsweise bei der Übergabe der Kinder – häufig zu neuen Übergriffen kommt. Möglich ist ein begleiteter Umgang, in solchen Fällen ist in der Regel eine Mitarbeiterin oder ein Mitarbeiter des Jugendamts dabei.

Als lückenhaft erweist sich das GewSchG auch bei Partnerschaftsgewalt gegen Migrantinnen/Migranten. Migrantinnen/Migranten, die aufgrund einer Ehe nach Deutschland gekommen sind, erhalten einen eigenständigen Aufenthaltstitel erst, wenn die Ehe mindestens drei Jahre bestanden hat. Will sich die ausländische Partnerin oder der Partner trennen, kann das zur Folge haben, dass sie/er das Land verlassen muss. Ausnahme: Wenn die Migrantin oder der Migrant und deren Kinder durch die häusliche Gewalt massiv gefährdet sind und ein Zusammenleben mit dem Täter/der Täterin dem Opfer nicht zuzumuten ist. Hier entscheidet nicht nur das Familiengericht, sondern auch die Ausländerbehörde.

Stalking

Das unerlaubte und beharrliche Nachstellen einer Person – Stalking – ist eine Straftat, die im Strafgesetzbuch geregelt ist. Danach kann mit bis zu zehn Jahren Freiheitsentzug bestraft werden, wer sich dem Opfer nähert, über Briefe, Telefon, E-Mails, SMS und andere Kommunikationsgeräte ständig versucht, mit dem Opfer Kontakt aufzunehmen. Dazu zählt auch der Annäherungsversuch über Bekannte, Familienangehörige oder Kolleginnen und Kollegen des Opfers. Ebenso kann bestraft werden, wer Daten- und Identitätsdiebstahl betreibt und im Namen des Opfers beispielsweise Waren bestellt.

Bundesjustizminister Heiko Maas (SPD) hat 2016 das Gesetz verschärft. Jetzt können Täter und Täterinnen ebenso dann bestraft werden, wenn das Opfer beispielsweise nicht umzieht oder den Job wechselt. Vor der Novellierung des Stalking-Paragrafen § 238 StGB musste das Leben eines Opfer massiv beeinträchtigt sein, verbunden beispielsweise mit einem Umzug, Job- und teilweise Identitätswechsel.

Sexualstrafrecht

Seit 2016 gilt im Sexualstrafrecht (§ 177 StGB) der Grundsatz »Nein heißt Nein«: Jetzt können unerlaubte sexuelle Handlungen auch dann als Vergewaltigung eingestuft werden, wenn sich das Opfer nicht aktiv wehrt. Es reicht, dass sich der Täter über den erkennbaren Willen des Opfers hinwegsetzt. Für Opfer von häuslicher und Partnerschaftsgewalt ist das besonders wichtig: Häufig wehren sich Opfer nicht aktiv (drücken jedoch ihre Ablehnung aus), weil im Zimmer nebenan Kinder schlafen. Oder sie fürchten, weiteren Taten ausgeliefert zu sein, wenn sie sich aktiv wehren.

Neu im Gesetz ist der Straftatbestand sexueller Angriffe aus der Gruppe heraus: Wenn Sexualstraftaten aus Gruppen heraus begangen werden – wie bei den Übergriffen in der Silvesternacht 2015 in Köln und anderen Orten –, können jetzt alle Teilnehmer der Gruppe belangt werden.

Für verurteilte migrantische Täter kann das Gesetz zur Folge haben, dass sie schneller ausgewiesen werden.

Dank

Dieses Buch hätte nicht entstehen können ohne das Wissen und die Kenntnisse vieler Menschen, ohne ihre Unterstützung und Hilfe. Dafür möchte ich ihnen allen ganz herzlich danken. In allererster Linie natürlich den Betroffenen, die mir ihr Vertrauen geschenkt und ihre »Geschichten« erzählt haben. Die Schicksale der Opfer berichten eindrücklich davon, wie Partnerschaftsgewalt aussieht und was sie (auch bei anderen nahestehenden Personen) bewirkt. Die Namen aller Betroffenen bleiben an dieser Stelle leider unerwähnt, so gern ich sie nennen würde. Aber Sicherheit und Anonymitätswunsch haben Vorrang.

Sehr herzlich danken möchte allen Expertinnen und Experten, die ich bei ihrer Arbeit gegen Partnerschaftsgewalt begleiten konnte und/oder die sich viel Zeit für meine Interviews genommen haben. Die Reihenfolge an dieser Stelle ist vollkommen willkürlich und folgt keinerlei »Wertigkeit«: Heike Rabe vom Deutschen Institut für Menschenrechte, Heike Herold und Frauke Miera von der Frauenhauskoordinierung, Katja Grieger vom Bundesverband Frauenberatungsstellen und Frauennotrufe, Petra Löchting vom Hilfetelefon für Frauen, Nivedita Prasad von der Alice-Salomon-Hochschule Berlin, Behshid Najafi von der Kölner Beratungssstelle für Migrantinnen und Flüchtlingsfrauen agisra, den Ärztinnen Antje Barnick (Berlin) und Barbara Kalckreuth (Freiburg), der Kriminalhauptkommissarin a. D. Heike Lütgert, dem Kriminologen Thomas-Gabriel Rüdiger, Maja Wegener und Christa Stolle von der Menschenrechtsorganisation Terre des Femmes, Harald Löhlein vom Wohlfahrtsverband, Inga Schlör,

Nadine Wenzke und Jürgen Thiele von der Berliner Polizei, den Kolleginnen und Kollegen von der Pressestelle der Bundeskriminalamtes, den Mitarbeiterinnen aller Frauenhäuser und Schutzeinrichtungen, die ich besucht habe, hier besonders Stefanie Föhring, Sibylle Stotz, Heike Ritterbusch, Ingrid Schellhorn und Jen Wörz, den Expertinnen und Experten für Gewalt gegen Männer und Täterarbeit Peter Thiel, Günter Reif, Gerhard Hafner, Dirk Siebernik, Tristan Rosenkranz, Rolf Weinert sowie dem Bundesforum Männer, der Juristin Dagmar Freudenberg, der Sozialwissenschaftlerin Jenny-Kerstin Bauer, den Bremerinnen Marjan Amiri und Arso Gürtekin, Jürgen Schulz von der Opferberatungsstelle Weißer Ring, Tanja Holstein für Übersetzungshilfe bei Gesprächen mit migrantischen Frauen. Und noch vielen anderen Menschen, die ich an dieser Stelle nicht alle nennen kann, die ich aber wegen einer – manchmal nur kurzen – Nachfrage jederzeit »stören« konnte.

Und last but not least: Mein großer Dank gilt natürlich dem Westend Verlag, der die Idee zu diesem Buch hatte und bei der Autorensuche dankenswerterweise an mich dachte, sowie Beate Koglin, deren professionelles und akribisches Lektorat stets gepaart war mit Geduld und Leidenschaft.

Anmerkungen

Das passiert doch nur im Suff

1 dpa, 21.04.2016
2 dpa, 08.01.2016
3 *Bild*, 30.06.2016
4 *Bild*, 07.04.2016
5 *Hamburger Abendblatt Online*, 07.04.2016
6 dpa, 02.05.2014
7 *FAZ Online*, 21.11.2016
8 Ursula Müller, Monika Schröttle: *Lebenssituation, Sicherheit und Gesundheit von Frauen in Deutschland.* Zusammenfassung, S. 7
9 Als Prävalenz bezeichnet man die Kennzahl von Untersuchungsgegenständen für eine Studie. Je höher die Prävalenz, desto repräsentativer die Ergebnisse der Untersuchung. Für die Studie des Bundesministeriums für Familie, Senioren, Frauen und Jugend (BMFSFJ) zu Gewalt an Frauen wurden 10 000 in Deutschland lebende Frauen befragt. Mit dieser hohen Prävalenz ist die Studie repräsentativ.
10 ebd., S. 8
11 ebd., S. 13
12 ebd., S. 38, Deutschland: 25 %, Finnland: 32 %, Schweden: 35 %
13 ebd., Island: 14 %, Irland: 10 %
14 Schweizerische Konferenz der Gleichstellungsbeauftragten: *Beziehung mit Schlagseite. Gewalt gegen Frauen in Ehe und Partnerschaft*
15 Bundesministerium für Umwelt, Jugend und Familie (BMUJF): *Gewalt gegen Frauen*
16 Bewohnerinnenstatistik 2014 der Frauenhauskoordinierung in Berlin
17 Andrea Buskotte: *Gewalt in der Partnerschaft*, S. 23
18 ebd., S. 24
19 ebd., S. 25
20 ebd., S. 28
21 Von den 880 925 Opfern von Straftaten im Jahr 2015 waren 521 129 Männer und 359 796 Frauen.
22 Bundesministerium für Familie, Senioren, Frauen und Jugend (BMFSFJ): *Gewalt gegen Männer – Personale Gewaltwiderfahrnisse von Männern in Deutschland*
23 Gerhard Amendt: *Vätererfahrungen nach der Trennung vom Ehe- und Lebenspartner*, S. 34

24 Unter Conflict Tactic Scales versteht man eine Methode zur Erfassung von systematischen Taktiken, die zwei Menschen während einer Auseinandersetzung nutzen.

25 Heide Oestreich: »Die kleinen Unterschiede«, *taz*, 15.11.2010

26 Philip Siegel: »Herr Maier, das Opfer«, *taz online* 16.04.2014

27 Andrea Buskotte: *Gewalt in der Partnerschaft*, S. 19

28 DVD: »Weggehen um anzukommen – 40 Jahre autonome Frauenhäuser Köln«

29 ebd.

30 BMFSFJ: *Bericht der Bundesregierung zur Situation der Frauenhäuser, Fachberatungsstellen und anderer Unterstützungsangebote für gewaltbetroffene Frauen und deren Kinder*

31 *taz*, 31.01.2012

32 Andrea Buskotte: *Gewalt in der Partnerschaft*, S. 169

Die Luft brennt manchmal in Sekunden

1 http://www.polizei-beratung.de/opferinformationen/haeusliche-gewalt. html

2 Ursula Müller, Monika Schröttle: *Lebenssituation, Sicherheit und Gesundheit von Frauen in Deutschland*, Kurzfassung, S. 20

3 ebd., S. 20

4 BMFSFJ: *Bericht der Bundesregierung zur Situation der Frauenhäuser, Fachberatungsstellen und anderer Unterstützungsangebote für gewaltbetroffene Frauen und deren Kinder*, S. 106

5 Monika Schröttle: *Gewalt gegen Frauen in Paarbeziehungen*, S. 158

Ohne Spermaspuren keine Anklage

1 bff: *Was Ihnen widerfahren ist, ist in Deutschland nicht strafbar*, S. 28

2 Jochen Paulus: »Lügen haben lange Beine« in: *Bild der Wissenschaft*, 18.07.2006

3 *Tagesspiegel Online*, 06.08.2010

4 Sabine Rückert: »Lügen, die man gerne glaubt«, *Zeit Online*, 07.07.2011

5 *taz*, 31.01.2012

6 ebd.

7 ebd.

8 § 177 StGB: Sexuelle Nötigung, Vergewaltigung; § 179 StGB: Sexueller Missbrauch widerstandsunfähiger Personen

9 *taz*, 08.07.2016

10 *taz online*, 07.07.2016; der Erfolg von »Nein heißt Nein« ist insbesondere mit einem Namen verknüpft: Katja Grieger, der bff-Chefin. Sie hat die Debatte um »Nein heißt Nein« maßgeblich angestoßen und jahrelang dafür gekämpft.

11 https://www.change.org/p/neinheisstnein-schaffen-sie-ein-modernes-se xualstrafrecht

12 Pressemitteilung Deutscher Frauenrat, 08.07.2016

13 Bis August 2016 hatten 42 Staaten die Istanbul-Konvention unterzeichnet, von 22 Ländern war sie ratifiziert worden. Deutschland hat unterzeichnet, aber nicht ratifiziert.

14 *Zeit Online*, 07.07.2016
15 *taz*, 08.07.2016

Belagert, belauert, belästigt

1 Ursula Müller, Monika Schröttle: *Lebenssituation, Sicherheit und Gesundheit von Frauen in Deutschland*, Kurzfassung, S. 21
2 Andrea Buskotte: *Gewalt in der Partnerschaft*, S. 49
3 ebd.
4 ebd.
5 *Zeit Online*, 22.12.2015
6 Andrea Buskotte: *Gewalt in der Partnerschaft*, S. 53
7 https://www.youtube.com/watch?v=w06jXqlUGoE
8 Andrea Buskotte: *Gewalt in der Partnerschaft*, S. 50
9 Pressemitteilung des Bundesministeriums der Justiz und für Verbraucherschutz (BMJV), 13.07.16
10 ebd.

Worte, die wie Fäuste sind

1 Robert Schlack u. a.: »Körperliche und psychische Gewalterfahrungen in der deutschen Erwachsenenbevölkerung«, S. 758
2 ebd., S. 755
3 Patricia Evans: *Worte, die wie Schläge sind*, S. 158
4 Marie-France Hirigoyen: *Die Masken der Niedertracht*, S. 12
5 ebd., S. 13
6 ebd., S. 15
7 Claudia Stein: *Seelische Gewalt in Paarbeziehungen*, S. 86
8 ebd., S. 119
9 Patricia Evans: *Worte, die wie Schläge sind*, S. 128
10 ebd., S. 129 f.
11 ebd., S. 50
12 Marie-France Hirigoyen: *Die Masken der Niedertracht*, S. 189
13 Patricia Evans: *Worte, die wie Schläge sind*, S. 21

Mama, ich will nicht heiraten

1 BMFSFJ; *Gesundheit – Gewalt – Migration*, S. 14
2 ebd., S. 15
3 Ursula Müller, Monika Schröttle: *Lebenssituation, Sicherheit und Gesundheit von Frauen in Deutschland. Ergebnisse der repräsentativen Untersuchung zu Gewalt in Deutschland. Kurzfassung*, S. 29
4 BMFSFJ: »Gesundheit – Gewalt – Migration«, S. 15
5 Niedersächsisches Ministerium Soziales, Frauen, Familie und Gesundheit, Landespräventionsrat Niedersachsen, Niedersächsisches Justizministerium (Hg.): *Interkulturelle Kompetenz in Einrichtungen zur Unterstützung von Frauen*, Hannover 2008, S. 8
6 BMFSFJ: *Zwangsverheiratung in Deutschland*, S. 7

7   ebd.
8   *taz online*, 25.02.2015
9   *taz*, 09./10.04.2016
10 Nivedita Prasad: *Gewalt gegen Migrantinnen und die Gefahr ihrer Instrumentalisierung im Kontext von Migrationsbeschränkung*, S. 5
11 Ban Ying ist eine Berliner Beratungsstelle für Migrantinnen, die sich gegen Menschenhandel und für Migrantinnen stark macht, die physische und psychische Gewalt erlebt haben. Ban Ying kommt aus dem Thailändischen und heißt »Haus der Frauen«. Seit der Gründung des Vereins 1988 wurden Frauen aus 66 Ländern beraten, jeweils in ihrer Muttersprache.

Ein bisschen Frieden

1   http://ec.europa.eu/eurostat/statistics-explained/index.php/Asylum_statis tics#Source_data_for_tables_and_figures_.28MS_Excel.29
2   *Spiegel Online*, 26.02.2016
3   *Deutschlandfunk*, 09.04.2016
4   Ursula Müller, Monika Schröttle: *Lebenssituation, Sicherheit und Gesundheit von Frauen in Deutschland*. Kurzfassung«, S. 25
5   ebd., S. 28

Auch wenn der mich mit seiner Krücke verdrischt, kann ich nicht einfach gehen

1   Sandra Kotlenga, Barbara Nägele: *Es ist nie zu spät*, S. 9
2   Monika Schröttle: *Gewalt gegen Frauen in Paarbeziehungen*, S. 28. Bei dieser Publikation handelt es sich um eine Sekundärauswertung der vom BMFSFJ in Auftrag gegebenen und 2004 veröffentlichten Studie *Lebenssituation, Sicherheit und Gesundheit von Frauen in Deutschland*, bei der das Alter betroffener Frauen gesondert betrachtet wurde.
3   Vgl. Peter Wetzels, Werner Greve, Eberhard Mecklenburg, Wolfgang Bilsky, Christian Pfeiffer: *Kriminalität im Leben alter Menschen*, und Christina Brendebach, Rolf Dieter Hirsch: *Gewalt gegen alte Menschen in der Familie*
4   Thomas Görgen, Sandra Herbst, Susann Rabold: *Jenseits der Kriminalstatistik: Befunde einer bundesweiten Opferwerdungsbefragung*, S. 162 ff.
5   Sandra Kotlenga: Tagungsunterlagen »Alter und Geschlecht«, Weimar, 2013
6   Bewohnerinnenstatistik 2012, S. 27
7   Siegfried Lamnek, Jens Luedtke, Ralf Ottermann, Susanne Vogl: *Tatort Familie*, S. 175
8   ebd.
9   Sandra Kotlenga, Barbara Nägele: *Es ist nie zu spät*, S. 19
10 Siegfried Lamnek, Jens Luedtke, Ralf Ottermann, Susanne Vogl: *Tatort Familie*, S. 180
11 Sandra Kotlenga, Barbara Nägele: *Es ist nie zu spät*, S. 19
12 Margrit Brückner: *Wege aus der Gewalt gegen Frauen und Mädchen*, S. 77
13 ebd.
14 Sandra Kotlenga, Barbara Nägele: *Es ist nie zu spät*, S. 18
15 ebd.
16 ebd.

Alles tut weh

1 nach Salcia Landmann: *Jüdische Witze*, S. 120
2 Monika Schröttle: »Gewalt gegen Frauen mit und ohne Migrationshintergrund in Deutschland«, Vortrag
3 Ursula Müller, Monika Schröttle: *Lebenssituation, Sicherheit und Gesundheit
von Frauen in Deutschland*. Kurzfassung, S. 11
4 Andrea Buskotte: *Gewalt in der Partnerschaft*, S. 18
5 Ursula Müller, Monika Schröttle: *Lebenssituation, Sicherheit und Gesundheit
von Frauen in Deutschland*. Kurzfassung, S. 11
6 ebd., S. 16
7 ebd.
8 ebd., S. 17
9 *taz*, 06.06.2012
10 *Tagesspiegel Online*, 06.11.2012
11 Andrea Buskotte: *Gewalt in der Partnerschaft*, S. 85

»Hört endlich auf«

1 Corinna Wolf, Kati Voss: *Am Rande der Wahrnehmung*, S. 17
2 Jahresbericht Berliner Frauen Netzwerk 2010
3 Ursula Müller, Monika Schröttle: *Lebenssituation, Sicherheit und Gesundheit
von Frauen in Deutschland*
4 Der Studie der Kinder- und Jugendberatung der Interventionsstelle gegen
häusliche Gewalt Schwerin und Rostock zufolge sind rund 40 Prozent der betroffenen Kinder in der Wohnung, wenn dort Gewalt stattfindet. 36 Prozent
sehen die Gewalt, 33 Prozent hören sie. 24 Prozent werden selbst verbal bedroht, 15 Prozent erleiden körperliche Übergriffe durch Erwachsene. Ein Prozent der Kinder wird mit der Mutter mitverletzt.
5 Anti Violence Awareness, www.gewaltschutz.info
6 Barbara Kavemann, Ulrike Kreyssig: *Handbuch Kinder und häusliche Gewalt*, S. 69
7 Philomena Strasser: »In meinem Bauch zitterte alles«, S. 54 ff.
8 Barbara Kavemann: »Häusliche Gewalt gegen die Mutter und die Situation
der Töchter und Söhne«, S. 16
9 Andrea Buskotte: *Gewalt in der Partnerschaft*, S. 98
10 ebd., S. 99
11 Anti Violence Awareness, www.gewaltschutz.info
12 Corinna Wolf, Kati Voß: *Am Rande der Wahrnehmung*, S. 19
13 *taz*, 28.02.2013
14 Polizeiliche Kriminalstatistik getöteter Expartnerinnen: 2012: 106 Frauen;
2013: 138 Frauen; 2014: 160 Frauen, 2015: 331
15 Bundeskriminalamt »Partnerschaftsgewalt 2015«

Mehr als ein Dach über dem Kopf

1 BMFSFJ: *Bericht der Bundesregierung zur Situation der Frauenhäuser, Fachberatungsstellen und anderer Unterstützungsangebote für gewaltbetroffene Frauen
und deren Kinder*, S. 14 (jedes Jahr wohnen insgesamt zwischen 30 000 und
34 000 Frauen und Kinder in Frauenhäusern und Zufluchtswohnungen)

2 Als Ursache vermutet Herold den gewachsenen Mut der Betroffenen, häusliche Gewalt öffentlich zu machen und sich Hilfe zu holen.

3 Bewohnerinnenstatistik 2014 der Frauenhauskoordinierung

4 In anderen Frauenhäusern sind Handys und Smartphones erlaubt. Aber die Frauen müssen die SIM-Karte wechseln, die Ortungsfunktion ausstellen, sie dürfen keine Fotos ins Netz stellen und sollen auch mit Facebook-Einträgen vorsichtig sein.

5 Tagessatz für einen Platz im autonomen Frauenhaus Köln: circa 70 Euro, Stuttgart: circa 120 Euro. Das sind die Kosten für die Unterkunft und die sozialpädagogische Beratung und Betreuung. Zusätzlich braucht die Frau Geld für sich und ihre eigene Versorgung und die ihrer Kinder.

6 Bewohnerinnenstatistik 2014 der Frauenhauskoordinierung

7 http://www.schuldnerberatung-berlin.de

8 http://www.autonome-frauenhaeuser-zif.de/de/content/koalitionsvertrag-aussagen-zur-frauenhausfinanzierung-wieder-gestrichen

9 *Deutschlands Zukunft gestalten.* Koalitionsvertrag CDU, CSU und SPD, S. 73

10 Ruth Becker: *Das Leben im Frauenhaus – Ergebnisse einer Befragung zur Zufriedenheit von Bewohnerinnen der Autonomen Frauenhäuser in Nordrhein-Westfallen,* S. 72

11 ebd., S. 57

Sie beißt ihm ins Ohr

1 *taz,* 08.03.2003

2 ebd.

3 *Spiegel Online,* 28.05.2013

4 ebd.

5 Robert Schlack, Julia Rüdel, André Karger, Heike Hölling: »Körperliche und psychische Gewalterfahrungen in der deutschen Erwachsenenbevölkerung«, S. 759

6 ebd.

7 Befragt wurden Männer unterschiedlichen Alters und unterschiedlicher sozialer Milieus.

8 ebd., S. 761

9 Monika Schröttle: »Lehrstück für die Notwendigkeit einer methodisch versierten Erfassung: Auswertung und Interpretation geschlechtsvergleichender Daten im Rahmen einer geschlechtersensiblen Gewalt- und Gesundheitsforschung«

10 ebd.

11 Im Januar 2016 veröffentlichte das RKI eine Art Revision zur Studie von 2013. Darin heißt es u. a.: »Frauen sind häufiger als Männer sowohl Opfer als auch Täterin von Gewalt in der Familie. Männer berichten dagegen häufiger von Opfer- und Tätererfahrungen außerhalb des engeren familiären Umfelds. Unabhängig davon, ob sie Opfer oder Täter körperlicher oder psychischer Gewalt waren, ist das psychische Wohlbefinden von Personen mit Gewalterfahrungen signifikant schlechter als das von Personen ohne Gewalterfahrung.«

12 Zufluchtswohnungen für Männer gibt es in Berlin, Oldenburg und Osterode am Harz (beide Niedersachsen), Gera (Thüringen) und Leipzig (Sachsen). In Dresden (Sachsen) soll eine weitere entstehen.

Im Zweifel für den Angeklagten

1 dpa, 30.05.2011, *Zeit Online*, 31.05.2011
2 Ferdinand von Schirach: *Die Würde ist antastbar*, S. 75
3 http://www.landgericht-mannheim.de/pb/,Lde/1167947?QUERYSTRING= kachelmann
4 Thomas Knellwolf: *Die Akte Kachelmann – Anatomie eines Skandals*, S. 85
5 ebd., S. 18
6 ebd., S. 11 f.
7 ebd., S. 11
8 Nina Poelchau: »Die bizarre Schlacht der Gutachter«, *Stern Online*, 24.01.2011
9 Petra Hollweg: »Die Akte Kachelmann – Fall mit Ausnahmecharakter«, *Focus Online*, 02.08.2010
10 ebd.
11 Ferdinand von Schirach: *Die Würde ist antastbar*, S. 75
12 *Spiegel Online*, 20.10.2010
13 Thomas Knellwolf: *Die Akte Kachelmann*, S. 41
14 http://www.landgericht-mannheim.de/pb/,Lde/1167947?QUERYSTRING= kachelmann
15 *Bunte*, 16.06.2011
16 *Zeit Online*, 02.06.2011
17 Hannelore Crolly: »Am Kachelmann-Prozess hat sich die Justiz verhoben«, *Welt Online*, 30.05.2011
18 http://www.landgericht-mannheim.de/pb/,Lde/1167947?QUERYSTRING= kachelmann
19 ebd.
20 *Spiegel Online*, 31.05.2011
21 *Bild Online*, 31.05.2011
22 *taz*, 01.06.2011
23 Ferdinand von Schirach: *Die Würde ist antastbar*, S. 75
24 ebd.
25 Miriam & Jörg Kachelmann: *Recht und Gerechtigkeit: Ein Märchen aus der Provinz*
26 http://www.amazon.de/Recht-Gerechtigkeit-Ein-Märchen-Provinz/dp/ 345320025X
27 *Spiegel*, Heft 41/2012
28 ebd.
29 http://www.unwortdesjahres.net/index.php?id=46
30 http://www.frauenrechte.de/online/index.php/presse/pressearchiv/2011/ 733-31052011-terre-des-femmes-fuerchtet-fatale-signalwirkung-vom-kachel mann-prozess
31 https://www.weisser-ring.de/internet/landesverbaende/hessen/landesver band-hessen/news/details/article/20660/index.html
32 *taz*, 30.06.2011

33   dpa, 15.05.2012
34   *Bunte*, 16.06.2011
35   *taz*, 29.09.2016
36   *Zeit*, 06.10.2016
37   *Bild Online*, 28.09.2016
38   *taz*, 29.09.2016
39   http://www.lg-koeln.nrw.de/behoerde/040_presse/zt_presse/pressemittei
     lungen/index.php
40   Die bisher höchste Entschädigungssumme in einem ähnlichen Fall lag bisher
     bei rund 400 000 Euro. Dabei handelte es sich um Falschbeschuldigungen ge-
     gen die schwedische Prinzessin Madeleine.
41   AZ 15 K 175/15 und 176/15
42   *Legal Tribune Online*, 12.07.2016
43   *taz*, 29.09.2016
44   *Bild Online*, 28.09.2016
45   ebd.
46   *Spiegel Online*, 28.09.2016
47   *Bild Online*, 28.09.2016

Literatur

Amendt, Gerhard: *Vätererfahrungen nach der Trennung vom Ehe-und Lebenspartner*. Forschungsbericht, Universität Bremen, 2005

Becker, Ruth: *Das Leben im Frauenhaus. Ergebnisse einer Befragung zur Zufriedenheit von Bewohnerinnen der Autonomen Frauen-häuser in Nordrhein-Westfallen*. Hg. LAG Autonomer Frauen-häuser NRW, Dortmund, 2013

berliner frauen netzwerk – bfn: *Jahresbericht Berliner Frauenpro-jekte 2010 im Antigewaltbereich*

Brendebach, Christine/Hirsch, Rolf Dieter: Gewalt gegen alte Menschen in der Familie. In: Rolf Dieter Hirsch, Erhard U. Kranzhoff, Guido Schiffhorst (Hg.): *Untersuchungen zur Gewalt gegen alte Menschen*. Bonn, Mabuse, 1999

Brückner, Margrit: *Die janusköpfige Frau. Lebensstärken und Bezie-hungsschwächen*. Verlag Neue Kritik, Frankfurt am Main, 1987

Brückner, Margrit: *Wege aus der Gewalt gegen Frauen und Mäd-chen*. Fachhochschulverlag, Frankfurt am Main, 2002

Bundesamt für Familie und zivilgesellschaftliche Aufgaben (Hg.): *Jahresbericht des Hilfetelefons Gewalt gegen Frauen*. Köln, 2015

Bundesministerium für Familie, Senioren, Frauen und Jugend (Hg.): *Gewalt gegen Männer – Personale Gewaltwiderfahrnisse von Männern in Deutschland*. Berlin, 2004

Bundesministerium für Familie, Senioren, Frauen und Jugend (Hg.): *Gesundheit – Gewalt – Migration. Eine vergleichende Se-kundäranalyse zur gesundheitlichen und Gewaltsituation von Frauen mit und ohne Migrationshintergrund in Deutschland*. Ber-lin, 2009

Bundesministerium für Familie, Senioren, Frauen und Jugend: *Zwangsverheiratung in Deutschland, Anzahl und Analyse von Beratungsfällen.* Kurzfassung. Johann Daniel Lawaetz-Stiftung, Hamburg, 2011

Bundesministerium für Familie, Senioren, Frauen und Jugend: *Bericht der Bundesregierung zur Situation der Frauenhäuser, Fachberatungsstellen und anderer Unterstützungsangebote für gewaltbetroffene Frauen und deren Kinder.* Berlin, 2012

Bundesministerium für Umwelt, Jugend und Familie (Hg): *Gewalt gegen Frauen.* Wien, 1991

Bundesverband Frauenberatungsstellen und Frauennotrufe (bff): *Was Ihnen widerfahren ist, ist in Deutschland nicht strafbar. Fallanalyse zu bestehenden Schutzlücken in der Anwendung des deutschen Sexualstrafrechts bezüglich erwachsener Betroffener.* Berlin, 2014

Buskotte, Andrea: *Gewalt in der Partnerschaft. Ursachen, Auswege, Hilfen.* Patmos Verlag, Düsseldorf, 2007

Das aktuelle wissen.de Lexikon. Wissen Media Verlag GmbH, Gütersloh/München, 2004

Deutschlands Zukunft gestalten. Koalitionsvertrag zwischen CDU, CSU und SPD, 18. Legislaturperiode. Union Betriebs-GmbH, Rheinbach, 2013U

Evans, Patricia: *Worte, die wie Schläge sind. Verbale Misshandlung in Beziehungen.* Rowohlt, Reinbek bei Hamburg, 1997

FRA (Fundamental Rights Agency) 2014: *Violence against women. An EU-wide survey.*

Görgen, Thomas/Herbst, Sandra/Rabold, Susann: Jenseits der Kriminalstatistik: Befunde einer bundesweiten Opferwerdungsbefragung. In: Thomas Görgen (Hg.): *Sicherer Hafen oder gefahrvolle Zone? Kriminalitäts- und Gewalterfahrungen im Leben alter Menschen,* Frankfurt am Main, Verlag für Polizeiwissenschaft, 2010

Harrendorf, Stefan: *Rückfälligkeit und kriminelle Karrieren von Gewalttätern. Ergebnisse einer bundesweiten Rückfallstudie.* Universitätsverlag Göttingen, Göttingen, 2007

Hirigoyen, Marie-France: *Die Masken der Niedertracht. Seelische Gewalt im Alltag und wie man sich dagegen wehren kann.* Deutscher Taschenbuch Verlag, München, 2002

Hoffmann, Jens: *Stalking.* Springer Medizin Verlag, Heidelberg, 2006

Hömberg, Sophia Marie: *Die Tötung von Kindern durch die eigenen Eltern (Infantizid). Retrospektive Untersuchung für den Zeitraum 1994–2007.* Inaugural-Dissertation, Medizinische Fakultät der Universität Bonn, 2011

Jungnitz, Ludger/Lenz, Hans-Joachim/Puchert, Ralf/Puhe, Henry/Walter, Willi (Hg.): *Gewalt gegen Männer. Personale Gewaltwiderfahrnisse von Männern in Deutschland*, Verlag Barbara Budrich, Leverkusen, 2007

Kachelmann, Jörg und Miriam: *Recht und Gerechtigkeit. Ein Märchen aus der Provinz.* Heyne, München, 2012

Kavemann, Barbara: Kinder und häusliche Gewalt. In: *Betrifft: Häusliche Gewalt – Arbeitshilfen für die interdisziplinäre Intervention.* Hg. vom Niedersächsischen Ministerium für Soziales, Frauen, Familie und Gesundheit, Hannover, 2003

Kavemann, Barbara: Häusliche Gewalt gegen die Mutter und die Situation der Töchter und Söhne. In: Barbara Kavemann, Ulrike Kreyssig: *Handbuch Kinder und häusliche Gewalt.* Verlag für Sozialwissenschaften, Wiesbaden, 2006

Knellwolf, Thomas: *Die Akte Kachelmann. Anatomie eines Skandals.* Orell Füssli Verlag, Zürich, 2011

Kotlenga, Sandra/Nägele, Barbara: *Es ist nie zu spät. Gewalterfahrungen älterer Frauen durch Partner und Ex-Partner.* Zoom – Gesellschaft für prospektive Entwicklungen, Göttingen, 2013

Lamnek, Siegfried/Luedtke, Jens/Ottermann, Ralf/Vogl, Susanne: *Tatort Familie. Häusliche Gewalt im gesellschaftlichen Kontext.* 3., erweiterte und überarbeitete Auflage. Springer VS, Wiesbaden, 2012

Landmann, Salcia: *Jüdische Witze. Der Klassiker.* dtv, München, 2007

Lange, Cornelia/Starker, Anne/Von der Lippe, Elena/Hölling, Heike: Psychische und körperliche Gewalterfahrungen in den vergangenen 12 Monaten in der Allgemeinbevölkerung. Ergebnisse der Studie zur Gesundheit Erwachsener in Deutschland (DEGS1). In: *Bundesgesundheitsblatt* 2016, 59, S. 4–16

Müller, Ursula/Schröttle, Monika: *Lebenssituation, Sicherheit und Gesundheit von Frauen in Deutschland. Eine repräsentative Untersuchung zu Gewalt gegen Frauen in Deutschland.* Hg. BMFSFJ, Bonn, 2004

Müller, Ursula/Schröttle, Monika: *Lebenssituation, Sicherheit und Gesundheit von Frauen in Deutschland. Ergebnisse der repräsentativen Untersuchung zu Gewalt in Deutschland.* Kurzfassung. Berlin, 2013

Niedersächsisches Ministerium Soziales, Frauen, Familie und Gesundheit, Landespräventionsrat Niedersachsen, Niedersächsisches Justizministerium (Hg.): *Interkulturelle Kompetenz in Einrichtungen zur Unterstützung von Frauen.* Hannover, 2008

Prasad, Nivedita: *Gewalt gegen Migrantinnen und die Gefahr ihrer Instrumentalisierung im Kontext von Migrationsbeschränkung.* Kumulative Dissertation. Universität Oldenburg, 2008

Schirach, Ferdinand von: *Die Würde ist antastbar. Essays.* Piper, München/Berlin, 2014

Schlack, Robert/Rüdel, Julia/Karger, André/Hölling, Heike: Körperliche und psychische Gesundheit in deutschen Erwachsenenbevölkerung. *Bundesgesundheitsblatt* 5/6-2013, Springer-Verlag, Berlin, Heidelberg, 2013

Schlack, Robert/Rüdel, Julia/Karger, André/Hölling, Heike: Körperliche und psychische Gewalterfahrungen in der deutschen Erwachsenenbevölkerung. Ergebnisse der Studie zur Gesundheit Erwachsener in Deutschland (DEGS1). In: *Bundesgesundheitsblatt* 2013, 56, S. 755–764

Schröttle, Monika: *Gewalt gegen Frauen in Paarbeziehungen. Eine sekundaranalytische Auswertung zur Differenzierung von Schweregraden, Mustern, Risikofaktoren und Unterstützung nach erlebter Gewalt.* Kurzfassung. Hg. BMFSFJ, Rostock, 2012, 4. Auflage

Schröttle, Monika: Lehrstück für die Notwendigkeit einer methodisch versierten Erfassung, Auswertung und Interpretation ge-

schlechtsvergleichender Daten im Rahmen einer geschlechtersensiblen Gewalt- und Gesundheitsforschung, 24.06.2013

Schwarzer, Alice: *Der Fall Kachelmann*. Kiepenheuer & Witsch,
Köln, 2012

Schweizerische Konferenz der Gleichstellungsbeauftragten
(Hg.): *Beziehung mit Schlagseite. Gewalt gegen Frauen in Ehe
und Partnerschaft*. eFeF, Wettingen/Schweiz, 1997

Stein, Claudia: *Seelische Gewalt in Paarbeziehungen. Interventions-
formen und Bewältigungsstrategien*. Tectum Verlag, Marburg,
2006

Strasser, Philomena: In meinem Bauch zitterte alles. Traumatisierung von Kindern durch Gewalt gegen die Mutter. In: Barbara
Kavemann, Ulrike Kreyssig: *Handbuch Kinder und häusliche Gewalt*. Verlag für Sozialwissenschaften, Wiesbaden, 2006

Wetzels, Peter/Greve, Werner/Mecklenburg, Eberhard/Bilsky,
Wolfgang/Pfeiffer, Christian: *Kriminalität im Leben alter Menschen*. Stuttgart, Kohlhammer, 1997

Wolf, Corinna/Voß, Kati: *Am Rande der Wahrnehmung. Kinder als
Zeugen und Opfer häuslicher Gewalt*. Kinder- und Jugendberatung der Interventionsstelle gegen häusliche Gewalt Schwerin
und Rostock, 2008